高等职业教育农业部“十二五”规划教材

# 推销技术

夏学文　雷　雪　主编

中国农业大学出版社
·北京·

## 内容简介

本书是结合推销人员工作过程，针对推销岗位任职要求而开发的教材。根据推销工作实际，确定7个项目作为教材的主要内容，包括推销准备、寻找顾客、接近顾客、推销洽谈、处理顾客异议、成交及服务跟踪、推销管理等。每一项目下设若干任务。为便于教学，在内容组织上，每一任务前有学习目标、案例导入、任务分析、任务实施，任务后有任务总结、拓展训练、思考与练习。在任务实施中，穿插与内容相关的案例，以便于促进学习，从而达到培养学习者推销技能和提升职业素养的目的。

本书内容丰富、结构合理、操作性强，适合职业院校市场营销类专业学生作为专业课的教材使用，也可作为企业推销人员的培训教材使用，同时还是推销人员自学的理想参考资料。

**图书在版编目(CIP)数据**

推销技术/夏学文，雷雪主编．—北京：中国农业大学出版社，2015.3

ISBN 978-7-5655-1171-4

Ⅰ.①推…　Ⅱ.①夏…②雷…　Ⅲ.①推销—高等职业教育—教材　Ⅳ.①F713.3

中国版本图书馆CIP数据核字(2015)第021604号

**书　　名**　推销技术

**作　　者**　夏学文　雷　雪　主编

**策划编辑**　康昊婷　伍　斌　　**责任编辑**　韩元凤

**封面设计**　郑　川　　**责任校对**　王晓凤

**出版发行**　中国农业大学出版社

**社　　址**　北京市海淀区圆明园西路2号　　**邮政编码**　100193

**电　　话**　发行部 010-62818525,8625　　读者服务部 010-62732336

编辑部 010-62732617,2618　　出　版　部 010-62733440

**网　　址**　http://www.cau.edu.cn/caup　　**e-mail**：cbsszs @ cau.edu.cn

**经　　销**　新华书店

**印　　刷**　涿州市星河印刷有限公司

**版　　次**　2015年3月第1版　2015年3月第1次印刷

**规　　格**　787×1 092　16开本　11.75印张　289千字

**定　　价**　26.00元

**图书如有质量问题本社发行部负责调换**

# 编写人员


**主　编**　夏学文（黄冈职业技术学院）

　　　　　雷　雪（黄冈职业技术学院）

**副主编**　梅爱冰（湖北水利水电职业技术学院）

　　　　　覃翠爱（广西农业职业技术学院）

**编　委**　夏学文（黄冈职业技术学院）

　　　　　雷　雪（黄冈职业技术学院）

　　　　　梅爱冰（湖北水利水电职业技术学院）

　　　　　覃翠爱（广西农业职业技术学院）

　　　　　李思静（湖北水利水电职业技术学院）

　　　　　陈中利（湖北水利水电职业技术学院）

　　　　　郑　凌（湖北润野食品科技有限公司）

# 前　言

无论是传统营销还是现代营销，推销都是一项重要的营销活动。推销也是销售人员的一项必备的基本技能，因此市场营销类专业都开设推销类课程。

“推销技术”是市场营销类专业的一门艺术性和实践性均较强的课程，要培养学生的推销素质和技能，因此要求教材既要具有较强实用性和可操作性，又要具有一定的理论性。本教材基于推销职业岗位分析，引入与职业资格相关的知识和能力要求，遵循“以实用为目的，理论必须够用，突出能力，强化技能”的编写要求；以推销活动过程为线索，将推销的原则、理论等融入其中；以方法、策略和技巧为核心，以项目为载体，构建教材的内容体系。教材编写力求易教、易学、易用，系统而真实地反映推销的工作内容与技巧。教材内容分为 7 个项目，包括推销准备、寻找顾客、接近顾客、推销洽谈、处理顾客异议、成交及服务跟踪、推销管理等，每一项目下设若干任务。为便于教师教学与学习者学习，在内容组织上，做到每一任务前有学习目标、案例导入、任务分析、任务实施，任务后有任务总结、拓展训练、思考与练习。教材突出教学目标与工作要求对接、教学内容与工作内容对接、教学过程与工作过程对接的要求，体现理论与实践相结合的思想和既注重岗位适应性又注重可持续发展性的精神。

教材编写组由 7 人组成，项目一由雷雪编写，项目二由夏学文编写，项目三由梅爱冰编写，项目四由李思静、陈中利编写，项目五由雷雪编写，项目六和项目七由覃翠爱编写。郑凌参与审稿，最后由夏学文和雷雪统稿。编写组 7 人中，6 人来自高职院校教学一线，从事市场营销类专业课程教学工作多年。1 人来自企业，从事营销和营销管理工作多年，有着丰富的推销工作经验，为教材的编写提出了许多有价值的意见和建议。编写队伍人员年龄、职称结构合理，做到了学校教师和行业企业人员的结合，在一定程度上保证了教材编写质量。

本教材设计科学，内容既结合推销工作实际，又符合职业人才培养规律，体例新颖，做到了内容与形式的科学有机结合，并且设计了相关教学案例，有利于教师教学与学习者学习。本教材适合职业院校市场营销类专业学生作为专业课的教材使用，也可作为企业推销人员的培训教材使用，同时还是推销人员自学的理想参考资料。本教材在使用过程中，教师和学习者应根据任务目标，设计教学和学习过程，将推销相关知识穿插其间，建议多采用行动导向教学，结合任务实施过程，让学习者在行动中学习，在行动中提升能力和素养。

编写过程中，参考了许多文献，在此对文献贡献者表示衷心的感谢。由于时间仓促、学识有限，书中不足和疏漏之处难免，恳请广大读者批评指正。

**编　者**
2015 年 1 月

# 目录

# 项目一　推销准备

## 任务一　推销基础知识准备

### ◈学习目标

1. 了解推销的特点，领会推销三要素之间的关系。

2. 了解推销的原则和过程；会运用一般的推销模式进行推销活动。

### ◈案例导入

李明是湖北省一所高等职业技术学院市场营销专业的应届毕业生，正面临就业。高等职业技术学院市场营销专业毕业生的就业岗位一般都是各类企业的销售业务员、销售代表、销售主任、市场调研员、市场分析员等，他们在这些岗位上经过一段时间的锻炼之后可从事营销策划和营销管理工作，这也是营销专业学生的职业发展规划目标。所以推销岗位是营销专业学生职业生涯发展中最初的起点。李明的家人认为做推销工作东奔西跑，生活不能稳定，希望他找一份能天天坐在办公室的工作。但李明认为自己对营销专业很有兴趣，经过大学三年的专业学习，经常参加各种推销实践活动，自己一定能干好推销工作。所以应该先从销售基层干起，将来再一步步上升到公司的销售经理、营销总监等职位。

### ◈任务分析

1. 认识推销的特点并能领会推销三要素之间的关系。

2. 了解推销的原则和过程。

3. 会应用一般的推销模式实施推销。

### ◈任务实施

#### 一、认识推销

##### (一)推销的含义

推销泛指人们在社会生活中，通过一定的渠道进行信息传递和交流，把自己的意愿、观念、思想等传递给对方并使对方接受和采纳，从而使双方都满意的活动。

狭义的推销是指企业的推销人员直接与潜在顾客进行接触、沟通、洽谈，采用帮助或说服等手段，促使顾客采取购买行为的活动过程。

正确理解推销的含义应注意以下几个方面的问题：

(1)推销就是发掘和满足顾客的需求,帮助和说服顾客购买。

(2)推销是一种双赢的公平交易活动。

(3)在推销过程中,推销人员要运用一定的方法和技巧。

## (二)推销的特点

推销活动的主要特点如下。

1. 推销对象的特定性

推销是企业在特定的市场环境中为特定的产品寻找买主的商业活动,必须先确定谁是需要特定产品的潜在顾客,然后再有针对性地向推销对象传递信息并进行说服。因此,推销总是有特定对象的。任何一位推销员的任何一次推销活动,都具有这种特定性。他们不可能漫无边际或毫无目的地寻找顾客,也不可能随意地向毫不相干的人推销商品,否则,推销就成为毫无意义的活动。

2. 信息沟通的双向性

推销并非只是由推销员向推销对象传递信息的过程,而是信息传递与反馈的双向沟通过程。推销人员一方面向顾客提供有关产品、企业及售后服务等方面的信息,另一方面必须观察顾客的反应,调查了解顾客对企业产品的意见与要求,并及时地反馈给企业,为企业领导做出正确的经营决策提供依据。因此,推销是一个信息双向沟通的过程。

3. 推销方式的灵活性

虽然推销具有特定性,但影响市场环境和推销对象需求的不确定性因素很多,环境与需求都是千变万化的。推销活动必须适应这种变化,灵活地运用推销原理和技巧,恰当地调整推销策略和方法。可以说,灵活机动的战略战术,是推销活动的一个重要特征。

4. 买卖双方的互利性

现代推销是一种互惠互利的双赢活动,必须同时满足推销主体与推销对象双方的不同要求。成功的推销需要买与卖双方都有积极性,其结果是“双赢”,不仅推销的一方卖出商品,实现赢利,而且推销对象也感到满足了需求,给自己带来了多方面的利益。这样,既达成了今天的交易,也为将来的交易奠定了基础。

5. 推销手段的说服性

推销的中心是人不是物,说服是推销的重要手段,也是推销的核心。为了争取顾客的信任,让顾客接受企业的产品,采取购买行动,推销人员必须将商品的特点和优点,耐心地向顾客宣传、介绍,促使顾客接受推销人员的观点、商品或劳务。

6. 推销过程的服务性

现代推销是一种互惠互利的服务性活动,必须满足客户多方面的不同需求,为顾客提供优质的售前、售中和售后服务。

## (三)推销的三要素

推销活动三要素主要指推销人员(即推销主体)、推销品(推销客体)、推销对象。

1. 推销人员

所谓推销人员,是指从事推销活动的人员。商品或劳务不可能自己走到市场上,或是自动地转移到消费领域,它必须依靠推销主体。推销活动最基本的特征就在于推销人员主动去说服、诱导并满足顾客的需求。推销人员的素质以及推销手段、推销方法、推销技巧,在很大程度上决定推销效率的高低。

2. 推销品

推销品也叫推销客体，是推销人员向被推销对象推销的各种有形商品和无形商品的总称，主要包括商品、服务和观念。它是推销活动的物质基础。推销品条件如何，对推销活动有重要影响，这其中包含两个层面的意思：推销品必须满足顾客的需求；推销品本身是分层次的。

3. 推销对象

推销对象又称顾客或购买者，是指接受推销人员推销的推销主体，是推销活动中的买方，包括各类顾客和购买决策人等。推销对象包括各种年龄、各种教育水平、各种收入水平和各种性质的个人购买者，他们为消费而购买；也包括不同规模、不同经营范围的中间商，他们为转卖或加工转卖而购买商品；还包括各种各样的，为生产或管理的需要而购买设备、原料和辅助材料的生产企业，以及各种非经营性的组织，如学校、社团、政府机关等。所有上述个人和组织都可能成为推销的对象。

## 二、推销的原则与过程

### (一)推销的原则

推销原则是这个推销活动的指导思想与基本原则，只有正确地掌握了推销原则，推销员才能使整个推销活动有所遵从，减少推销失误，提高推销成效。

1. 满足需要

满足需要是指推销人员必须摒弃以企业为中心的传统推销观念，建立“顾客是上帝”、“顾客永远是对的”观念，明确顾客的需要，并通过推销活动来满足顾客的需求。从客户的观点来说明顾客想要的商品、想了解的情况，而不是推销员想销售的商品。

满足需要的主要内容为：

(1)“以顾客为中心”的观念　“以顾客为中心”的观念产生于20世纪50年代，它强调买卖双方的共同利益，要求推销员必须具有良好的职业道德，在推销过程中加强对顾客的服务。

(2)“整体销售”的观念　该观念认为，在现代企业营销中，销售是系统工程。以顾客需求为中心，以顾客需求满足为目的。

“整体销售”的观念主要包括以下几个方面：全过程销售观念，指在推销的售前、售中、售后整个全过程具有销售的观念。全员销售观念，指在现代企业营销中，每个人都应该有销售的意识。战略观念，指在企业营销中，要从战略的高度推销本企业的产品和服务。环境观念，指在现代企业营销中，推销要注意环境保护，为子孙后代留下一片洁净的天空，纯净的水源和适度开发的土地。

2. 推销产品的利益

了解你的产品。在一次展销会上，一位顾客看中了一台机器，想了解一下用什么钢材制造的，轮子朝哪个方向旋转，销售员却回答不出来。客户十分不满：你来销售产品，自己都弄不明白，别人敢买吗？这说明，销售员一定要了解所销售的产品。销售员要能够把产品销售出去，就要了解顾客的需求心理，刺激顾客的需求欲望，引导顾客做出购买决定，并向顾客提供服务。为此，销售员只有了解自己的产品，才能详细地向顾客说明产品能带给顾客什么利益，产品能满足顾客哪些需要，由产品的质量、功能所决定自己销售的产品在满足顾客需求上能达到什么程度，只有了解自己的产品，才能圆满地回答顾客提出的疑问，从而消除顾客的异议；只有了解自己的产品，才能指导顾客如何更好地使用、保管产品，以便顾客重复购买和介绍他人购买该产品。销售员应当做到：了解产品性能的程度使内行人感到惊讶；了解产品用途的程度使顾客感到震惊。

销售员应掌握的产品知识包括以下几个方面：该商品能给顾客带来什么好处；它的生产方法；它的用途和使用方法；它与其他企业同类产品之间、不同类型产品之间的比较（优缺点、价格等）；它的市场状况如何；企业的交易条件、售后服务规定、财务结算知识等等。

要信赖自己的产品。推销员必须百分之百地相信自己的产品。销售就是说服顾客的过程，销售员必须使顾客相信自己的产品能够给顾客带来利益。要说服顾客，必须先说服自己，即自己真心地相信所销售的产品能够给顾客带来利益。你对产品充满自信，你认为顾客购买产品是幸运，而不购买产品则是损失，这样你才能打动顾客。欧美的销售员提出："你买它，然后再卖它。"反之，如果你对自己推销的产品都不感兴趣，不愿买，那又如何能激起顾客购买产品的热情呢？

满腔热情地推销自己的产品。没有热情就没有销售。所谓热情，是指一种精神状态，一种对工作、对事业、对顾客的炽热感情。爱默生曾经指出："缺乏热情，就无法成就任何一件大事。"首先，销售员面对的是人，销售是心和心的交流，销售员必须用热情去感染对方。热情意味着与人为善、友爱、关心、尊重、真诚、友谊、理解、帮助、活力、微笑……所有这些，都是赢得顾客好感的因素。热情能够感染人，由热情散发出来的生机、活力、真诚与自信，会感染顾客，引起顾客的共鸣。只有燃烧着的火柴才能点亮蜡烛。一个销售员缺乏热情，面无表情、冷冰冰、毫无生机像机器人一样，那么谁也不愿意去接近他，更不用说购买他的产品。其次，销售员对自己的职业要充满热情。热情是事业成功的基础，热爱自己的职业，才能发挥出自己的潜力，从而做好自己的工作。推销工作是艰苦的，销售员要常年在外奔波，辛苦异常；同时，在销售中还会遇到各种障碍、困难，需要解决，这些都需要销售员以满腔的热情来从事自己的工作。总之，热情是一种振奋剂，它可以使销售人员乐观、勤奋、向上，对工作充满希望和自豪；热情是一种精神状态，可以鼓励推销员更好、更愉悦地完成现有的工作，保持旺盛的精力，以锲而不舍的精神进行超常工作；热情可以使销售员结交更多的朋友，创造和谐的推销气氛，赢得顾客的信任和好感，创造出良好的业绩。

3. 互惠互利

所谓互惠互利就是指推销人员所推销的推销品，通过交易能为买卖双方带来福利。推销员在与顾客交往过程中，不要只考虑到本企业的利益，不顾顾客的利益进行"倾力推销"。倾力推销也称强行推销，即推销员冲破各种销售障碍，不择手段地征服顾客，试图向任何人推销任何商品。一些企业和家庭干脆拒绝推销员来访，人们对推销员产生了信任危机，使推销步履艰难。有一种办法能恢复人们对推销员的信任，那就是遵循互惠互利的商业道德原则，即：对顾客无益的交易也必然有损于推销员，推销员所做的一切必须有利于他的顾客，必须要对顾客负责，要寻求本企业利益与顾客利益的共同点，在满足顾客利益的基础上获得企业利益，只有这样，他的推销才能立于不败之地。主要表现为以下几个方面：在现实的交易中，买卖双方的目的都是非常明确的：满足各自的需要。互惠互利能增强推销人员的工作信心，互惠互利能有利于销售业务的发展。

4. 诚信为本

诚信是属于道德范畴，诚信推销既是对推销人员的素质与道德水准的要求，也是对推销人员的职业规范的要求。

［案例］

## 华致酒行的“真酒模式”

华致酒行，一直致力于创新酒类销售的运营管理模式，以酒品保真连锁销售为主营业务，精心打造最受广大消费者信赖的中国保真酒品连锁销售第一品牌。公司秉承“让广大消费者，能够放心地购买到真品美酒，喝上真品美酒”的企业愿景，致力于为消费者提供专业的产品选择、安全的保真酒品系统管理和优质的服务保障。

华致酒行董事长吴向东认为，在高端市场火热的趋势下，虽然有各种专业高端酒类销售门店如雨后春笋般冒出，但有相当比例的门店在采购渠道上不够规范，经营商品杂乱，缺乏品牌形象管理，没有形成连锁规模，无法达到一定的影响力获取消费者青睐；商超等卖场虽在规模上有一定优势，但并不单单针对高端市场，无法满足高端消费者对品牌和高端定位的价值体现需求；各大酒企为旗下品牌所创立的直营店，在规模和定位上都符合条件，但由于品种单一，无法满足消费者多元选择和比较性的选择需求。

华致酒行董事长吴向东，在企业经营管理中一直秉承着诚实守信的理念。他多次在公开场合表示，华致酒行内没有一瓶假酒。事实也证明，华致酒行至今还没有出现过一起消费者购买假酒的事件。

“真酒模式”一直以来被吴向东视为华致酒行快速发展的一张王牌和核心价值所在。

资深业内人士、西南财大客座教授铁犁教授在谈到华致酒行优势时指出，华致酒行是唯一收购了10家以上的酒类生产企业的渠道商，这些酒厂分布在全国各地，产品结构也比较合理。并且在店面售卖的自产、代理、定制的综合产品结构，是其他酒行都做不到的。

据了解，华致酒行直接从酒厂进酒，旗下各大连锁专卖店则从华致直接进酒，在渠道环节上的简单化和严格监管，杜绝了假酒进入华致销售渠道的可能性。

同时，华致酒行还制定了相当严格的监督体制。“若出现假货，不惜关店整改。”华致酒行的某高层表示，各个品牌供给华致的酒都是有特殊标记的。公司会有运营经理对合伙人店面做频繁的检查，涉及店面摆设、仓储以及台账等。如果出现销售假货的情况，该运营经理将面临10万元以上的巨额处罚。另外，每家合伙人店面，也被要求必须有专门的仓储。同时，每个加盟店所出售的酒的品种、数量也是严格控制的，任何一家华致酒行门店都没有自行采购一瓶酒的权力。

在酒类大流通，渠道变革需求高涨的大环境下，华致酒行如今已经远远走在酒类流通行业的前列。在吴向东对产品质量和品牌塑造的不断坚持下，华致酒行逐渐以其“真酒模式”在高端白酒消费市场中，成功地建立了一定的公信力。

（资料来源：百度网）

## (二)推销的一般过程

[知识链接]

**消费者的购买决策过程**

消费者购买是较复杂的决策过程,其购买决策过程一般可分为以下5个阶段,并制定相应的营销策略。

1. 确认需要

当消费者意识到对某种商品有需要时,购买过程就开始了。消费者需要可以由内在因素引起,也可以是由外在因素引起。此阶段企业必须通过市场调研,认定促使消费者认识到需要的具体因素,营销活动应致力于做好两项工作:发掘消费驱动力和规划刺激、强化需要。

2. 寻求信息

在多数情况下,消费者还要考虑买什么牌号的商品,花多少钱到哪里去买等问题,需要寻求信息,了解商品信息。寻求的信息一般有:产品质量、功能、价格、牌号、已经购买者的评价等。消费者的信息来源通常有以下4个方面:①商业来源;②个人来源;③大众来源;④经验来源。企业营销任务是设计适当的市场营销组合,尤其是产品品牌广告策略,宣传产品的质量、功能、价格等,以便使消费者最终选择本企业的产品。

3. 比较评价

消费者进行比较评价的目的是能够识别哪一种牌号、类型的商品最适合自己的需要。消费者对商品的比较评价,是根据收集的资料,对商品属性做出的价值判断。消费者对商品属性的评价因人因时因地而异,有的评价注重价格,有的注重质量,有的注重牌号或式样等。企业营销首先要注意了解并努力提高本企业产品的知名度,使其列入消费者比较评价的范围之内,才可能被选为购买目标。同时,还要调查研究人们比较评价某类商品时所考虑的主要方面,并突出进行这些方面的宣传,对消费者购买选择产生最大的影响。

4. 决定购买

消费者通过对可供选择的商品进行评价,并做出选择后,就形成了购买意图。在正常情况下,消费者通常会购买他们最喜欢的品牌。但有时也会受两个因素的影响而改变购买决定。两个因素是:

(1)他人的态度。他人对商品的认可度、认同感会对别的消费者产生影响。

(2)意外事件。消费者修改、推迟或取消某个购买决定,往往是受已察觉风险的影响。“察觉风险”的大小,由购买金额大小、产品性能优劣程度,以及购买者自信心强弱决定的。企业营销应尽可能地设法减少这种风险,以推动消费者购买。

5. 购后评价

消费者购买商品后,购买的决策过程还在继续,他要评价已购买的商品。企业营销须给予充分的重视,因为它关系到产品今后的市场和企业的信誉。判断消费者购后行为有两种理论:

(1)预期满意理论。

(2)认识差距理论。企业营销应密切地注意消费者购后感受,并采取适当的措施,消除不满,提高满意度。如经常征求顾客的意见,加强售后服务和保证,改进市场营销工作,力求使消费者的不满降到最低的程度。

学习了消费者购买决策过程后,我们不难推出推销从寻找客户到信息反馈共6个步骤:

①寻找客户；②推销接近；③推销洽谈；④处理异议；⑤售后服务；⑥信息反馈。

推销首先是要寻找客户，通过收集信息，分析产品和服务特点，寻找目标客户；找到目标客户后，采取措施接近客户，约见客户；见到客户，与客户进行洽谈；在洽谈中，处理客户异议，达到交易；做好售后服务，提高客户满意度；并及时反馈售后信息，为下一轮推销做好准备。

［案例］

## 将冰卖给爱斯基摩人

假如你是北极冰公司的推销员，你会怎样将公司的产品北极冰卖给爱斯基摩人？爱斯基摩人居住在北极，甚至很多人就住在冰上，爱斯基摩人居住的周围都是不花钱的冰，在这种情况下，推销能成功吗？（提示：爱斯基摩人以捕鱼为生，鱼也是主要的食物之一，北极有北极熊、企鹅等野生动物活动。）其步骤是：

(1)引起爱斯基摩人的注意。

(2)唤起爱斯基摩人的兴趣。

(3)激发爱斯基摩人的欲望。

(4)促成交易。

谁都想知道顾客在购买的过程中是如何思考的。其实，在购买的不同阶段，顾客的心理活动呈现出不同的变化特点；而不同个性特征的顾客，其思维方式和沟通风格也各异。那么：顾客在购买过程中到底有什么样的心理变化？不同的顾客有什么样的个性心理特征？如何认识和适应这些不同的心理变化？

爱斯基摩人居住的格陵兰岛是世界上第一大岛，那里到处都是冰雪，巨大的冰盖占据了80%以上的面积。看看美国销售大师汤姆·霍普金斯是如何做的。汤姆·霍普金斯在接受一家大都市报纸记者的采访时，记者向他提出一个挑战性的问题，要他当场展示一下如何把冰卖给爱斯基摩人。于是就有了下面这个脍炙人口的销售故事：

汤姆：您好！爱斯基摩人。我叫汤姆·霍普金斯，在北极冰公司工作。我想向您介绍一下北极冰给您和您的家人带来的许多益处。

爱斯基摩人：这可真有趣。我听到过很多关于你们公司的好产品，但冰在我们这儿可不稀罕，它用不着花钱，我们甚至就住在这东西里面。

汤姆：是的，先生。注重生活质量是很多人对我们公司感兴趣的原因之一，而看得出来您就是一个注重生活质量的人。你我都明白价格与质量总是相连的，能解释一下为什么你目前使用的冰不花钱吗？

爱斯基摩人：很简单，因为这里遍地都是。

汤姆：您说得非常正确。你使用的冰就在周围。日日夜夜，无人看管，是这样吗？

爱斯基摩人：噢，是的。这种冰太多太多了。

汤姆：那么，先生。现在冰上有我们，你和我，那边还有正在冰上清除鱼内脏的邻居，北极熊正在冰面上重重地踩踏。还有，你看见企鹅沿水边留下的脏物吗？请您想一想，设想一下好吗？

爱斯基摩人：我宁愿不去想它。

汤姆：也许这就是为什么这里的冰是如此……能否说是经济合算呢？

爱斯基摩人:对不起,我突然感觉不大舒服。

汤姆:我明白。给您家人饮料中放入这种无人保护的冰块,如果您想感觉舒服必须得先进行消毒,那您如何去消毒呢?

爱斯基摩人:煮沸吧,我想。

汤姆:是的,先生。煮过以后您又能剩下什么呢?

爱斯基摩人:水。

汤姆:这样你是在浪费自己时间。说到时间,假如您愿意在我这份协议上签上您的名字,今天晚上你的家人就能享受到最爱喝的,加有干净、卫生的北极冰块饮料。噢,对了,我很想知道你的那位清除鱼内脏的邻居,您以为他是否也乐意享受北极冰带来的好处呢?

汤姆·霍普金斯是全球第一名推销训练大师,被誉为“世界上最伟大的推销大师”,接受过他训练的学生在全球超过1 000万人。

汤姆·霍普金斯在最初踏入销售界的前6个月屡遭败绩,于是潜心学习钻研心理学、公关学、市场学等理论,结合现代观念推销技巧,终于大获成功。

他在美国地产界三年内赚到3 000多万美元,成为金氏世界纪录地产业务员单年内销售最多房屋的保持者,平均每天卖一幢房子,并成功地参与了可口可乐、迪士尼、宝洁公司等杰出企业的推销策划。

(资料来源:百度网)

**[分析思考]**

从上案例可以总结为:首先你要知道,你的产品能给顾客带来些什么好处?是否能够满足顾客的需求,塑造产品或服务的价值,能为顾客解决什么样的具体问题?描绘梦想,拥有你产品或服务后,顾客的工作或生活,身份会发生什么样正面积极美好的改变,描绘给他听。降低首次成交门槛,先带顾客往前迈出一小步,实现首次成交,这样比较容易!然后再追销给他更大的产品或服务。顾客购买的正确性和不购买付出的代价!让顾客认为只有购买才是正确的选择。

总结其销售过程主要有:要讲好开场白;从多方面探寻顾客的需求;说明购买该产品后能带来什么好处;解决销售中的反对意见;抓住机会成交;让需求客户转化为介绍他人购买;售后追求卓越的服务。所以,成功的营销要做好这几个方面:要有良好的态度,待人热情、大方;要准时、开心地上班;销售前要做好准备;做足每一分钟;应该保持一个好的心态,合理地调整好心情;坚持学习,头脑清晰;控制语言,注重礼仪,接近上进的人和事。

## 三、推销模式

在推销过程中,刺激顾客的购买欲望可分为三个步骤进行。推销人员首先提出推销建议,在得到顾客反映之后,找到症结之所在,然后有针对性地进行理由论证,多方诱导顾客的推销模式是指根据推销活动的特点及对顾客购买活动各阶段的心理演变应采取的策略,归纳出一套程序化的标准推销方式。

推销模式的产生使推销有了可以依据的理论、步骤与法则,促进了推销效率的提高。推销模式来自于推销实践,具有很强的可操作性,是现代推销理论的重要组成部分。推销模式的种类有很多,这里主要介绍应用最广泛的5种模式,即爱达(AIDA)模式、迪伯达(DIPADA)模式、埃德帕(IDEPA)模式、费比(FABE)模式和吉姆(GEM)模式。

推销模式的具体类型：

### (一)爱达(AIDA)模式

爱达模式是世界著名的推销专家海因兹·姆·戈德曼在《推销技巧——怎样赢得顾客》一书中首次总结出来的推销公式，它被认为是国际成功的推销公式。“爱达”是4个英文字母AIDA的译音，也是4个英文单词的首字母：A为Attention，即引起注意；I为Interest，即诱发兴趣；D为Desire，即刺激欲望；最后一个字母A为Action，即促成购买。它的具体含义是指一个成功的推销员必须把顾客的注意力吸引或转变到产品上，使顾客对推销人员所推销的产品产生兴趣，这样顾客欲望也就随之产生，尔后再促使顾客采取购买行为，最后达成交易。

爱达模式比较适用于店堂的推销，如柜台推销、展销会推销；适用于一些易于携带的生活用品与办公用品的上门推销，也适用于新推销人员以及首次接触顾客的推销。其具体操作步骤如下：引起顾客注意。引起注意是指推销人员通过推销活动刺激顾客的感官，使顾客对推销人员和推销品有一个良好的感觉，把顾客的心理活动、精力、注意力等吸引到推销人员和推销品上来。通常人们的购买行为都是从注意开始的，因此，推销的第一步就是先要引起顾客的注意。顾客的注意分为有意注意和无意注意。推销人员一定要通过积极努力，强化刺激，唤起顾客的有意注意，使顾客愿意把注意力从其他事情转移到推销上来。

唤起顾客的兴趣。唤起顾客兴趣是指唤起顾客对推销活动及推销品的兴趣，或者说是诱导顾客对推销的积极态度。兴趣与注意有着密切的关系。兴趣是在注意的基础上发展起来的，反过来又强化注意。兴趣也与需要有密切的关系。顾客对推销的兴趣都是以他们各自的需要为前提的。因此，要很好地诱导顾客的兴趣，就必须深入地分析顾客的各种需要，让顾客认识到购买所能带来的好处。推销人员要利用各种方法向顾客证实推销品的优越性，以此引导他们的购买兴趣。一般来说，诱导顾客兴趣的最基本的方法是示范表演法和情感沟通法。具体方法如下：

(1)向顾客示范所推销的产品。

(2)了解顾客的基本情况。

(3)推销员演示示范动作。

(4)让顾客参与其中，比单独的推销员示范更能激发顾客的兴趣。

(5)在适当的时候递上产品宣传册，并对主要内容进行简要解释。

(6)示范产品的时间不能太长，并且要有演示重点。

(7)言谈举止得体，并且引导顾客在示范过程中得出正确的结论。

激发顾客的购买欲望。激起顾客购买欲望是指推销人员通过推销活动的进行，在激起顾客对推销品的兴趣后使顾客产生对推销品强烈拥有的愿望，从而导致顾客产生购买的欲望，直至达成交易。激发顾客购买欲望的具体方法如下：

(1)向顾客介绍产品或者服务的情况，如优点。

(2)提出一些有吸引力的建议。

(3)向顾客讲道理，产品或者服务能给顾客带来的利益。

(4)促成顾客购买。

促成顾客的购买行为。促成顾客购买行为是指推销人员要不失时机地强化顾客的购买意识，培养顾客的购买意向，促使顾客最终产生购买行动。促成顾客购买行动是爱达模式的最后一个步骤，它是全部推销过程和推销努力的目标，也是对前三个目标的总结和收获。这一过程要求推销人员在推销活动中必须抓住机会，坚定顾客的购买信心。顾客从产生购买欲望，到采取购买行动，还需要推销人员运用一定的成交技巧来施加影响，以促成顾客尽快地做出购买决策。

### （二）迪伯达（DIPADA）模式

迪伯达模式是海因兹·姆·戈德曼根据自身推销经验总结出来的新模式，被认为是一种创造性的推销方法。"迪伯达"是六个英文字母 DIPADA 的译音。这 6 个英文字母分别为 6 个英文单词 Definition（发现）、Identification（结合）、Proof（证实）、Acceptance（接受）、Desire（欲望）、Action（行动）的第一个字母。它们表达了迪伯达模式的 6 个推销步骤。迪伯达推销模式认为，在推销过程中，推销人员必须先准确地发现顾客的需要和愿望，然后把它们与自己推销的商品联系起来。推销人员应向顾客证明，他所推销的商品符合顾客的需要和愿望，顾客确实需要该商品，并促使顾客接受。

迪伯达模式的操作步骤是：准确地发现顾客的需要和愿望；把推销品与顾客的需要、愿望结合起来；证实推销品符合顾客的需求和愿望；促使顾客接受推销品；刺激顾客的购买欲望；促使顾客做出购买决定。

（1）准确地发现并指出顾客有哪些需要和愿望。在这一阶段，推销人员应围绕顾客的需要，探讨顾客需要解决的问题，而不要急于介绍推销品。这种做法体现了以顾客为中心的准则，最能引起顾客的兴趣，有利于制造融洽的推销气氛，有利于消除推销障碍。

（2）把顾客需要与要推销的产品结合起来。在发现并指出了顾客的需要后，再向顾客介绍推销品，并把推销品与顾客需要联系起来，这样就能很自然地引起顾客的兴趣。

（3）证实推销产品符合顾客的需要和愿望。证实不是简单的重复，而是推销人员使顾客认识到推销品是符合他的需要的过程。

（4）促使顾客接受所推销的产品。在推销过程中，顾客往往不能把自己的需求与推销品联系起来，推销人员必须拿出充分的证据向顾客证明，推销品符合顾客的需求，他所需要的正是这些产品。当然这些证据必须是真实可信的，而且要达到这个目的，推销人员必须做好证据理由的收集和应用等准备工作，熟练地掌握展示证据和证实推销的各种技巧。

（5）刺激顾客的购买欲望。当顾客接受了推销品之后，推销人员应及时地激发顾客的购买欲望，利用各种诱因和刺激使顾客对推销品产生强烈的满足个人需要的愿望和感情，为顾客的购买行动打下基础。

（6）促使顾客采取购买行动。这是迪伯达模式的最后一个步骤。在这一步里要求推销人员在前面工作的基础上，不失时机地劝说顾客做出最后的购买决定。这个阶段同"爱达"模式的第四个阶段"促成交易"是相同的。

迪伯达模式较适用于：生产资料市场产品、老顾客及熟悉顾客、无形产品及开展无形交易（如保险、技术服务、咨询服务、信息情报、劳务市场等）、顾客属于有组织购买即单位购买者等产品或顾客的推销。由于"迪伯达"模式紧紧抓住了顾客需要这个关键性的环节，使推销工作更能有的放矢，因而具有较强的针对性。

### （三）埃德帕（IDEPA）模式

埃德帕模式是"迪伯达"模式的简化形式，它适用于有着明确的购买愿望和购买目标的顾客。“埃德伯”是5个英文字母IDEPA的译音。这5个英文字母分别为5个英文单词的第一个字母。也是埃德伯模式的5个推销步骤:Identification,意即把推销品与顾客需要结合起来。Demonstration,意即,向顾客示范产品。Elimination,意即淘汰不合适的产品。Proof,意即证实顾客的选择正确。Acceptance,意即促使顾客接受产品。在采用该模式时不必去发现和指出顾客的需要,而是直接提示哪些产品符合顾客的购买目标,这一模式比较适合于零售推销。如顾客来买水时:

(1)你把推销的产品农夫山泉与顾客想喝水的愿望联系起来。

(2)向顾客示范合适的产品:不同包装的农夫山泉。

(3)淘汰不宜推销的产品:推销员指示一下就行。

(4)证实顾客的选择是正确的。

(5)促使顾客接受产品,成交,付款。

### (四)费比(FABE)模式

费比模式是由美国奥克拉荷马大学企业管理博士、中国台湾中兴大学商学院院长郭昆漠先生总结并推荐的推销模式。“费比”是FABE的译音,FABE则是英文单词Feature(特征)、Advantage(优点)、Benefit(利益)、Evidence(证据)的第一个字母。费比模式的4个步骤如下:

(1)把产品的特征(Feature)详细地介绍给顾客。推销人员在见到顾客后,要以准确的语言向顾客介绍产品特征。特征的内容有产品的性能、构造、作用、使用的简易及方便程度、耐久性、经济性、外观优点及价格等。如果是新产品则应更详细地介绍;如果产品在用料或加工工艺方面有所改进的话,也应介绍清楚;如果上述内容多而难记,推销人员应事先打印成广告式的宣传材料或卡片,以便在向顾客介绍时将其交给顾客。因此,如何制作好广告材料或卡片便成为费比模式的重要特色。

(2)充分地分析产品的优点(Advantage)。费比模式的第二步骤是把产品的优点充分地介绍给顾客。它要求推销人员应针对在第一步骤中所介绍的特征,寻找出其特殊的作用或者是某项特征在该产品中扮演的特殊角色、具有的特殊功能等。如果是新产品,务必说明该产品开发的背景、目的、必要性以及设计时的主导思想、相对于老产品的差别优势等。当面对的是具有较好专业知识的顾客,则应以专业术语进行介绍,并力求用词精确而简练。

(3)尽数产品给顾客带来的利益(Benefit)。第三步骤是费比模式最重要的步骤,推销人员应在了解顾客需求的基础上,把产品能给顾客带来的利益,尽量多地列举给顾客。不仅讲产品外表的、实体上的利益,更要讲产品给顾客带来的内在的、实质上的利益;从经济利益讲到社会利益,从工作利益讲到社交利益。在对顾客需求了解不多的情况下,应边讲解边观察顾客的专注程度与表情变化;在顾客表现关注的主要需求方面更要多讲多举。

(4)以证据(Evidence)来说服顾客购买。推销员在推销中要避免用“最便宜”、“最合算”、“最耐用”等语句,因为这些词语会令顾客反感而显得无力。因此,推销人员应以真实的数字、案例、实物等证据,让证据说话,解决顾客的各种异议与顾虑,促成顾客购买。费比模式的突出特点是:事先把产品特征、优点及带给顾客的利益等列出来印在卡片上,这样就能使顾客更好地了解有关内容,节省顾客产生疑问的时间,减少顾客异议的内容。正是由于费比模式具有这一特色,它受到了不少推销人员的推崇,帮助不少企业取得了销售佳绩。

### (五)吉姆(GEM)模式

吉姆模式旨在帮助培养推销人员的自信心,提高说服能力。其关键是“相信”,即推销人员

一定要相信自己所推销的产品(G),相信自己所代表的公司(E),相信自己(M)。吉姆模式的3步骤是:

(1)相信推销品。推销人员应对推销品有全面、深刻的了解,同时要把推销品与竞争产品相比较,看到推销品的长处,对其充满信心。而推销人员对产品的信心会感染顾客。

(2)相信自己的企业。要使推销人员相信自己的企业和产品,企业和产品的信誉是基础。而信誉是依靠推销人员与企业的全体职工共同努力来创造的。企业和产品的良好信誉,能激发推销员的自信和顾客的购买动机。

(3)相信自己。推销人员要有自信。推销人员应正确地认识推销职业的重要性和自己的工作意义,以及未来的发展前景使自己充满信心,这是推销成功的基础。

总之,推销人员在推销过程中应深入地研究顾客对推销的心理认识过程,同时十分注重自己的态度与表现,才能成功地进行推销。

## ◆任务总结

要理解推销,掌握推销三要素、特点、推销原则、过程和模式。

推销的定义有广义和狭义之分。广义的推销是泛指人们在社会生活中,通过信息传递的方式,使推销对象接受并实施推销内容的活动与过程。从这个意义上说,生活中处处都有推销。狭义的推销是指推销人员在一定的推销环境里,运用各种推销技术和推销手段,说服推销对象接受推销客体的活动过程。本书所说的推销就是指狭义的推销这个概念。

推销的原则是推销人员在推销过程中应该把握的基本准则。主要有顾客导向原则、互惠互利原则、诚信为本原则。

顾客对推销的接受过程是一个非常复杂的心理演变过程。中外推销专家在深入研究推销案例的基础上,从不同的角度提出了一系列的推销模式。所谓推销模式就是根据推销活动的特点及对顾客购买活动各阶段的心理演变而采取的策略,归纳出的一套程序化的标准推销形式。具体包括爱达模式、迪伯达模式、埃德帕模式、费比模式和吉姆模式。在推销实践中,推销员应从中发现并掌握推销活动的规律,灵活地运用推销模式,从而提高推销效率。

## ◆拓展案例

### 把斧子卖给总统

2001年5月20日,美国一位名叫乔治·赫伯特的推销员,成功地将一把斧子推销给了小布什总统。一位记者在采访他的时候,他是这样说的:"小布什总统在得克萨斯州有一座农场,那里长着许多树。于是我给他写了一封信,说:'有一次,我有幸参观您的农场,发现那里长着许多橘树,有些已经死掉,木质已变得松软。我想,您一定需要一把小斧头,但是从您现在的体质来看,这种小斧头显然太轻,因此您仍然需要一把不甚锋利的老斧头。现在我这儿正好有一把这样的斧头,它是我祖父留给我的,很适合砍伐橘树。倘若您有兴趣的话,请按这封信所留的信箱,给予回复。'最后他就给我汇来了15美元。"

[分析思考]

他运用的是爱达模式。首先他写信给小布什引起了他的注意;然后他谈到了小布什的农场，唤起了小布什的兴趣；接着他分析了小布什需要他的斧子的原因，激发了小布什的购买欲望；最后他向小布什征求订单，并获得了成功。

## 用爱达模式来推销红外涂料产品的实例

推销员：您好，我是“红外涂料销售公司”的李文君，现在来到黄烟种植地区进行销售我们的产品，请您给我点时间向您介绍我们的产品，好吗？

顾客：好的，没问题。

推销员：谢谢。现在都是黄烟丰收的季节了，您家的黄烟也是大收成吧？

顾客：产量还算一般般吧。

推销员：您种植的是晒烟还是烤烟呀？

顾客：我们这里都是种烤烟的，很少有人种植晒烟。

推销员：都是种的烤烟，烤烟很麻烦吧？您有没有发现现在的烤房很消耗煤呀？

顾客：对呀，每天早晚都要加煤，不单说麻烦，这也很浪费煤呀。

推销员：您家的烤房有没有进行特别的装饰，比如说粉刷一些特殊的材料？

顾客：我们这里的烤烟房都是粉刷水泥或者石灰。

推销员：烤烟最主要就是在烤烟叶时要保证烤房里面的温度不低于80℃，我说的没错吧？

顾客：没错，所以我们现在都会用电来帮助提高温度，同时在烤房的地底下铺设同热管，就是一边用煤加热，一边用电保温。但还是有很大的漏洞，很多时候还是会因为热量不足导致烤出来的烟叶色泽不是很好，这就很大程度上影响了烟叶的价格。

推销员：那您愿不愿意尝试一下我公司生产的一种涂料呢？

顾客：什么涂料？它能起到什么样的作用？

推销员：这种特殊的涂料是由中国科学院上海硅酸盐研究所开发的红外辐射涂料，是辐射材料和黏结剂甲(固体)乙两组分装、使用时现场加适量水后直接调和施工时一起使用，这种涂料被涂在红外加热器的辐射面或炉窑内壁面上后，能增强辐射传热的效果，从而起到节约能源的作用。

顾客：有这样的材料？我当然愿意尝试一下呀！价钱怎么样呀？

推销员：价钱很便宜的，每平方米面积大概花费8元，像您这样的黄烟种植大户，应该有很多烤房吧？这样吧，我给你九五折优惠。

顾客：让我考虑一下吧。

推销员：您还有什么顾虑吗？

顾客：说实话，我是很想尝试一下这种产品，但我担心有风险，何况我一次把那些烤房都用上的话，万一出了问题那我就亏多了！

推销员：您就放心好啦，我们的产品绝对是有保障的！

顾客：每个人都是这样说的，难道有谁会说自己公司的产品不好的呀？但要真的出了问题受伤害的可是我呀！

推销员：我们的产品销售出去后都会进行售后跟踪服务的，如果产品出现问题，公司会全额赔偿您的损失，您看，这是我们公司的售后服务单和产品安全保障单。

顾客：(接过单据细看)嗯，有这样的保障，那这样吧，我愿意尝试，但为了安全起见，我还是先买一个烤房的用量吧。一个烤房大概要多少用量？

推销员：我们公司有两种型号的灌装产品，大罐装的可粉刷50平方米，小罐装的可用于粉刷30平方米。

顾客：那这样算下来价钱也不菲呀！

推销员：一个烤房的内墙、天花和地面加起来也没有100平方米吧？这样算下来花费还不到1 000元，我们产品的保质期绝对超过5年，5年下来起码能帮您节省3吨标准煤，这样算下来哪个划算？

顾客：嗯，你说的有道理，那这样吧，你帮我定两大罐的吧，我先用一个烤房试一试，要是效果真的很好的话我再把其他的烤房也粉刷上去！

推销员：嗯，好的，那我现在从车上卸两大罐给您。

顾客：(提过货物)嗯，给你钱，一共是760元，你数数。

推销员：(接过钱细看后)好的，这是发票和质量担保单，请您签字。

顾客：(签字)。

推销员：谢谢，如果产品有任何质量问题，请您及时与我们联系，这是我的名片。

顾客：嗯，好的，如果我感觉质量好的话就再向你们购买，同时我也会推荐给其他种植户使用的。

推销员：好的，谢谢，期待我们下次的合作，那打扰了，不耽误您太多的时间。

顾客：嗯，好的，慢走，不送了！

推销员：请您留步，再见。

顾客：再见。

(百度网，编者：李文君)

**[分析思考]**

请你运用爱达模式分析推销员是怎样将产品红外涂料推销给顾客的？

## ◈拓展训练

1. 自我推销训练

要求：要求简明扼要，突出自己的个性和特点。

实施：课后准备，在全班进行3分钟的自我介绍。

2.“爱达”模式情景模拟

要求：能够初步地掌握“爱达”模式。

实施：

(1)将全班同学以4～6人，分成不同的项目小组，每个小组模拟一个销售团队。

(2)每个小组用“爱达”模式来设计推销情景。

(3)在班级里进行推销模拟表演。

# 任务二 推销能力准备

## ◈学习目标

1. 学生应该了解销售人员的职责，明确作为销售人员应该具备的职业能力。

2. 结合自己的实际情况，检查自己还应该补充哪些方面的能力。

## ◈案例导入

毕业生李明经过激烈的竞争，凭借自己的实力，最后被南山市利民科技有限公司录用。南山利民科技有限公司是一家从事空气污染治理、净化系列产品研发、生产、销售为一体的专业技术型公司，公司通过引进吸收国际先进技术，掌握了室内环境污染治理净化的诸多前沿技术，成功地开发出一批高技术含量的绿色环保产品。公司总部在深圳，全国各地都设立了销售分公司。李明被分配在A市场分公司从事销售工作，他很喜欢推销工作，也很想把推销工作当作自己的事业来做，但他不知道作为一个新入职的销售人员应该具备哪些方面的职业素养准备，应该从哪些方面提升自己的职业素质与素养，怎样才能成为一个优秀的销售人员？他为此非常苦恼。李明该怎么做呢？

## ◈任务分析

1. 了解销售人员的职责。

2. 明确作为销售人员应该具备的职业能力，并结合自己的实际情况，检查自己还欠缺哪些方面的能力。

## ◈任务实施

### 一、推销人员职责

1. 收集资料，传递信息

推销人员应及时准确地向消费者传递有关企业、商品和劳务的信息。推销人员是联系企业和市场、企业和顾客的桥梁与纽带，所以，推销人员在实际推销过程中必须先收集有关的信息，然后再传递给顾客。相关资料的准备。推销人员在开发市场之前一定要通过对市场的调研之后，对目标市场做一个系统的思考，要在和客户洽谈之前以书面的形式拟定一份《区域市场发展规划书》，这样对区域市场的运作就有了清晰的思路。这样与客户谈判时就会显得很专业，给客户留下正规和可信赖的良好印象。

2. 销售产品，开拓市场

销售的最终目的是把产品推销给客户，那么，推销员该如何开拓市场呢？第一步：事前准备。推销员开发新市场，事前的准备非常重要，孙子兵法曰：知己知彼，百战不殆。准备充分了，谈判时才能有的放矢，才能立于不败之地。事前准备包括两个方面，第一，对自己公司和对目标市场的了解；第二，个人的准备，主要是思想上和仪表上。第二步：了解产品。作为推销员你必须完全熟悉自己的产品的功能，特性与应用及注意事项，并且你还要明确你的产品所面对的消费人群；再者你还要学会分析你的产品在同类产品中的优势和劣势，以及产品在市场上的供求情况，要熟悉市场竞争对手的产品，发掘自己的产品的优势，进行市场细分，锁定目标市场，进而有效地寻找目标客户。掌握客户的核心需求，区别对待不同的客户，找到客户的真正需求点，从而制定你的销售策略和计划，使自己更好地完成销售任务。

3. 沟通信息，树立形象

推销员应该有良好的沟通技巧，学会聆听，很好地与客人互动。要注意自我形象设计。人的形象分为外在形象和内在形象。外在形象就是指一个人的仪表、服饰、举止等外在表现。作为推销员，要仪表端庄：头发要梳理整齐，胡子要刮净，领带要打直，皮鞋要擦亮，指甲要常剪，总之要干净利索，显得有精神；如果是女士，可适当化些淡妆。服饰穿着应得体大方，服饰不见得要名贵的，但一定要干净整洁，比如要尽量穿职业装打领带或者领结，显得有职业感，穿着不宜暴露，以免给客户不稳重的感觉。客户容易接受穿着比较保守但又时尚干练的人。

## 二、推销人员应具备的能力

### （一）观察能力

观察力是指人的大脑对事物的观察能力，如通过观察发现新奇的事物等，在观察过程中人对声音、气味、温度等有一个新的认识。

我相信看过《福尔摩斯探案全集》的朋友都知道这样一个场景：在福尔摩斯第一次与华生见面时，就立刻辨别出华生是一名去过阿富汗的军医。福尔摩斯为什么能够那么快地辨别出来面前的这个人就是一名军医呢？是观察。敏锐的观察力使得福尔摩斯能够迅速地辨别出一个人的职业、经历。

从上面这个例子可以看出：福尔摩斯之所以能够很快地破那么多案子，敏锐的观察力是其中的决定因素之一。

观察力的敏锐程度决定了从一个人身上得到的信息的多寡。即只有敏锐的观察力才能尽可能多地将一个初次见面的人的信息更好地把握住。

培养的步骤：从脚开始观察。观察力对于一个人来说是非常重要的。敏锐的观察力可以使我们避免受表面现象的迷惑，而真正地看到事物的本质和变化的趋势。观察力，可以使一个人变得更加睿智、严谨，发现许多人所不能发现的东西。要观察一个人，就要把握住这样一个顺序：从下至上。也就是说，从他的鞋子开始观察。可能有人会问：为什么不先从他的脸开始观察呢？其实，一旦一开始就观察了一个人的脸，我们就会很容易地主观地对这个人进行评价，而因此影响或忽略了很多关于此人重要的信息。而从脚开始观察可以很好地避免这种情况。

首先是观察他的鞋子，鞋子如果很脏，那说明这个人对于生活卫生方面并不怎么在意，同时也可以推测这个人对于生活方面并不严谨，甚至还可以进行这样一种假设：可能他性格就是这样的。然后再观察他的裤子，其次是衣服，最后是脸。如果衣裤上有些褶皱或是污迹，那就可以证明上面的部分论断是正确的。同时，一个人身上的佩戴的饰物也是关键信息。有时将一个人身上的耳环、戒指、紫色项链、银表等比较个人化的东西记住，往往成为辨认此人的关键和主要依据。接下来可以观察这个人的体格，如手臂肌肉的粗壮程度、身高体型等等。在种种信息搜寻齐全之后，你就可以对这个人进行一个综合大概的评价了。

想要在不问当事人的情况下得知那个人所从事的职业，最好的方法就是获知许许多多职业所具有的特征，并且能够将之熟记并运用自如。如果不行，可以根据他在说话时透露出的信息来推断他从事的职业的范围，这需要一定的联想能力，比如握手时，感觉对方手指特别纤长有力，那么说明他可能有相当的艺术才能，比如写得一手好字或绘画、弹钢琴等。所谓一些职业可能带有的特征，主要是包括：习惯穿着、习惯动作，身体特征等等。从事不同职业的人的特征如下：

(1)学校的教师(除体育老师外)　指甲缝残留白色粉末；衣袖、裤腿褶皱中也带有白色粉末；大拇指与食指(拿粉笔的部分)的茧子略厚。

(2)厨师　脸部皮肤较差，肤色也不好；体型略肥厚；头发和脸较油腻；左手较右手大(因为大多厨师为右撇子，则右手灵活性高，所以右手拿铲左手拿锅)；手臂和手背可能有细小烫痕；身上可能会有油烟味、调料味。

(3)接待员(在国外一些比较繁忙的地段，主要是政府部门又或者旅游行业的对外接待员)　有咬指甲的习惯，因为坐得多，故臀部相对宽大些。

(4)打针的医生　在他的大拇指、食指、中指部分有老茧，因为医生在打针时需要用三根手指来拿的，这是一般的打针医生的习惯。

(5)长年的出租车司机　一般都有不同程度的胃和脊椎方面的病症，手经常握方向盘的部分的老茧特别厚。

(6)货运车司机　脊椎方面的病症比较突出；臀部相对宽大；体形也根据地方的不同会有不同程度的肥胖；脸部皮肤不好；手上拇指、食指内侧有老茧。

(7)外科医生　食指上部内侧有一条斜向印痕(有一说法是经常用外科缝合线的原因)。

(8)木匠　吸烟时，有长时间把烟叼在嘴巴上的习惯，因为手在劳动。

(9)经常用笔的文职　食指和中指关节有突起。

(10)军人　体格一定比较健壮、皮肤较黝黑、吃饭速度快、走路快，性格内向的多，不善言谈，具有顺从倾向。腰板挺直、脾气倔强甚至死板，整个人散发出一种特殊的有精神的气质。

(11)运动员　游泳的人，肩特别宽，上身基本呈倒三角，身材匀称；而打澳式橄榄球的人肩膀就没有那么宽，身材也较匀称；踢足球的人腿部肌肉特别发达，视力较好，空间感很好；体操运动员基本上个子都不是很高，身材极其健美；跳水运动员个子一般不高，有较好的弹跳能力；打乒乓球的运动员有些驼背，视力好；网球选手，手臂力量足，体力好，胸脯大。

(12)艺术家　如果是搞乐器的，手指粗些的演奏弹拨类乐器，比如古筝、箜篌、竖琴等，因为有些曲子演奏起来需要一定的力度、手指修长、跨度大(尤其是拇指跟食指)的演奏键盘乐器；至于演奏弦乐器的人，比如二胡、大中小提琴，左手食指、中指跟无名指的指腹会有茧，是在琴弦上磨出来的；拉小提琴的人，他的头可能会稍微向左边偏，因为要夹住琴身。

(13)民工　体格普遍比较健壮、皮肤黝黑、衣服不很干净、不太在意细节。

(14)计算机操作员　他的右手手掌根部就会有老茧，因为他要时常使用鼠标。

(15)银行职员　因为点钞他的手的大拇指与食指之间的老茧比较厚，给人感觉是精明又干练。

### (二)倾听能力

倾听能力指对表达者所表达的内容接受、分析、理解和分享的能力。倾听能把握叙述者所表达的内容、情感、经验，并产生一定的共鸣，或赞同，或反对，且有所反馈。倾听是接受、分析、理解、分享的过程。

学会倾听，需要不同的素质素养：尊重他人；容纳他人；敏感对待；善于思考。提高倾听能力的技巧：复述、转述、听话传话活动、补白、猜想、分析、评价等。要求倾听者掌握表达者的重点语句。

自古至今，沟通中的表达能力一直受到人们的普遍重视，但沟通中的倾听能力却一直被忽视，而高质量的沟通表达能力是离不开有效的倾听能力的。正如温德尔·霍姆兹说："说是属于知识的范畴而听是智慧的特权。""智慧的特权"——倾听能力并不是所有的人都具备的能力；倾听需要运用技巧，有智慧的人才能拥有。关于倾听能力，有学者曾经对职业院校大学生做过调查，调查结果显示大部分学生倾听能力存在两方面的问题：一是心态方面，如缺乏耐心，急于下结论；没有平等与尊重的心态，自以为是；以自我为中心，难以接纳、认同别人的观点，更难以做到换位思考；二是技巧问题，如沟通中对重音、语速、语调的变化不重视，不能正确地把握言语意思；沟通中缺少察言观色且不愿分析与思考，也就不能深入地理解当事人所要传达的信息。国际倾听协会曾对《Fortune》500强企业进行过调查，这份调查也指出，70%的经理人都只是"勉强合格"的倾听者。《哈佛商业评论》因此下了批注：倾听，其实是我们"沟通的效果要看个人综合素质，经验(其中包括驾驭语言能力、应变能力、亲和力、诚信度、影响力)、公司实力等诸多因素。其中个人的综合素质在沟通中是至关重要的，而倾听更是沟通中最重要的环节。"

倾听能力是培养推销员表达和应对的能力，使推销员具有文明和谐地进行人际交流的素养。通过自我发现、自我控制、自我评价开展建构活动，这才是倾听能力的价值所在。

## (三)表达能力

表达能力又叫作表现能力或显示能力，是指一个人善于把自己的思想、情感、想法和意图等，用语言、文字、图形、表情和动作等清晰明确地表达出来，并善于让他人理解、体会和掌握。它是指能正确而灵活地把语言材料组织成话语，从而准确地表达某种特定思想内容的能力，故称之为"表达能力"。

推销是一种特殊的职业，是一种复杂的社会劳动。做好这项工作，要求从业人员具备多方面的能力，而这些能力的形成，是建立在推销人员具有合理的知识结构和各项必备素质的基础上的，反映的是推销人员所具备的知识和所具有的经验，具体有以下几个方面的能力：

1. 传播表达能力

传播表达是指在人际交往中对信息的表达、理解与传递，它是推销活动的主要手段之一，也是推销员必须具备的能力之一。这种传播表达能力又包括口头表达能力、书面表达能力、形体表达能力等。

(1)口头表达能力　在公共活动中很多时候推销人员要通过口头语言来正确地传播组织的相关信息，并与顾客进行情感的交流与沟通，从而实现组织的推销目标。推销员必须具备良好的口头表达能力和感染力；声音要适度，语言要适中，尽量使用普通话。

(2)书面表达能力　书面语言是推销活动中经常使用的信息传播的重要方式。推销人员在工作中要经常书写推销的柬帖、调查报告、广告文案、新闻报道、简报等，为此必须具有良好的文字表达能力，熟悉一般文稿的基本要求，才能完成组织正确地进行信息传递的推销目标。

(3)形体表达能力　形体表达能力是指人们通过动作、表情、姿态来传递情感和交流信息。在与公众的交往中，推销人员必须具备一定的形体表达能力。因为形体表达是口头表达的必要辅助、强化和补充，有时比口头语言、书面语言更能表达个人内心的真实想法。推销人员既要学会读懂对方的形体语言，又要能熟练地动用形体语言来辅助有声语言进行传播沟通，以达到交际的最佳效果。

2. 社会交际能力

社会交际能力是指一个人通过传播沟通手段,与他人或组织建立一种相互信任和支持的良好关系的能力。它也是推销人员必须具备的基本能力之一。

社会组织的推销,主要通过推销员与各类顾客打交道,并努力形成和各种公众之间融洽和顺的关系。所以,要求推销员必须具有较强的社会交际能力,能了解不同的公众的心理特征与行为特征,知道如何与不同职业、阶层的人交往,在交往中要表现出入乡随俗、愿意从众的姿态、善于寻找和增进交际深度的契机,遵循人际交往中的各种礼仪,以高雅、随和、诚实和开朗的形象,博得公众的信赖和好感。

3. 培养文字表达能力的基本方法

(1)多阅读,积累素材。多读一些名著和名人传记,还有小故事中的大智慧之类的书籍,如果看到比较好的文段或是句子,就把它摘抄下来,有的还需要背诵下来。

(2)多接触社会,感受生活。让自己的心真正地投入到社会生活中去,这样才能做到有感而发,才能写出好文章。多读,多看,多写,多观察生活。有心的人才能写出有感觉的东西。

(3)多练笔,寻找灵感。可以有感而发,也可以记录生活,多多练笔,自然就会慢慢地提高文字表达能力。建议每天写一篇心灵感受的日记,让发生在现实生活中的事情和自己的文字联系起来,或者是读后感,或者是自己经历后的所思所想,都可以用笔来记录。

(4)多思考,升华思想。除了文笔之外,还要有自己的思想。如果发自内心,在写的过程中自然会触及自己头脑中的一些问题,那是你自己真正的价值观或者是自己对事物认识的态度,这些会在日积月累的写作中慢慢地浮现,也许最后体现出的是一种文风,或者是一种更加独特的东西,那就是你的心灵!

### (四)社交能力

人际交往能力是指妥善处理组织内外关系的能力。包括与周围环境建立广泛联系和对外界信息的吸收、转化能力,以及正确地处理上下左右关系的能力。其表现有:

(1)表达理解能力　它意味着一个人是否能够将自己内心的思想表现出来,还要让他人能够清楚地了解自己的想法,其次就是理解他人的表达。一个人的表达能力,也能直接地证明其社会适应的程度。

(2)人际融合能力　表明了一个人是否能够体验到人的可信以及可爱,它和人的个性(如内外向等)有极大的关系,但又不完全由它决定,更多的是一种心理上的意味。

(3)解决问题的能力　当前一些孩子的依赖性强,独立地解决问题的能力差,再加上应试教育的弊端,因而严重影响了学生的交往能力。

人际交往能力由 6 个方面构成:

(1)人际感受能力　指对他人的感情、动机、需要、思想等内心活动和心理状态的感知能力,以及对自己言行影响他人程度的感受能力。

(2)人事记忆力　是记忆交往对象个体特征,以及交往情景、交往内容的能力。总之,是记忆与交往对象及其交往活动相关的一切信息的能力。

(3)人际理解力　即理解他人的思想、感情与行为的能力。人际理解力是现代企业管理中重要的工作技巧,也是人力资源管理人员必须具备的关键素质之一。人际理解力暗示着一种去理解他人的愿望,能够帮助一个人体会他人的感受,通过他人的语言、语态、语气、动作等理解并分享他人的观点,抓住他人未表达的疑惑与情感,把握他人的需求,并采取恰如其分的语言帮助自己与他人表达情感。

(4)人际想象力　从对方的地位、处境、立场思考问题，评价对方行为的能力。也就是设身处地为他人着想的能力。

(5)风度和表达力　这是人际交往的外在表现。指与人交际的举止、作风、谈吐、风度，以及真挚、友善、富于感染力的情感表达，是较高人际交往能力的表现。

(6)合作能力与协调能力　这是人际交往能力的综合表现，是企业团队合作的必要能力。

人们处在繁忙的工作生活当中，复杂的人际关系，无疑给人增添了新的压力，那么，该怎样经营好你的人际关系呢?

首先，处理好各种关系。

对上司：上司一般都把下属当成自己的人，希望下属忠诚地跟着他，拥戴他，听他指挥。所以要在上司面前，讲诚信，讲义气，敬重他，便可得到上司的赏识。在与上司的相处中，谦逊还是相当重要的。谦逊意味着你有自知之明，懂得尊重他人，有向上司请教学习的意向，意味着"孺子可教。"谦逊可让你得到更多人的支持，帮助你更好地成就事业。

对同事：对同事不能太苛求，对每个人都一样友好。任何人日后都可能成为你的好朋友，重要的工作伙伴，甚至变成你的顶头上司，所以千万不要预设立场，认为他今日不是个重要角色，就忽略他的存在，同时，也不要随便听信别人的闲言碎语，让自己保持一个开朗的胸襟，以眼见的事实客观地去评价判断每一个人。

对下属：多帮助关心下属。对下属要坦诚，向下级善意地表示接近的良好愿望，使下级感受到尊重、被重视，不仅会激发被领导者的积极性，还使大家对领导的思想修养、工作作风、领导意图有所了解，下级对上级习惯性的心理距离由此逐渐缩小。

对竞争对手：在我们的工作当中，处处都有竞争对手。当你超越对手时，没必要蔑视人家，别人也在寻求上进；当人家在你前面时，也不必存心添乱找茬。无论对手如何使你难堪，露齿一笑，既有大度开明的宽容风范，又有一个豁达的好心情，还担心败北吗？说不定对手早已在心里向你投降了。

其次，和有钱人交朋友。绝大多数有钱的人都非常专业、聪明，而且一般都受过很好的教育，因此，对于别人的能力，应该也有相当的判断力。所以，就像打棒球一样，想要打进大联盟，本身一定要够实力。要把自己也当作同样成功的人，才更好地与有钱人接触。经常参加些商展或商业年会等活动组织，进入这群人的世界，并且让他们认识你自己。

经营人际关系最好的方法就是，不要求别人为你做什么，只要想能为别人做什么。这才是建立关系网的真正艺术。如一个做药品销售的业务员，每年的收入很低，但是他生活得像一个百万富翁，因为他有巨大的关系网，他始终在帮助着其他人。

用积极、肯定、支持、建设性的眼光去看待周围的人们，善于发现并赞美别人的优点，必要时适当恭维一下，愉快地接受别人的批评和建议。当被触伤感情后，仍能心平气和地交往。触伤他人感情后，能及时地向人道歉。当有人不同意你的观点、见解时，不必强迫他人接受或感到烦恼。自己有错时，要勇敢地承认自己的错误。在交谈时让顾客把话讲完，再表达你的意见。顾客讲话时留神倾听。

沟通时要学会倾听。专注对方，不能三心二意、敷衍了事；从无兴趣的话题中，找出有意义的东西；见机把对方的内容和自己的感受简要地讲出来，听时不要有先入为主之见，听完后再找出主题和要点。

另外，运用非语言形式来进行人际沟通也是提高人际交往技能的一种方式。有时候，一个眼神，一个手势，一个微笑就可以拉近你与顾客之间的距离。笑声能增进友谊。愉快的笑声不但有益健康，还能增进友谊，特别是交谈中的笑声能达到一般词语难以达到的效果。

总之，人际交往的技能多种多样，只有较好地综合运用，才能在人际交往的过程中获得良好的效果。

[知识链接]

**为人处世**

做事先做人，做事容易做人难。要做好人，应该摒弃斤斤计较、自私狭隘的杂念，放弃以自我为中心的处世原则，做个受大家欢迎的人。世间没有无缘无故的爱，也没有无缘无故的恨，凡事要多沟通。碰到问题不要迁怒于人，甚至得理不饶人，寸土必争，步步为营，多站在对方的角度设身处地地替别人想想，做个善解人意的人。别人生病了，多去探望一下；别人失落的时候多去关心下。一些举手之劳的事情要积极主动地去做，要去多帮助别人，坦荡做事，真心待人，不要钻牛角尖，什么事情都要权衡一下利弊，付出不能总想着得到回报。其实，付出和回报永远是成正比的，只是无法用量化的方法去测试，只能用辩证的方式去理解，“塞翁失马，焉知非福”即是这个道理。多去倾听别人的谈话，多听一些宝贵的意见，这会让你受益匪浅。做任何事情要保持积极的心态，努力做事只能把事情做完，用心做事会把事情做得更好。

销售人员，为人处世的细节至关重要，能够为自己营造出良好的人际关系氛围是成功的关键。销售人员还要有严谨的工作作风，做什么事情都要计划先行，明天、下周、下月、下年度你要做什么应该做好充分的准备。一场促销活动需要详细的促销方案，内容涉及具体的时间、场地、人员、手段、形式、道具、费用、突发事件处理等细枝末节；客户谈判前，你要做认真地准备，反复推敲谈判情景，设置不同的应对预案；第一天晚上你要将第二天出门带的物料准备好，第二天出门前还要检查一遍，等等，太多的细节都要你周密安排，揣摩研习，才能从容地面对。

没有时间观念是销售人员的致命伤。好不容易约好了客户第二天上午十点见面，他却打了一夜麻将，睡在床上十二点还没醒来；假如他是个战斗指挥员，不知道要被枪毙了多少回，要以多少人的牺牲作为代价。不守时的销售人员给人没有安全感，没有信誉可言，没人愿意跟这样的人打交道！

**推销员应具备的基本素质**

(1)诚实　一些不诚实的推销员可能会一时得意，但是从长远的眼光来看，只有诚实才能永保他的推销力。

(2)机敏　一个推销员“为了判断与解决”各种大大小小的问题，必须经常维持他的机敏与伶俐，否则难以成功。

(3)勇气　推销是必须经得起孤独与不断挑战的工作，没有勇气你就无法在这一行奋勇直前。那些积攒了多年经验的推销能手，偶尔也会产生退缩或是放弃的念头。但是，他们绝不会让那些意念成为事实，因为他们有无比的勇气。

(4)勤勉　勤勉也就是全力投入，有着常人难比的耐力。纵使在失意或是业绩下跌的时候，他还是奋力直冲，绝不撤退，到头来仍然能完成目标。

(5)多才　这类推销员身上蕴含着很大的能量，具有与人深入沟通的能力，一旦遇到兴趣相投的人就可能成为至交，与客户关系非常牢固，业绩量也会持续而稳定攀升。

**推销员的良好工作态度**

(1)随时养成坐到前面的习惯,这个态度就会带给你热忱与自信。

(2)养成凝视着对方交谈的习惯。

(3)走路的速度比别人快20%。心理学家说,一个人改变动作的速度,就能把自己的态度连根改变。

(4)主动发言。越能主动发言,热忱与自信也就越能"如影随形",有增无减。

(5)大方、开朗地微笑。诚心不足的微笑,或是半途刹住的微笑,必须列为禁忌。大方、开朗到露牙而不显示牙龈的微笑,才能吸引对方,使对方产生好感。

## (五)应变能力

应变能力是指自然人或法人在外界事物发生改变时,所做出的反应,可能是本能的,也可能是经过大量思考过程后,所做出的决策。应变能力是当代人应当具有的基本能力之一。在当今社会中,我们每个人每天都要面对比过去成倍增长的信息,如何迅速地分析这些信息,是人们把握时代脉搏、跟上时代潮流的关键。它需要我们具有良好的应变能力。

应变能力表现在这样几个方面:

(1)能在变化中产生应对的创意和策略。

(2)能审时度势,随机应变。

(3)在变动中辨明方向,持之以恒。

这里介绍几种提高应变能力的方式:

(1)冷静　无论情景是多么的窘迫和险恶,也不能盲目应对。

(2)忍耐　无论顾客的言语是多么的尖刻,用意是多么的恶毒,也不能急于求应,要忍之再忍,坚决压抑怒气,在忍耐中三思,寻找机会去"应变"。

(3)摸底　不管顾客的言行是多么的凶恶和阴险,既不能愤然而上,更不能惧怕而"降",要摸清对方的底细和意图,同时要想尽办法去"摸底",做到知彼,方能"反败为胜"。

(4)探穴　不管顾客气势多盛,多么的得意,也不能硬攻乱撞,而是要发现对方的弱点、漏洞或疏忽,探准"穴位",发射"重磅炸弹",出奇制胜。

(5)灵活　有时对方(或情势)在你应变前忽然发生急变,或添了帮凶,或事态更复杂难辨等,既不能一味地逃避退缩,也不能一味地强攻硬击,而要灵活地根据已发生了的情况,迅速地做出新的判断,灵活机智地选择出适应新情况的新应变方法,使自己始终保持应变的主动权。

当然,应变能力还是可以通过实践来逐步提高的,我们可以从以下几点入手:

(1)多参加富有挑战性的活动。在实践活动中,我们必然会遇到各种各样的问题和实际困难,努力去解决问题和克服困难的过程,就是增强人的应变能力的过程。

(2)扩大个人的交往范围。无论家庭、学校还是小团体,都是社会的一个缩影,在这些相对较小的范围内,我们可能会遇到各种需要应变能力才能解决的问题。因此,只有首先学会应变各种各样的人,才能推而广之,应付各种复杂的环境。只有提高自己在较小范围内的应变能力,才能推而广之,应付更为复杂的社会问题。实际上,扩大自己的变化范围,也是一个不断实践的过程。

(3)加强自身的修养。应变能力高的人往往能够在复杂的环境中沉着应战,而不是紧张和莽撞从事。在工作、学习和日常生活中,遇事沉着冷静,学会自我检查;自我监督、自我鼓励,有助于培养良好的应变能力。

(4)注意改变不良的习惯和惰性。假如我们遇事总是迟疑不决、优柔寡断,就要主动地锻炼自己分析问题的能力,迅速地做出决策。假如我们总是因循守旧,半途而废,那就要从小事做起,努力地控制自己,不达目标不罢休。经过锻炼,人的应变能力是会不断增强的。

## 三、能力培养

主要是自己多锻炼、多思考、多学习,多总结,一定能提高。

1. 组织协调能力

组织协调是指对事物的统筹安排、计划管理以及调整、调度、沟通、联络等与推销活动有关的工作。推销人员具有一定的组织能力,才能胜任推销工作。在推销事务中,首先,必须协调好组织的内部关系,使上下一致,左右齐心,共同为宣传和维护本组织形象而努力。其次,必须协调与组织外部公众间的关系,使外部公众接纳和支持本组织。尤其是当危机事件发生,组织机构面临灾难时,便需要推销人员安抚公众,稳定局势。因此,推销人员必须具备组织协调能力。

2. 开拓创造能力

开拓创造能力是指推销员能以不同于前人、常人的思维方式,创造性地开展推销活动的能力。推销的生命力在于不断地创新,它要求推销人员要不断地去开拓未知的公共关系领域,别出心裁地设计推销方案,用独特的方式表达组织的推销思想。这种开拓创新的能力,不仅可以表现在大型推销活动的策划中,也可以表达组织在日常的推销活动中。一个具有开拓创新能力的推销人员,永远不会满足"惯例"和"经验",而是千方百计地显示出自己的"独特"与"个性"。只有如此,才能创造性地开展推销活动,取得最佳的效果。

3. 自我调控能力

自我调控能力是指推销人员在推销活动中善于进行自我调节,有效地控制个人言行的能力。在开展推销活动的过程中,每一个推销人员都必须控制个人的情绪与情感,不以个人的好恶来处理组织的公共问题,特别是在处理组织的危机事件时,更要控制自己的情绪,学会冷静思考,处变不惊、临危不乱。此外,自我调控能力还要求推销人员在社会场合注意控制自己的言行,使个人的一举一动都符合相应的规范和礼仪。总之,推销人员个人的情绪、情感必须符合组织的需要,个人的言谈举止必须受到一定的调节和控制。任何随心所欲、失礼、失态的表现,都将影响社会组织推销活动目的的实现。

### ◉任务总结

本部分的内容介绍了推销人员的职责主要有:收集资料,传递信息;销售产品,开拓市场;沟通信息,树立形象。推销人员应具备的能力有:观察能力;倾听能力;表达能力;社交能力和应变能力。要明确职责,提升能力,适应推销人员的能力和需求。

### ◉拓展案例

#### 大型宴会上的小波折

南方某四星级酒店三楼气派豪华的宴会厅,正在举办规模盛大的宴会。因此次活动参与人数多、规格高,因此餐饮部不得不临时抽调了几名实习生前来帮忙。

席间，一切按计划进行，客人的欢声笑语不断。忽然，离主桌最远的一张桌前有位女客发出尖叫声，宴会领班小丁和公关部朱经理闻声同时赶去，发现那位女客的一身套装湿淋淋的，一个实习生手里托着倾翻的汤碗，脸色苍白，呆立一旁，手足无措，朱经理立即明白了一切。她一面安排另外几名服务员收拾被女客带落到地上的筷子、酒杯等杂物，一面与小丁用身体挡住女客，将其护送出宴会厅。一路上女客少不了埋怨声。

朱经理关照小丁先安排客人到房间里淋浴，压压惊，她自己到客房部暂借一套干净的酒店制服请女客穿一穿。小丁又转弯抹角问清了女客内衣的尺寸，接着一个电话打到公关部，请秘书小姐以最快的速度到附近的大商场购买高档内衣。朱经理另派人将女客换下的脏衣服送到洗衣房快洗。在这些工作分头进行的同时，小丁已陪送梳妆完毕的女客人到一楼餐厅单独用餐，并代表酒店向她表示真切的歉意。女客很快便恢复了平静。

再说三楼宴会厅，由于处理及时，客人又开怀畅饮，重现热闹的气氛。此时大酒店外方总经理正好前来敬酒，朱经理把事情经过向他报告后，他旋即同朱经理一起来到一楼餐厅，向女客郑重致歉，后来又特地向女客的上司表示歉意。女客反而感到不好意思了，她指指身上的酒店制服，不无幽默地说："我也成了酒店的一员，自己人嘛，还用这么客气?"半小时后，洗衣房把女客的衣服洗净烫平，公关部秘书早已买了内衣。女客高高兴兴地换上了自己的套装，还不时地向朱经理和小丁道谢。临出门时，朱经理还为她叫了一辆出租车……

（资料来源：百度网）

[分析思考]

本例的处理显然是极其成功的，体现了酒店处理突发事件的非凡能力。其成功经验至少有以下几条：

第一，当酒店服务员工因过失而造成客人不悦时，有一定级别的负责人诚心诚意地代表酒店向客人道歉，可以缓解客人的愤懑，这是至关重要的。不然的话事故影响极可能会扩大，甚至会波及整个大厅，到那时再设法收拾已为时太晚。宴会厅经理，乃至外方总经理亲自主动前往道歉，有助于消除感情上的对立。

第二，发生了这类不愉快的事情，不必先责怪自己的员工，当务之急是解决摆在面前的具体问题。宴会厅朱经理和小丁的种种措施都是不可缺少的。尤其是遇到这类事情，酒店不可过多地计较经济损失大小，必要的支出可换来巨大的社会效益。

第三，该酒店部门之间的协调能力与合作精神由此可见一斑。洗衣房、公关部、客房部、宴会厅、一楼餐厅以及总经理，上下拧成一股劲，同心合力只为一个目标，即搞好服务、维护酒店形象，这是一家酒店成败的关键。

当然，该酒店在抽调人员支援时，不得已把缺乏经验的实习生放在大型宴会的第一线，是造成这一事故的导火线。事后应认真总结经验、教训，提出了今后加强实习生服务操作培训的措施，这是十分必要的。

## ◆拓展训练

销售能力训练：

1. 销售能力自我训练。

2. 制定一份提升个人推销能力的计划书。

3. 每个小组拜访一位销售人员，了解以下的问题：

(1)你是怎样看待你的工作的？你是本着什么样的态度去从事推销工作的？

(2)你的主要任务和职责是什么？

(3)你推销的是什么产品？你的潜在顾客在哪里？

(4)你认为在推销活动中最重要的能力有哪些？

# 任务三 推销素质准备

## ◈学习目标

1. 学习本内容后，推销人员应掌握自己应该具备的素质。
2. 提升自己的素质，给顾客提供好的服务。

## ◈案例导入

南山利民科技有限公司主要生产和销售空气净化器产品系列，公司今年新招了15名推销员，分别被派往全国各地的销售分公司，李明被分配在海南省分公司从事销售工作。按照公司的规定，新入职的销售人员在前往工作地点之前，都要进行为期10天培训。培训的主要内容是让这批新来的销售员了解公司的企业文化、销售组织架构与销售岗位设置、销售管理制度，熟悉公司产品的生产工艺和流程、公司的主要品牌以及产品的性能特点等等。培训的目的是为了让他们做好一定的知识准备，提升职业素养。

## ◈任务分析

明确销售人员应该具备的素质，并结合自己的实际情况，分析自己是否具备这些素质，在今后的工作中需要加强哪些方面的素质训练。

## ◈任务实施

### 一、推销人员应具备的素质

#### (一)思想素质

推销的职业道德，是在实践中逐渐形成的对推销职业行业的道德要求。

主要有以下几个方面的内容：

1. 热爱推销事业

推销员要遵纪守法、不损害社会道德和他人的正当权益。推销是一种职业，也是一种事业。推销从业人员首先要热爱这个事业，才能干好这个职业。在从业的过程中，要投入满腔的热情，为推销事业的发展贡献自己的力量。消除推销发展过程中的非推销现象，不借用推销的名义从事任何有损推销信誉的活动，维护公共关系的健康发展。在社会生活中能主动地宣传推销事业，积极地普及推销知识，树立人们对推销的正确认识，促进推销业的发展。

2. 忠于职守

忠于职守、自觉地维护组织声誉。每一种职业都有自己的职责，推销职业要求推销人员必须忠诚地为实现组织的目标而工作，推销人员的一言一行都要符合组织的形象要求。在工作中要时刻考虑到组织利益的维护和组织形象的建设，并且要做到对公众讲信誉，在维护组织利益的同时还要全心全意地维护公众利益。

在具备的推销工作中，推销人员必须具备职业责任心和义务感，具有敬业精神，努力地为社会组织和各类公众提供最优质的推销服务。在推销活动中，坚持信息传播的真实性，不传播没有确凿依据的信息；不进行恶意的炒作活动，不接受不道德、有损于公众利益的业务，保证推销活动的纯洁性、高尚性和道德性。

3. 公道正直，光明磊落

公道是指推销人员处事要公道，时刻把国家利益、社会利益和社会组织的利益放在首位，决不能为了自己或组织的私利而损害国家和公众的利益。正直一般表现为性格刚直、作风的正派、品德的公正无私。推销人员要与众多服务对象打交道，他的言行稍有不端，不仅会有损于公众的利益，而且也会有损于组织的形象。正直要求说真话、坚持原则、守信和不损人利己。光明磊落，就是要求推销人员以坦荡的胸襟来处理与其他组织、个人的关系，即使在激烈竞争中，也不以诋毁竞争对手的手段来抬高自己，不搞行贿、收买等小动作。做到公正诚实、不传播虚假信息。

[案例]

### 我不会那样做

有两家生产牛奶的企业，同在一个市场上销售纯牛奶，其中甲企业产品因质量较好，价格公道，很受顾客喜欢，销售量好于乙企业。乙企业为了能够打败甲企业，便派一些人到处散播甲企业流言，说甲企业的牛奶抗生素超标，不明真相的顾客听信了流言便拿着已购买的甲企业牛奶要求退货。甲企业面对这种情况，及时地采取措施，通过权威部门的验证报告来向公众证明自己产品的质量，通过各种当地媒体来进行澄清，同时通过一些促销手段进行促销，很快就消除了这次人为的推销危机。事后有的人劝说甲企业用其人之道还治其人之身，也对乙企业采取这样的报复手段。甲企业负责人摇摇头说："我是绝对不会那样做的，因为那样做不符合推销的职业道德。可能一时会给我们带来利益，但最终会破坏我们的形象。"

[分析思考]

推销的职业道德要求推销人员要公道正直，光明磊落，不损人利己，不能用诋毁竞争者的手段来获取组织的利益。

实事求是和真诚守信是对推销人员最基本的道德要求，也是从事推销的基本原则。不管是在传递组织信息时代还是在搜集公众信息时，都要以事实为依据，准确地了解和掌握实际情况，向公众传递真实、准确的信息，不瞒公众，不糊弄公众，有诺必兑现，真诚守信在为组织收集信息时，要提供真实准确的信息，不可弄虚作假，欺上瞒下，投机取巧。

### （二）文化素质

知识面要宽。营销人员要与各行各业、各种层次的人接触，因此应对各种人喜欢谈什么要清楚，进而才能有与对方共同的话题，谈起来才能投机，但这种知识面是广、博而不一定深、精。因为我们没有时间、机会去作太深的了解和研究。我们的知识可以说是一种杂学，可以涉及天文、地理、旅游、时事新闻、文学、美术、音乐、体育、养花、钓鱼等。一些营销人员都有一种习惯，在每天出门前、候车时，从书亭买一份日报或足球、体育等报纸杂志，主要是为了适应各类人群的共同话题。

### （三）心理素质

推销人员每天要面对各种各样的公众，处理各种各样的复杂推销事务，要胜任工作，就必须具备良好的心理素质。

1. 要有乐观和开放的心态

在工作中要时刻保持乐观的心态，这是决定推销人员工作成败的关键。推销是一种具有开拓性、挑战性的工作，挫折与失败随时都有可能发生，只有具备乐观的心态，才能用积极的态度去面对工作中的困难，不被困难所吓倒，坚信困难会被克服，并且能够用自己的态度去感动公众，甚至去改变公众的态度，达成自己的推销目标。开放的心理表现为：善于接受新生事物，学习新知识，学习他人的长处；能够不断地解放思想、更新观念，在工作中不因循守旧，勇于进取，不断地开拓创新，与时俱进；具有较强的包容性心理状态，心胸坦荡，能够接受各种各样与自己性格、志趣不同的人，并做到"异中求同"，从而能和谐地处理各种人际关系，为推销的发展做准备。

2. 要有自信的心理

自信是一个人成功的先导，它是一个人对自身能力与特点的一种积极向上的评价。一个人只有具备了自信心，才能正视自己，充分地发挥出自己的才能。俗语说："人不自信，他人何以信之。"所以，推销人员必须具备足够的自信心，才能获得公众的信任，处理好各种日常的，特别是各种突发的意外事件。在意外事件发生时，具有自信的推销人员，能够做到临危不惧，沉着冷静地采取正确的方法化解危机，使组织转危为安。正如法国哲学家卢梭所说："自信心对于事业简直是奇迹，有了它，你的才智可以取之不尽，用之不竭。一个没有自信力的人，无论他有多大才能，也不会有成功的机会。"

3. 要充满热情

热情是指一个人对事物的积极态度和心理倾向，表现为对他人、对工作充满兴趣，怀着善意，愿意与他人建立、保持、发展良好的人际关系。推销是一种社会关系，常常通过人际关系表现出来，只有积极主动、热情开朗地与他人交往，才能创造出一个友好、热烈的社会环境。推销往往要求推销人员对自己的工作、对自己服务的组织、对自己面对的公众充满热情，以自己的热情去感染人，打动人，调动公众的情绪，形成良好的公众形象。

4. 关心他人

那些讨厌别人的推销员，肯定无法从事推销这个行业。每一位成功的推销员，都招人喜爱且亲切而富于同情心。

5. 精力充足

因为推销这种工作，需要的是脑力的全力开动以及身体的全力冲刺。

6. 态度和蔼

一个和蔼可亲、开朗爽直的推销员，会激发顾客购买商品的兴趣。相反一个阴暗的推销员会让顾客感到反感。

7. 随和豁达，有天赋的亲和力

这类推销员天生对别人感兴趣，喜欢与人交往，容易发现他人的优点，富于同情心，待人真诚。

以上谈了作为一名优秀的营销人员所应具备的素质，请比照参考；我们应随时检查自己的行为与标准的差距，争取早日成为一名优秀的营销人员。

## 二、提升素质的方法

### (一)道德修炼

1. 推销员要有博学严谨的学者风范

组织推销活动，都是根据组织的目标和组织发生的事件有针对性地开展，都非常严密周正。这就要求推销人员在工作中尊重科学，按科学规律办事，思考问题要建立在理性思维的基础上，不能心血来潮，感情用事；每项工作都要有计划，要周密安排，不能靠"拍脑子"办事；讲话要严谨、周密，有理有据，不能信口开河。在现代社会，要求推销人员具有一种博学严谨的学者风范，使组织所开展的每一项推销活动都要建立在科学理性的思考上，都能符合推销的规律，都能通过缜密计划来实施，并实现组织的目标。这就需要推销人员尊重科学，善于学习，头脑冷静，善于计划，体现出一种严密周正、温文尔雅的学者风范，给公众一种信赖感。

2. 临危不乱的大将风度

一个组织在运行的过程中总会有一些意料之外的事情发生，这些事情如果不能及时、正确、有效地解决，往往会给组织者带来负面的影响，影响组织的声誉。要想正确而有效地处理突发事件，就需要推销人员具有审时度势、临危不乱的大将风度。推销人员应该在突发事件出现后的最短时间内，以最快的速度弄清楚事件的真相，明确它对组织产生的影响是正面的还是负面的；若是正面影响应该怎么使之扩大，若是负面影响应采取什么措施进行弥补，以使组织形象的损失降到最低，或者怎样使负面影响变为正面效应。这种临危不乱的大将风度，是一个推销人员必须具备的。

[案例]

**巧妙解围**

某商场销售一种蜂蜜，销量很好。有一天，很多顾客正在货架旁边挑选蜂蜜，来了一位老大娘，大声嚷嚷着要找经理，说蜂蜜是假的，很多正在挑选蜂蜜的顾客听这话后都放下了手中的商品。这时，售货员小李赶紧迎了上去，她面带笑容地对老大娘说："你老人家有什么需要我帮忙的?"老大娘说她买的蜂蜜是假的，因为里面有沉淀。小李忙把老大娘拿来的蜂蜜检查了一下，发现里面的沉淀是正常的晶体，于是她微笑着对老大娘进行了解释，并向老大娘介绍了辨别真假蜂蜜的方法及蜂蜜的保健作用。其他顾客也都围了过来，认真地听小李介绍，本来放下的商品又都拿了起来。老大娘也不好意思地说："弄错了，弄错了!"并顺带着又买了一瓶。

[分析思考]

小李在面对由老大娘带来的商品形象危机时，没有慌张，而是采取了正确的处理方法，挽回了商品声誉，并促进了商品的销售，体现的是推销人员临危不乱的形象。

3. 豁达宽容的长者风度

推销人员所从事的职业，要求推销人员必须具有一种豁达开朗、宽以待人的长者风范。在推销人员的工作过程中，会遇到各种各样的事情需要处理，其中很多是属于不很愉快的，推销人员需要用正确的态度来处理这些事情。在处理过程中，也会遇到各种各样的人，有些人可能会非常地不友好，甚至会有一些出格的行为或言语。在这种情况下，特别需要推销人员的豁达与宽容。在态度上，要谦逊诚恳，真诚地对待每一位公众，不管他是外宾、名人、达官贵人或是普通百姓，都要一视同仁，言辞坦诚，有礼有节，用正确的语言向公众进行解释和说服，用认真、诚恳的态度处理发生的事情，化解危机。即推销人员在与公共交往过程中要做到宽以待人，逐步达到“无故加之而不怒”的境界。

向顾客销售你的人品，因为道德是销售事业成功的基础。向顾客销售你的人品，就是销售员要按照社会的道德规范和价值观念行事，要表现出良好的品德：热情、勤奋、自信、有毅力、有同情心、善意、谦虚、自尊、诚意、乐于助人、尊老爱幼……向顾客销售你的人品，最主要的是向顾客销售你的诚实。现代销售是说服销售而不是欺骗销售。因此，销售的第一原则就是诚实，即古人早已教诲过的经商之道“童叟无欺”。诚实是赢得顾客好感的最好方法。顾客希望自己的购买决策是正确的，希望从交易中得到好处，害怕蒙受损失。顾客在觉察到销售员说谎、故弄玄虚时，出于对自己利益的保护，就会对交易活动产生戒心，结果可能使销售员失去那笔生意。

销售员要做到诚实须注意：

(1)介绍产品时要实事求是。有好说好，有坏说坏，切忌夸大其词或片面宣传。一位销售员向顾客介绍新产品乳化橘子香精的性能时，既讲优点，又讲缺点，最后还讲他们提高产品质量的措施。诚实的态度赢得了用户的信赖，订货量远远超出生产能力。

(2)遵守诺言。销售员常常通过向顾客许诺来打消顾客的顾虑。如许诺承担质量风险，保证商品优质，保证赔偿顾客的损失；答应在购买时间、数量、价格、交货期、服务等方面给顾客提供优惠。销售员在不妨碍销售工作的前提下，不要做过多的承诺，同时要考虑自己的诺言是否符合公司的方针政策，不开空头支票。销售员一旦许下诺言，就要不折不扣地实现诺言。为了赢得交易的成功而胡乱许诺，其结果必定是失去客户的信赖。

### (二)心态修炼

认识自我，接纳自我，寻找自我，目的是要把现实中的“自我”和理想中的“自我”相统一。现实“自我”就是起点，根据自己所确定的想要成为的优秀人才的标准，为自己设计一个理想形象的奋斗目标。自己所具备的优点是迈向理想自我的基础，自己的弱点则是成长的广阔空间。充分地发挥长处，开发潜力，不断地克服缺点，超越自己，将是人们终生的课题，每个人都不完美，而且永远也不会成为完美的人，但是，只要愿意不断地努力，都可以做最好的自己。所以，必须努力去设计、塑造一个全新的“自我”。当把现实中和理想中的“自我”统一起来时，就找到了自己。

为了塑造一个全新的“自我”，要坚持五个原则，给自己确定一个目标：

(1)目标要远大。目标太小，没有吸引力，也不具有挑战性。

(2)目标要有长期性，要长期坚持同一个目标，不能朝三暮四，游移不定。否则，有可能永远止步不前，甚至出现倒退。当然，这并不是说制定目标就永远不改变。如果目标有偏差当然要及时地纠正。

(3)目标要有日常性。就是说,目标确定以后,就要天天去做,坚持不懈,持之以恒。

(4)目标要具体化。要把总目标按照一定的标准分解为一个个具体的目标,这样才能具有可执行性,一个个具体目标达到了,次级目标才能达到,才能不断地向主要目标迈进。

(5)目标要有可实现性。设立远大目标并不是说要好高骛远,而是在综合分析自己各个方面条件后确定的通过努力可以实现的目标。如果目标过于高远,付出多大的努力都实现不了,这样的目标不仅起不到激励和鞭策的作用,反而会挫伤自己的进取心,使自己更加缺乏自信。

作为推销人员就要把优秀推销人员专家所应具备的素质和所应具有的形象设定为自己的目标,然后利用已具有的优点,改正自己的缺点,增长自己的才能,实现塑造自己的目标。

### (三)业务修炼

提高交际能力完成销售任务。营销工作实质上就是公关的过程。一般说来一名优秀的营销人员一定是一名优秀的公关人员。如果问什么人的朋友最多,我想应该是营销人员了。什么层次的,什么职业的,什么地方的,三教九流的朋友都有。可以说你认识的人多就是资本,营销人员必须有一个博大的胸襟来容纳一切人员。对于一名优秀的营销人员来说,更是尽可能地抓住一切时间、一切机会来交朋友。

### (四)礼仪修炼

古人曰"人贵有自知之明",作为推销人员更应该正确地认识自己、评价自己,并根据推销员的形象来塑造自己。

1. 礼节

推销员的礼节是销售业务中非常重要的一环。销售员不懂礼节,往往会在无形中破坏交谈的结果。顾客是聪明的,他们只向值得信赖、礼节端正的销售人员去购买商品。讲求礼节的基本原则是:诚恳、热情、友好、谦虚。围绕这几个基本点去处理事情,就会收到预期的效果。

2. 推销员应该有富有魅力的现代人风采

人内在的精神状态往往会通过外在的仪表如容貌、衣着款式、风度举止等体现出来。作为推销人员,经常在许多正式的场合代表组织同外界公众交往,他们的仪表给公众的印象不仅代表个人,更是代表了组织,直接影响到公众对组织的评价。所以,每一位公众人员都要注意自己的仪容仪表,保持衣冠整洁、举止大方,表现出积极向上、朝气蓬勃的精神面貌。要做到谈吐得体、不同的场合,要用与环境氛围相适应的言辞与行动。如在正式场合要着正装,谈吐文雅;而在一些非正式场合则可根据需要进行着装,言谈可以亲切、平和、随和。通过个人魅力的展现,来吸引公众,提升组织的形象和表现。

3. 谈吐举止

销售员要落落大方,谈吐得体。虽然没有一个统一的模式供销售员运用,但有一些问题,必须引起销售员注意。如说话速度太快、吐字不清、语言粗俗;声音粗哑、有气无力、说话不冷不热;批评、挖苦、吹牛、撒谎;油腔滑调、沉默寡言;太随便、与顾客勾肩搭背、死皮赖脸、死磨活缠;挖耳搔头、耸肩、吐舌、咬指甲、舔嘴唇、脚不住地抖动;不停地看表、皮笑肉不笑;东张西望、慌慌张张等都是不能出现的形象和表现。

4. 微笑

销售人员在面部表情上,不论笑有多少种,只需掌握好优美自然,诚挚会心的微笑。这种笑是你亲和力的体现。一个经常保持迷人微笑的营销人,走到哪里都很受欢迎。微笑是拒绝的杀手，学会了微笑让你终身受益。

5. 服饰

见面后，首先映入顾客眼帘的是服饰。因此，销售员应重视自己的服饰。据调查，一位外表整洁的销售人员是引起顾客购买欲的先决条件。美国一项调查表明，80%的顾客对推销员的不良外表持反感态度。服饰对推销员而言，也可以说是销售商品的"包装纸"。包装纸如果粗糙，里面的商品再好，也会容易被人误解为是低价值的东西。日本推销界流行的一句话就是：若要成为第一流的销售人员，就应先从仪表修饰做起，先以整洁得体的衣饰来装扮自己。只要你决定投入销售业，就须对仪表服饰给以投资，这种投资绝对是合算的。销售员的着装要符合个人的性格、爱好、身份、年龄、性别、环境、风俗习惯，不要赶时髦和佩戴过多的饰物。如果穿戴过于引起别人注意的服饰，反而会使人觉得你本人无足轻重，招致相反的效果。

总之，现代推销人员必须要保持整洁、合体、庄重的衣着；彬彬有礼、大方有度的举止和优雅的谈吐以及微笑的服务，并且具备稳定的心态和广博的知识。

## ◈任务总结

推销人员要具备一定的思想、文化、身心和礼仪素质，只有通过不断地修炼才能提升自己。

## ◈拓展案例

### 用微笑取得成功

日本著名的寿险推销员原一平长得其貌不扬，身高只有145厘米，体重50千克，但他却取得了骄人的推销业绩。一开始，他很为自己的外形苦恼，缺乏自信，不敢去面对消费者，推销业绩自然不好。后来他调整了心态，明白了外形是不可改变的，但可以从其他方面改变。他明白对顾客而言推销员亲切的微笑比漂亮的外表更重要，自己在外形上不占有优势，所以就不停地对着镜子练习笑容，要通过练习微笑来取得顾客的喜欢。经过日复一日的练习，有一天，他忽然发现镜中的他与以前大不相同了：他的脸大放异彩，细加观看，眼神也有变化。这个发现使他信心倍增。有了信心，与镜中的自己对话的训练也更起劲了，他清楚地看出自己面孔逐日有了变化。终于练就了原一平特有的微笑，并通过这特有的微笑取得了推销的成功。

（资料来源：摘自赵洪六的《推销员职业技能训练教程》。）

[分析思考]

1. 原一平是怎样正确地认识自己的？他又是怎样做的？

2. 你从这个案例中可以获得什么启示？

## ◈拓展训练

### 一、公司状况介绍

要求：进行推销知识的准备工作，提升业务素质。

实施：

1. 每个小组收集自己公司(可以是真实的，也可以是模拟的)的销售环境、产品知识、顾客情况、竞争状况。

2. 用PPT的形式在全班汇报，每个小组五分钟时间。

## 二、综合能力的培养与训练

**推销人员应具备的基本素质和能力**

| 素质类型 | 要求 | | |
|---|---|---|---|
| 自身素质 | 1. 适合的性格特征如：热情、健谈、机智、幽默、有涵养、有耐心、有决心<br>2. 良好的风度仪表：相貌端庄、有礼貌、举止大方、健康、衣冠整洁美观、精神饱满、言谈适度、不卑不亢<br>3. 足够的智慧：核心是人的抽象思维能力和创造性地解决问题的能力较强等 | 你已具备了哪些基本素质？（打对号） | 你认为要补充哪些基本素质和能力？写在下面栏目中 |
| 心理素质 | 追求卓越、渴望成功；易于投入，喜欢工作；自信；开放乐观的心理等 | | |
| 职业素质 | 公正诚实，正直，自觉地维护组织的信誉，遵纪守法、不损害社会道德和他人的利益等 | | |
| 能力 | (1)较强的文字和口头表达、沟通能力<br>(2)健全的思维和谋划能力<br>(3)良好的创造能力与学习能力<br>(4)高超的社交能力和传播能力<br>(5)良好的组织能力和判断能力<br>(6)自控和处理危机的应变能力<br>(7)正确地掌握政策、理论的能力<br>(8)必备的理解能力和顽强的毅力等 | | |
| 意识和知识 | 意识<br>(1)塑造形象的意识<br>(2)服务公众的意识<br>(3)创新的意识<br>(4)真诚互惠的意识<br>(5)沟通交流的意识<br>(6)高度的法律意识<br>知识<br>(1)推销的基础知识<br>(2)推销的实务知识<br>(3)与推销品密切相关的学科知识<br>(4)社会综合知识和丰富的阅历等 | | |
| 其他素质 | | | |

## ◈拓展项目

### 项目一:语言表达能力的培养与训练

1. 讲故事

要求:根据所学推销人员具备的素质和能力,利用课余时间搜集有关推销人员素质和能力的故事,在课堂上把它讲出来。

时间:3 分钟。

方法:每一小节课先选定一位同学讲述,之后由讲述者自己点评,再由其他同学点评,最后由老师点评。(选定三位同学讲述就好)

评析:通过讲述及点评,提高学生的语言表达能力和分析评价能力。

### 项目二:课业设计

1. 课业题目

小品表演。

2. 背景

学生学习以下内容:

(1)正确地认识、评价自我,选择理想的自我形象,并通过设定目标去培养自身的理想形象。

(2)推销人员应具备的职业道德、心理素质、推销意识和知识结构。

(3)推销人员应该具备的传播表达能力、社会交往能力、自我调控能力和开拓创新能力。

3. 成果

要求学生根据所学的内容,小组合作完成小品的表演活动。

4. 任务

以学习小组为单位,根据现实生活的需要表演小品。小品的内容包括推销人员的形象意识、推销人员素质和能力的体现。

小品题目有《校园形象大使比赛》、《招聘》、《我与老师交朋友》、《我与家长交朋友》、《我与同学交朋友》、《发生在×××里的故事》等,或者自定题目。

5. 具体要求

(1)每个小组编一个比较完整的小品。

(2)小组自选题目(可从上述题目中任选一个,也可自拟题目)。

(3)根据自选内容,自编小品情节。

(4)小品中每位同学都要有自己充当的角色,角色要真实。

(5)每个小品表演 10～15 分钟(不得延长时间)。

6. 完成课业的建议

(1)认真阅读教材中的理论知识,清楚自己所扮演的角色。

(2)查找相关资料,了解小品的基本要求和程序。

(3)做一定的社会调查,了解和观察现实生活中的人物角色。

(4)请专业老师给予一定的指导和帮助。

7. 评分标准

(1)紧扣教材内容 40 分;(2)创意性 20 分;(3)思想性 10 分;(4)艺术性 10 分;(5)表演的

团队精神 20 分。

8. 小品表演

小品创作完成后,在全班进行表演,选出表演最好的小品到其他班或学校组织的大型活动中进行表演。

注意事项:一个优秀的推销人员,必须具备高尚的职业道德、自觉的推销意识、合理的知识结构和稳定的心理素质,并且具备传播表达能力、社会交际能力、组织协调能力、开拓创新能力和自我调控的能力等。

## ◈思考与练习

1. 推销活动有何特点?
2. 推销活动由哪些要素构成?
3. 推销人员应掌握哪些知识?
4. 推销人员应具备哪些能力?
5. 推销人员应具备哪些素质?如何培养这些素质?
6. 案例分析

### "不拘一格"

小岛上的一家旅馆因交通不便而受到旅游者的冷落。店老板在确信自己的设施和服务没有问题之后,求助于一名推销专家。推销专家让老板将旅店粉刷一新,又借小店依山傍水之势,在店后的山坡上开辟了一块"恋人村园",并进行了巧妙的宣传,使来岛上度假的每一个人都知道该店的新举措。同时,还为旅客准备好了各种树苗和纪念牌,旅客栽下树后,可以挂上小牌,注明日期及其他值得纪念的资料。旅店为每一个栽树的人和他栽的树拍照留念,建立档案,并且派专业人员养护已经栽下的纪念树。

在服务管理上,老板要求服务人员熟记每一个栽树者的姓名、电话及相貌,在春暖花开或值得纪念的日子,会打电话告知栽树人他们所栽之树的长势情况……由此,旅馆生意日渐红火,很多游客慕名而来,与友人共同栽下永远的纪念树。

(1)该旅店为何火了起来?

(2)该旅店请来的推销人员具备哪些方面的能力?

### 把握"天赐良机"

一家电子防盗设备生产企业的推销员在坐飞机到某城市送货时遇到了劫机事件。度过了惊心动魄的几小时之后,在各界的积极努力下,飞机终于安全着陆。在乘客们急着要走出飞机时,只有这个推销员不慌不忙,他找出一张大白纸,在上面浓墨重彩地写了一行大字:"我是某某公司推销员,我和公司的某某牌电子防盗设备安全脱险!非常感谢营救我们的各界人士!"

他举着这样的大白纸最后一个跨出飞机。等在机场的各家媒体都把注意力集中到了这位与众不同的幸运者身上,他瞬时成了这次劫机事件的明星,很多家新闻媒体都对他进行了采访报道,他和他的公司及公司的产品也声名远扬。一桩众人眼中倒霉至极的"事件",就这样被这位推销员先生变成了“天赐良机”。

（资料来源：张丽钧．识破“天赐良机”的做人与处世，2006）

（1）这位推销员是怎样面对这次劫机事件的？

（2）这位推销员具备了什么样的推销素质？

（3）你从这个推销员身上学到了什么？

# 项目二　寻找顾客

寻找顾客是推销工作的第一个环节。在茫茫人海和众多的组织中，找到最好的销售机会和选择最有成交希望的推销对象，是成功销售的基础。要寻找到顾客，推销人员首先必须根据自己所推销产品的特征，提出一些可能成为潜在顾客的基本条件，再根据潜在顾客的基本条件，通过各种可能的线索和渠道寻找，选择确定并拟订出潜在顾客名单，采取科学的方法进行顾客资格审查，确定适合条件的目标顾客，并对顾客进行分类，建立客户档案，为接近顾客做好准备。

## 任务一　判别顾客

### ◆学习目标

1. 了解顾客的类型，掌握判别顾客的基本条件，能判别是否是顾客。

2. 能分析顾客的购买动机，并能给顾客进行分类。

### ◆案例导入

南山利民科技有限公司是一家从事空气污染治理、净化系列产品研发、生产、销售为一体的专业技术型公司，公司通过引进吸收国际先进技术，掌握了室内环境污染治理净化的诸多前沿技术，成功地开发出一批高技术含量的绿色环保产品。南山利民科技有限公司的推销员李明，负责的销售区域是××省南山市。南山市共辖11个县市区，常住人口超过700万。对于刚刚从事销售工作的李明来说，面对这么一个巨大的市场，他如何在茫茫人海中去寻找自己的潜在顾客呢？他心里一点底也没有。到底谁是李明的顾客呢？

### ◆任务分析

从事推销工作，要善于寻找顾客，推销不是盲目的普遍撒网，而是要做到有的放矢地针对目标顾客进行推销。寻找顾客首先要能判断谁是我们的顾客。因此，本次任务是：

(1)认识顾客，判别现实顾客和潜在顾客，把握成为顾客的条件。

(2)了解顾客，分析顾客需求、购买动机，并对顾客进行分类。

通过认识顾客，了解顾客需求、动机等，从而能结合产品特点和推销区域消费实际，判断顾客范围，确定谁是我们的推销对象。

### ◆任务实施

从事推销工作，是一项服务顾客的工作。推销员要向特定客户推销商品，必须要确定自己的推销对象，明确谁是自己真正的客户，然后才能实施推销活动。而要寻找到顾客，就必须先要识别顾客、了解顾客。

## 一、认识顾客

［案例］

### 两个业务员

两家鞋业制造公司分别派出一个业务员去开拓市场，一个叫杰克逊，一个叫板井。在同一天，两人来到了太平洋的一个岛国，都发现当地人全是赤足，不穿鞋。当晚，杰克逊向国内总部发电报：这里的人从不穿鞋，没有人会买鞋，我明天返回。板井也向公司总部发电报：这里的人都没穿鞋，市场空间很大，我请求长驻此地开拓市场。

两年后，这里的人都穿上了鞋。板井也成为公司驻该岛国销售总经理。而杰克逊却还是他们公司的一个基层业务员。

［分析思考］

面对市场，要有善于发现顾客的眼光。顾客在于寻找，在于发掘。

顾客即推销的对象，是推销的三要素之一。在竞争激烈的现代市场环境中，谁拥有的顾客越多，谁的推销规模和业绩就越大。日本推销冠军汽车推销大王奥诚良治曾反复强调：客户就是我最宝贵的财富。顾客有现实顾客和潜在顾客之分。现实顾客是指那些已经购买了产品的个人或组织，他们也可能继续购买产品成为潜在顾客。对于现实顾客要做好服务工作，使他们对产品或服务保持忠诚度。潜在客户，是指对某种产品或服务存在需求并具有购买能力的任何个人或组织。因此，对于推销工作而言，就是要寻找潜在顾客。在推销活动中，一般将潜在顾客分为以下三种类型。

1．新开发的潜在顾客

以前没有使用过本企业产品或服务的人员或组织，只要他们有需求，就有可能成为潜在顾客。推销人员必须不断地寻找新的潜在顾客，以扩大销售规模。开发的潜在顾客数量越多，完成推销任务的概率就越大。推销人员根据产品功能及特点，确定适用人群或组织，从中选择有购买可能的人群或组织，开发出新的潜在顾客，这是推销人员寻找顾客的重要途径。

2．现有顾客

对于购买使用本企业产品或服务的现实顾客，推销人员应时常关注这些顾客并请他们再度惠顾。拥有现实顾客，可实现企业一半以上产品的销售目标。推销人员要经常拜访这些顾客，调查顾客对产品使用情况及对售后服务的满意状况，争取新的销售机会。服务好现有顾客，让他们持续使用产品，提高顾客对产品的满意度，还可以通过现有顾客的宣传，吸引新的潜在顾客。现有顾客是产品最好的潜在顾客，同时又是开发新的潜在顾客的宣传员。

3．中止往来的老顾客

有些曾经购买过产品的顾客，由于各方面原因而中止购买，其实他们也是推销人员的潜在顾客。推销人员要鼓起勇气，联系拜访这些顾客，了解他们不再购买的原因，针对原因采取措施，争取这类顾客的再度购买。

## 二、顾客的基本条件

[案例]

### 人们为什么购买

李女士是一位很有朝气的保险业务代理。这项工作她干了8年，取得了一定的成功。她每天访问6个顾客，访问中，她脚踏实地，认认真真。但公司认为此人不够全面，不是一位出色的推销员。在向顾客介绍保险产品时，她能不停地谈上几个小时。但顾客们却常常告诉她，在保险方面都有了自己的安排，并且不愿意讨论他们自己的问题。这是什么原因呢？

张先生曾是一位赛车运动员，他把汽车视为生命。虽然他改行从事推销汽车工作已有几年，但从未取得令自己满意的成绩。尽管他比别人更了解汽车方面的情况，但他的销售业绩总是倒数第几名。他对汽车的了解是不是太多了？难道这也是一个缺点吗？

唐先生推销一种中等价位的计算机。他对所推销的产品了如指掌，在使用技术方面有着丰富的经验。他还善于抓住人们的心理，赢得顾客的欢心。有一次，他访问一家代理公司的会计监督。他说："我想向你们介绍一下我们生产的新型计算机，根据我们多年的经验，我敢打保票这是市场上质量最好的计算机，绝不夸张。"之后他就内行地讲述了计算机的技术优势。顾客似乎很相信他说的话，但事与愿违，还是没有达到交易。这是为什么？

[分析思考]

三位推销员技术业务都很娴熟，销售业绩却不理想。他们过于强调自己的产品，却忘记了顾客才是购买产品的人。要善于判别符合条件的顾客，有针对性地推销，才可能达成交易。

在寻找顾客之前，必须根据推销品的特点，确定潜在顾客的范围，也就是要进行市场细分，明确顾客条件，以便于有针对性地寻找潜在顾客。顾客最终是否购买推销品，最根本的一点是要看推销品能否与顾客建立起现实关系，这种关系体现在三个基本方面：一是顾客的购买需求，二是购买力，三是购买决策。三个要素都具备，才能产生购买行为，具有这些条件的人员或组织才会成为顾客。因此，判定是否能成为顾客，也就是要看这三个条件的具备状况。通过顾客条件判定，发现真正的推销对象，把不具备条件的对象予以排除，避免徒劳的推销活动，从而提高推销工作的效率。

### (一)购买需求

购买需求是针对购买特定产品的欲望。欲望是人希望得到更深层次需要的满足。而人的需要则是人们感到某些基本满足被剥夺的状态。顾客之所以购买产品，其实质是满足其某种需求。顾客购买行为的产生，首先是顾客要有购买需求。如果顾客对推销产品没有需求，就不会购买，也就不会成为顾客。推销人员应记住一句古老的经商格言：不要货回头，但要客回头。顾客是否存在购买需求，是推销成败的关键，是潜在顾客能否成为顾客的重要条件。如果推销对象根本就不需要推销人员所推销的产品，那么对其推销只会是徒劳无功。在现实生活中，存在通过不正当方式推销，把产品卖给无实际需要的顾客的情况，这种做法不是真正意义上的推销，不符合推销人员的职业道德规范，只会损害推销人员的推销人格，败坏推销信誉。

顾客的购买需求既多种多样，又千变万化，要想准确地把握顾客的购买需求，需要推销人员有着丰富的推销经验和扎实的业务基础素质。推销人员要从顾客的实际出发，结合顾客的言行，判断其是否有购买需求，如果确认某潜在顾客不具有购买需求，或所推销的产品无益于潜在顾客，不能适应其实际需要，不能帮助其解决实际问题，就不应该向其推销该种产品或服务。如确信潜在顾客存在需要且有购买可能，自己的产品有益于顾客，有助于其解决实际问题，他就具备顾客条件之一，有可能成为顾客。

需求是可以培育和创造的，推销就是要探求和创造需求。随着科技的发展，大量新产品问世，使得潜在顾客中存在大量尚未被认识的需求，如老年人玩足球机器人玩具。此外，潜在顾客中存在由于某种原因暂时不准备购买的情况，如让学生买名牌产品。对于这两类人员，推销人员不能将其作为不合格顾客。针对第一种人员，推销人员要帮助其发现并认识自身需求。对于第二种人员，推销人员要帮助潜在顾客改善条件，将潜在需求变为现实需求，从而促成潜在顾客向现实顾客的转变。

### （二）购买能力

顾客购买能力是指顾客具有购买推销品的经济能力，这种经济能力包括现实的支付能力或筹措资金的能力。支付能力是判断一个潜在顾客是否能成为目标顾客的重要条件。从需求角度而言，人们几乎无所不需，但只有具备支付能力，才能形成有效的现实需求。

顾客购买能力可分为现实购买力和潜在购买力两类。具有购买需求和现实购买力的人员或组织才是最理想的推销对象。具有潜在购买力者，当条件发生变化时，通过筹措资金，也可能具备现实购买力，因此，推销人员也要关注具有潜在购买力者，通过协助解决支付能力问题，建议顾客利用信贷或其他信用方式购买推销品，或对其实行多种付款方式，如实行赊销，分期付款等，使其成为目标顾客。但推销人员要慎重地对待没有支付能力的潜在顾客，确实不具备支付能力者，就不能用赊销方式，以免造成回款困难。

### （三）购买决策

潜在顾客具有购买需求，也具有购买力，但是否产生购买行为，还要看其是否具有购买决策权，若不能做出购买决策，购买行为也就不能产生，潜在顾客也就不能成为顾客。因此，购买决策权也是判别是否是顾客的条件之一。了解谁具有购买决策权，对推销人员而言是非常重要的，可能帮助推销人员准确地把握推销对象，节省确定目标顾客的时间，提高推销效率。若事先不了解潜在顾客购买决策权，不分青红皂白，见人就推销，很可能事倍功半。

在消费者市场中，消费一般以家庭为单位，其决策者常常是其中的一两位成员。不同的家庭、不同文化背景、不同社会环境，各家庭购买决策情况不尽相同。大件或高档商品往往集中决策，一般商品决策权逐渐分散。在生产者市场或政府市场中，依据其管理职能划分，不同级别的管理者具有不同的购买决策权，同时这类组织购买决策还与其内部组织结构、人际关系、决策系统和决策方式有关。推销人员只有向具有决策权或对购买决策具有一定影响力的当事人进行推销，才能形成有效推销。

## 三、分析顾客

为了更好地判别顾客，有必要了解顾客，分析顾客的实际需求、购买动机、购买行为，判别顾客类型，从而有针对性地采取推销措施。顾客购买的行为过程见图 2-1。

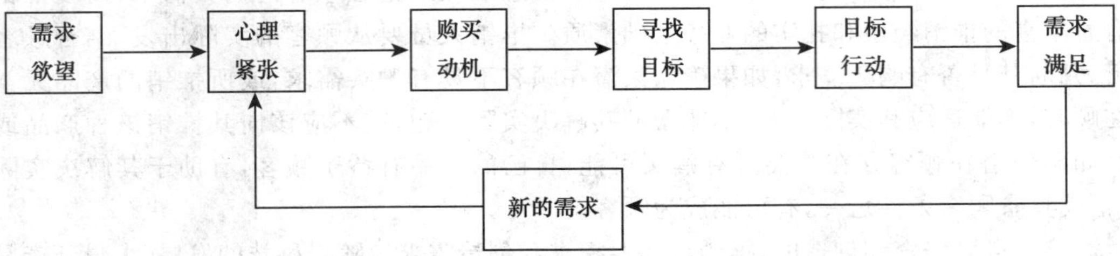


图 2-1　顾客需求、动机、购买行为规律

## (一)顾客的需求

需求就是人们想获得未被满足的一定客观事物的状态,而成为行为动机产生的直接原因。个体在生存和发展过程中会有各种各样的需求,如饥饿时有进食的需求,口渴时有喝水的需求,在与他人交往时有获得友爱、尊重的需求等。当顾客产生某种需求时,就会在心理上产生紧张情绪状态,然后产生寻找适宜的商品目标的心理倾向。当商品目标找到后,就产生满足需求的购买行为。

人类基于自身本能和社会进步发展所产生的需求是多方面的,按不同的标准,需求可分为多种类型。按需求的作用,可分为社会需求和生理需求。按需求的对象,可分为物质需求和精神需求等。美国著名心理学家马斯洛在 1954 年发表的《动机与个性》中提出了"需求层次论"。他将人类的需求分为 5 个层次,即生理需求、安全需求、社交需求、尊重需求和自我实现需求。马斯洛需求层次论认为,较低层次需求优先于高层次的社会需求和自我实现需求,较低层次的需求满足后,才会产生高层次需求。即人们说的先吃饭后工作。

在需求理论的基础上,商品大体上可分为 6 大类:功能类商品、渴望类商品、威望类商品、地位类商品、快乐类商品和嗜好类商品。需求是决定推销的推动力,研究和分析顾客的心理需求,有利于了解社会消费现象、预测消费趋势,寻找目标顾客。

## (二)顾客的购买动机

动机是人们进行各种活动以满足一定需求的愿望和信念,是引起和维持人的行为,并使该行为指向一定目标的心理活动过程。它是产生行为的直接原因,通常表现为感觉、兴趣、意图、信念和理想等。动机是在人的需求的基础上产生的,只有需求强度达到某种水平时,才能形成动机并引起行为。动机产生必须有两个条件,一是内在主观的需求,二是外界条件的刺激,两个条件同时具备时,就会产生购买动机。顾客购买动机有多种类型,包括情绪动机、情感动机、理智动机和惠顾动机等。

(1)情绪动机　是由人的喜、怒、哀、欲、爱、恶、惧等情绪引起的动机。比如为了增添家庭欢乐气氛而购买音响产品,为了过生日而购买蛋糕和蜡烛等。这类动机常常是被外界刺激信息所感染,所购商品并不是生活必需或急需,事先也没有计划或考虑,因情绪变化而产生。情绪动机推动下的购买行为,具有冲动性、即景性的特点。

(2)感情动机　是道德感、群体感、美感等人类高级情感引起的动机。如爱美而购买化妆品,为交际而购买馈赠品。这类动机推动下的购买行为,一般具有稳定性和深刻性的特点。

(3)理智动机　是建立在人们对商品的客观认识之上,经过比较分析而产生的动机。这类动机对欲购买的商品有计划性，经过深思熟虑，购前做过一些调查研究。例如，经过对质量、价格、保修期的比较分析，有的消费者在众多牌号洗衣机中，决定购买海尔牌洗衣机。理智动机推动下的购买行为，具有客观性、计划性和控制性的特点。

(4)惠顾动机　是指基于情感与理智的经验，对特定的商店、品牌或商品，产生特殊的信任和偏好，使消费者重复地、习惯地前往购买的动机。例如，有的消费者几十年一贯地使用某种牌子的牙膏；有的消费者总是到某几个商店去购物等。这类动机推动下的购买行为，具有经验性和重复性的特点。

### (三)顾客的购买类型

顾客在购买动机支配下，为满足需求而寻找、购买、评价商品。由于顾客的性别、年龄、经济条件、社会地位、从业时间等状况不同，购买行为类型也有差别，作为推销人员，要能分析其购买类型，才能有针对性地进行推销。

(1)理智型购买　这类消费者在实际购买前，要对所购买的商品经过研究和比较，有一个相对较长的思考时间，可以是几天、几个月；购买时也较冷静和慎重，善于控制自己的情绪，不容易受商品包装、商标、广告等宣传的影响，尤其对住房、汽车、高级音响等贵重商品或缺乏产品知识和经验，具有较大风险的购买，会考虑再三、深思熟虑，经过比较后，才能确定购买。

(2)习惯型购买　这类消费者购买商品时总是认定和偏爱自己熟悉的品牌，一般没有事先思考的过程，也不经过挑选和比较而直接重复地购买。例如，人们购买啤酒、香烟、化妆品等，一旦习惯了某个品牌，就会自动地再购买这个品牌商品，而不需要经过考虑。

(3)价格型购买　这类消费者特别重视价格，购买时对价格反应特别敏感，往往以价格作为购买依据。一类是廉价型，以追求低价格为主要目标；另一类是高价型，以选择高价格的商品为主要目标。

(4)冲动型购买　这类消费者易受商品外观、广告宣传以及朋友的影响，喜欢追求美观、名牌和新产品，不太讲究商品的效用和性能，一般购买前都没有经过预先考虑，而是在销售现场临时决定购买。例如，家庭主妇在大型超市购物时，被一包装精美的饼干或糖果所吸引而临时决定给孩子买一袋。

(5)情感型购买　这类消费者的购买多属情感反应，往往以丰富的联想力衡量商品的意义，购买时注意力容易转移，兴趣容易变换，对商品的外表、造型、颜色和命名都较重视，以是否符合自己的想象作为购买的主要依据。

(6)不定型购买　这类消费者的购买多属尝试性，其心理尺度尚未稳定，购买时没有固定的偏爱，在上述 5 种类型之间游移，这种类型的购买者多数是独立生活不久的青年人。

## 任务总结

推销首先要判别顾客，顾客有现实顾客和潜在顾客。推销重在发现、判别潜在顾客。潜在顾客包括新开发的潜在顾客、维护现实顾客发展成为潜在顾客和联系中止往来的老顾客转化为潜在顾客。潜在顾客能否成为现实顾客，有 3 个基本条件，一是要有购买需求，二是要有购买力，三是能进行购买决策，只有 3 个条件都具备了，潜在顾客才可能成为现实顾客。顾客购买推销品，其动机有情绪动机、感情动机、理智动机和惠顾动机。根据顾客购买心理不同，可以将顾客分为理智型、习惯型、价格型、冲动型、情感型和不定型等几种，了解这些类型帮助推销人员有针对性地开展推销工作。

## ◆拓展案例

### 麦克的成功

第二次世界大战后，美国建筑业大发展，砖瓦工价码看涨，这对失业者来说是个难得的机遇。一贫如洗的麦克为了生计来到芝加哥，但他看到招工广告后却没有去应征当砖瓦工，而是在报纸上刊登了一则广告：你想成为合格的砖瓦工吗？请来这里培训。他租了一间店铺，请来了一位砖瓦工师傅，买了 1 500 块砖头和一堆沙石作教材，开展培训业务，许多工人蜂拥而至，出高价受训。结果，他 10 天就获得了 3 000 美元，等于一个瓦工 200 天的收入。

[分析思考]

1. 麦克为什么不当砖瓦工而开展培训？
2. 麦克成功对我们有什么启示？

## ◆拓展训练

要求：分析顾客购买心理，判别顾客类型。

实施：教师搜集 3 段不同类型顾客购买商品的视频，请学生观看视频，分析顾客购买心理过程，根据顾客购买心理，判别顾客的类型。

评价：根据学生分析顾客心理过程和判别顾客类型的正误予以评价。

# 任务二　选择寻找顾客的步骤和方法

## ◆学习目标

1. 把握寻找顾客的基本准则。
2. 了解寻找顾客的多种方法和步骤。
3. 能运用多种方法和途径，寻找顾客。

## ◆案例导入

### 潜在用户在哪里

一天，南山利民科技有限公司销售部王经理看到新加盟的推销员李明因不知如何下手寻找客户而垂头丧气的样子，就拉着他来到窗口，指着窗外问他："你看到了什么没有？""楼房啊！""除此之外呢？""除了楼房，还是楼房。"王经理再问："你再看一看。""还是楼房啊！"王经理说："作为一个销售空气净化器的推销员，在楼房之中，你难道没有看到自己的客户吗？"

李明立刻明白了，从理论上来说，有多少个房间就有多少个潜在用户，但他该使用什么方法和途径去找到这些潜在的顾客呢？

## ◈任务分析

了解顾客基本条件和顾客类型，为寻找顾客奠定了基础，针对具体推销品和推销区域，应采取一定的步骤，选用适当的方法去寻找顾客。本次任务是根据目标任务，采用正确的步骤，选择合适的方法去寻找顾客。

## ◈任务实施

### 一、把握寻找顾客的基本准则

寻找顾客是一项复杂的工作，在推销中具有挑战性和开拓性。寻找顾客不是盲目地查找，有其内在的规律可循，推销员需把握规律，依规寻找，则会事半功倍。

#### （一）准确定位推销对象的范围

寻找顾客，首先要确定准顾客的范围，这样可以在一定范围内有目的地寻找，提高寻找效率，避免盲目性。准顾客的范围包括两个方面：

一是地理范围。地理范围也就是确定推销品的销售区域，即产品应该到什么地方去推销。确定地理范围，要将产品和地理区域特点相结合来考虑，既要考虑产品的特点、定位，也要结合区域的政治、经济、法律、文化、环境等因素。在人均收入水平较低的地区不适宜推销豪华家具和奢侈品，在伊斯兰教地区不宜推销猪肉及其制品等。

［案例］

**李嘉诚分区销售法**

李嘉诚先生早期曾做过数年的推销员，他在推销产品时，将香港划分成很多区域，每个区域的居民收入水平、生活状况和市场情况都进行了调查和了解，并将这些情况记在一个小本子上。有了这个基础，他在推销时，只要新产品一出厂，他就知道该到什么地方去推销了。

［分析思考］

准确地了解区域情况，才能为推销品确定推销范围。

二是交易对象的范围。交易对象范围也就是准顾客群体范围，这需要根据推销品的性能、用途和价格等特点来确定。不同产品，由于其性能、用途不同，其推销对使用群体范围就不一样。如推销品是汽车零部件，其准顾客群体范围应是汽车制造厂、汽车修理厂、汽车运输公司、汽车零配件经销商等。推销品是医疗仪器，则交易对象群体范围应是各类医院、诊所和经营医疗器材的公司和商店等。要准确地了解产品，明白产品定位，才能确定好交易对象范围。在同一产品市场，任何企业都无法满足该市场内所有顾客的需求，因为顾客人数众多，分布广泛，购买需求差异大，因此推销员要识别自己产品的特点，明确产品市场定位，在细分的市场中寻找顾客群，而不是到处参与竞争。通过市场细分，推销员更能准确地确定交易对象的范围。

#### （二）强烈寻找顾客的意识

推销人员要想提高销售业绩，不断壮大顾客队伍，就必须树立随时随地强烈寻找顾客的意识，形成随时随地寻找顾客的习惯。推销人员要相信，顾客无处不在、无时不在，顾客就在你身边,不要放过任何寻找顾客的机会。正如出租车司机,他们大多是开车到处寻找顾客。推销员应时刻留意所接触到的人,从中发现和找到目标顾客。如一个平安银行的推销员,他每天下班后和周边地区的大妈们去跳健身舞,和他们搞好关系,做好服务工作,大妈们都喜欢他,了解后,大家都将钱存到他工作的平安银行里。

[案例]

**破损的钱包**

陈先生开了5家商店,为了考验店员的能力,有一天,他安排一名工作人员去他自己的商店购物。事先,陈先生找到一个非常破旧的钱包装上钱给工作人员,并安排工作人员在购买领带时,故意将这个破旧的钱包掉在地上。他的4个商店的店员只拾起钱包还给了工作人员,只有一个商店的店员拾起钱包后,说:“先生,您的钱包已破旧了,是不是更换一个新的钱包?我们店刚好进了一批适合您的钱包。”这个店员在满足工作人员购买领带的同时,成功地推销出了钱包。陈先生随后注意培养这名店员并重用了他。

[分析思考]

只有强烈地寻找顾客意识,随时随地地发现顾客,才会有更好的业绩。

### (三)多途径寻找顾客

对于大多数商品而言,寻找顾客的方法和途径有多种。究竟选择哪条途径、哪种方法,应将产品特点和推销对象的范围结合起来综合考虑。对于使用面极广的生活消费品来说,运用广告这一方法来寻找顾客比较适宜;而对于使用面较窄的生产资料而言,采用市场咨询法或资料查阅法较合适。选择途径有多条。在实际工作中,往往是采用几种方法和多条途径并用的方式来寻找顾客,这比仅用单一的方法收效要大。推销人员应根据实际情况,灵活地运用各种寻找方法和途径来寻找顾客。

### (四)重视老顾客

开发新客户固然重要,但更应该采取积极有效的措施留住老客户,只有在留住老客户的基础上,再发展新客户才是企业发展壮大之道。一个满意的顾客会再次购买,并会对他人宣传商品或企业,会介绍他的朋友或同行来购买,而一个不满意的顾客就会对更多的人宣讲他的不满意。国外一项研究表明,13%的购买者由于不满意而对12个人讲产品的不足,如此转告下去,企业和产品形象就会受到影响。同时,开发一个新客户的费用是留住一个老客户费用的6倍,因此要做好推销工作,一定要重视老顾客。重视老顾客,要做好服务工作,跟踪顾客在每一个时期的满意水平和确立改进的目标。IBM公司规定每个推销员对失去的每一个顾客,要写一份详细的报告和采取一切办法使顾客恢复满意。

## 二、寻找顾客的途径和步骤

在寻找顾客之前,推销人员需要确定寻找顾客的途径,明确寻找顾客的步骤,才能提高寻找顾客的效率。途径也就是指路径、渠道、通道,寻找顾客可以有多条途径。步骤也就是指程序,是行动的先后次序。

## (一)寻找顾客的途径

推销人员寻找顾客的途径很多，可以通过企业内部信息的检索，也可以通过外部市场调查来寻找顾客；可以通过人员寻找，也可以通过公关活动来寻找，在具体操作时，应将多种途径结合起来使用。寻找顾客的途径主要有：

1. 利用各种人员寻找顾客

利用各种人员寻找顾客是最直接、最有效的途径，是从顾客、关键人物和各种相关人员名册等方面寻找突破口，先“普遍撒网”，再“顺藤摸瓜”，最后“具体落实”。现有的顾客是推销的重要资源，他们对推销品情况了解，推销人员应十分注重对这部分顾客的维系，寻求他们的帮助，通过他们提供的信息可以事半功倍地完成寻找顾客的任务。关键人物主要由企业主管部门核心人物和对企业有着重大影响力的人员所构成，在寻找顾客过程中，他们也是推销人员不可忽略的对象，他们对推销工作起着最直接的影响和帮助作用。利用各种相关人员名册来寻找顾客是在推销新产品时或推销对象不十分明确时，推销人员所采取的一种途径，通过对名册人员的联系，排除非顾客，寻找到潜在顾客。

2. 建立信息网络寻找顾客

建立信息网络，通过信息收集、整理、交换和反馈，能为推销人员在寻找顾客决策时提供必要的依据，帮助推销人员寻找到顾客。一是通过推销访问收集信息寻找顾客。在推销实践过程中，推销人员直接了解公众对推销品的反应，建立准顾客信息库，通过分析来判断顾客状况，为进一步寻找顾客提供依据。二是广布情报员。在一定区域设情报员，安排他们收集相关人员信息，通过在时间和空间上建立全方位的情报网络来寻找顾客。三是通过互联网，利用现代信息技术手段，收集和整理相关人员信息，通过甄别，来寻找顾客。

3. 组织公关活动寻找顾客

企业通过组织公关活动，如庆典活动、新闻发布会、产品发布会等，引起相关公众关注。推销人员要充分地利用这些公关活动契机，掌握关注公众的信息，通过一定的推销技巧和方法，联系公众，引起注意，激发需求，使一部分公众转化为企业的潜在顾客。

4. 外延推销寻找顾客

对于企业开发的新产品或开拓新市场时，可通过外延推销的途径来寻找顾客。外延推销主要有两种方式：一是设立代理店。推销人员在市场状况未知或对新产品市场状况不是很有把握的情况下，可以设立代理店，通过代理店的销售寻找到顾客。这种方式可降低进入市场的风险，同时可以扩大企业产品的知名度。国外很多企业的产品进入中国市场时都采用了这种方式。二是行业性试销。在潜在顾客分布相对集中且规模较大的情形下，通过试销来识别和寻找到准顾客。2009 年，海信、三星率先在全球范围内推出 LED 液晶电视产品，就是通过试销来寻找顾客，进行市场推广的。

[案例]

### 火柴也能助推销

丰田汽车“推销大王”椎名保久发现，人们在抽烟时，用火柴点燃香烟后，喜欢把玩火柴盒。于是他联系火柴生产商，将自己的名字、公司名称、电话号码和交通线路图等印在火柴盒上。通过这种火柴在消费者手中的使用，人们点烟后，总会习惯性地摆弄火柴盒，无意间就注意到了椎名保久留下的信息。椎名保久巧妙地利用火柴盒寻找到了顾客，推销出了大量的丰田汽车。

[分析思考]

寻找顾客的途径是多种的，在于推销人员的发掘和创新。

### (二)寻找顾客的步骤

寻找顾客的途径确定后，推销人员从哪里着手呢？多年的推销实践表明，寻找顾客的步骤大多遵循“由面到点”的原则，即按照先抽象后具体的程序来开展，范围由大到小，这样既可以保证大的方向，又可以具有针对性。

潜在顾客可能成为目标顾客，但不等于目标顾客。只有经过顾客选择，对其进行资格审查和评价后，符合条件者才能成为目标顾客。目标顾客是从潜在顾客中筛选出来的，因此寻找顾客先要找到潜在顾客，再筛选潜在顾客，确定目标顾客，针对目标顾客开展推销活动，使他们成为现实顾客。因此寻找顾客一般分为三步走：

1. 明确目标顾客基本条件

根据推销商品的特点和产品定位，提出目标顾客的基本条件，包括目标顾客的购买需求、购买力水平和购买决策权，明确这些条件，为寻找和筛选顾客奠定基础。

2. 寻找潜在顾客

通过依靠人员查找、建立信息网络查找等途径，采用多种方法，寻找适合目标顾客基本条件的人群或组织，确定为潜在顾客，建立潜在顾客信息资料库。这是最为关键和困难的一步。

3. 确定目标顾客

根据寻找到潜在顾客的资料，拟定潜在顾客名单，进行甄别和筛选，实施顾客资格审查和评价，确定目标顾客，为下一步推销工作做好准备。

## 三、寻找顾客的方法

寻找顾客的方法有很多种，不同行业的推销人员寻找顾客的方法有所不同。针对不同的推销对象，不同的推销品，其推销方法应不同。推销人员应结合产品和推销区域等情况，探索出一套适合于自己的推销方法。

### (一)“地毯”式访问法

“地毯”式访问法也称普遍寻找法、贸然访问法、挨门挨户访问法或走街串巷寻找法，是指推销人员在任务范围内或特定地区、行业内，用上门探访、电话或邮件等形式，对预定的可能成为潜在顾客的单位、组织、家庭乃至个人无一遗漏地进行寻找并确定准潜在顾客的方法。“地毯”式访问法所依据的原理是平均法则，即在推销员走访的所有人中，准顾客的数量与走访人数成正比，访问的客户越多，成功率越高。

1. 具体方法

“地毯”式访问法并不是毫无目标地瞎碰乱撞。推销人员首先要根据产品的用途、功能、特点和市场定位，结合推销区域特点，确定出一个大致的目标市场范围。如推销一次性尿布，将妇幼保健院、医院、敬老院、正处于育儿阶段的主妇等组织和人群作为访问对象；推销洗衣粉，则将社区居民或宾馆、酒店等作为访问对象。对确定的访问对象进行“地毯”式一个不漏地普遍访问，从中寻找到潜在顾客。

2. 优缺点

运用“地毯”式访问法，由于是采用“地毯”式全面铺开寻找顾客，不会遗漏任何有价值的顾客，有利于争取更多的顾客。通过全面的访问能够全面、客观地反映顾客的需求，利于进行市场分析。在全面访问的同时，扩大了产品的知名度，有利于宣传产品，还能锻炼和培养推销人员。因此，“地毯”式访问法是一种最可靠的顾客寻找方法。但这种方法也有缺点：费时费力，成本高。全面访问容易导致顾客的抵触情绪。该方法最适用于寻找需求各种生活和工业消费品及人人必需的各种服务的顾客。使用时应增强访问对象的针对性，尽量减少盲目性。

## (二)连锁介绍法

连锁介绍法也称介绍寻找法、链式引荐法，就是推销人员利用现有顾客推荐其他潜在顾客或利用老顾客传播推销信息寻找新顾客的方法。这是一种由顾客介绍另外顾客的方法，由顾客 A 到顾客 B，再到顾客 C、D，假如按此方式发展下去，成功地重复这一过程 12 次，顾客增加量会超过 8 000 名。这种方法源于链传动原理，推销人员从现在顾客这一环去联系下一环的潜在顾客，不断地延伸，以至无穷，使推销人员所掌握的准顾客源无限地发展下去。

1. 具体方法

推销人员通过现实顾客，请顾客介绍与其有联系的熟人或可能的用户作为潜在顾客，通过推销工作，将潜在顾客发展成为现实顾客，不断地重复这一过程来寻找新顾客。推销人员也可以主动地加入顾客的社交圈，同一社交圈的人可能有某种共同的需求，可能是一类顾客，通过不断地扩大社交圈来寻找顾客。

2. 优缺点

利用老顾客来寻找新顾客，可避免推销人员的盲目性，增强推销的针对性，从而提高成功率。通过老顾客来介绍新顾客，容易取得新顾客的信任，便于推销人员接近新顾客。此种方法还可以为推销人员节省大量的时间和精力，降低推销成本。其不足之处在于，通过老顾客介绍新顾客，无法预料现实顾客介绍的情况，难以制定完整的推销访问计划，进而会影响到推销计划的实现。另外老顾客并无介绍新顾客的义务，是否介绍及介绍的有效性受众多因素的影响，且难以控制，特别是受推销人员与现实顾客之间的友谊关系的影响，因此推销人员不能完全寄希望于老顾客的介绍。此种方法适合于寻找无形产品(旅游、教育、金融、保险等)的潜在顾客，因为在服务领域里，信誉、感情和友谊显得尤为重要。在使用这种方法时，推销人员要在顾客中建立良好的信誉和人际关系，要做好售后服务工作，使老顾客乐意为推销人员介绍新顾客。

[案例]

### 超级销售员的销售法则

乔·吉拉德是世界上销售汽车最多的一位超级销售员，因售出 13 000 多辆汽车创造了商品销售最高纪录而被载入吉尼斯大全。他曾经连续 15 年成为世界上售出新汽车最多的人，其中 6 年平均售出汽车 1 300 辆。

乔的一句名言就是“买过我汽车的顾客都会帮我推销”。在生意成交之后，乔总是把一叠名片和猎犬计划的说明书交给顾客。说明书告诉顾客，如果他介绍别人来买车，成交之后，每辆车他会得到 25 美元的酬劳。

几天之后，乔会寄给顾客感谢卡和一叠名片，以后至少每年他会收到乔的一封附有猎犬计划的信件，提醒他乔的承诺仍然有效。如果乔发现顾客是一位领导人物，其他人会听他的话，那么，乔会更加努力地促成交易并设法让其成为猎犬。

实施猎犬计划的关键是守信用，即一定要付给顾客25美元。乔的原则是：宁可错付50个人，也不要漏掉一个该付的人。猎犬计划使乔的收益很大，约占总交易额的1/3。

[分析思考]

讲诚信，让介绍新顾客的老顾客也得益，可以获得更多的顾客。

### (三)中心开花寻找法

中心开花寻找法又称名人介绍法、中心人物法、中心辐射法，是指推销人员在特定推销范围内，取得较大影响的中心人物或组织的信任，通过他们来影响其他人或组织成为潜在顾客的寻找顾客方法。中心开花寻找法依据心理学的光辉效应，心理学认为人们对于在心目中享有一定威望的人是可信服并愿意追随的。因此，中心人物的购买与消费会引发其他人员的购买和消费。

1. 具体方法

推销人员首先要确定好中心组织或人物，他们要具有较大的影响力，如知名人士、高层领导、医生、教授、星级酒店、名牌大学、知名企业等。推销人员要让中心组织或人物了解或使用产品，为其提供满意服务，并使他们了解、信任推销人员。再通过中心组织或人物的宣传推介，借助他们的声誉和社会影响，寻找新的潜在顾客。

2. 优缺点

利用中心人物寻找顾客，推销人员可集中精力向少数中心人物做到细致的说服工作，避免重复单调地向每一个潜在顾客宣传推销，节省时间和精力。通过中心人物宣传产品，扩大产品的影响力，有利于交易的达成。这种方法不足之处在于中心人物往往难以接近到且难以说服，因此不可以完全依赖此种方法寻找顾客。使用这种方法时，要找准中心人物，做好服务工作，使中心人物认同推销品和推销人员。

### (四)广告拉引寻找法

广告拉引寻找法又称广告开拓法、广告吸引法，是指推销人员利用各种广告媒介来寻找顾客的一种方法。其理论依据是广告学原理，利用大众宣传媒介，把有关产品推销信息传递给顾客，刺激和引导顾客购买。

1. 具体方法

推销人员根据产品特点和市场定位，结合目标顾客人群情况，选择广告方式。根据传播方式的不同，广告可分为开放式广告和封闭式广告。开放式广告又称被动式广告，如电视、报纸、广播、杂志、招贴、路牌广告等。封闭广告又称主动广告，如邮寄广告、电话广告等。对于使用广泛的产品，如生活消费品、大众交通工具等适宜运用开放式广告，对于使用面较窄的产品，如特殊设备、仪器等，适宜采用封闭广告。通过广告传播产品信息，吸引顾客了解、购买产品，从而寻找到顾客。

2. 优缺点

借助传媒推介产品，信息量大，传递速度快，传播面广，既可寻找顾客，又可推销说服顾客购买，节省时间，提高推销效率。但推销对象选择不易掌握，存在一定的被动性。广告媒体选择很关键，如果选择不当，会造成极大的浪费。使用该法，关键在于正确地选择广告媒介。推销人员要根据推销品、推销对象、推销区域等情况，合适地选择广告媒介，恰到好处地发挥广告宣传的效果。如生活消费品选择电视、报纸、广播媒介较合适，而生产资料、机器设备等选用报刊、专业杂志等较合适。

### （五）个人观察寻找法

个人观察寻找法又称现场观察法，是指推销人员依靠个人的知识、经验，通过对周围环境的直接观察和判断，寻找潜在顾客的方法。个人观察法是依据推销人员个人的职业素质和观察能力，通过察言观色，运用逻辑和推理来确定潜在顾客。这是一种古老且基本的方法。

1. 具体方法

在实际生活中，潜在顾客无处不在，推销人员利用自身素质和职业灵感，通过观察、分析人们的言行举止，从中寻找到潜在顾客。如美国一位汽车推销员，经常开着汽车在推销区域内穿街过巷找旧汽车，发现了谁家门口停着旧汽车，就把门牌号记下，从电话簿里查到旧车主的电话，再向车主人进行推销。

2. 优缺点

运用这种方法，推销人员直面现实，直面市场，减少中间干扰，有利于发现新顾客。在实践中还可以扩大推销人员的视野，发掘新顾客，创造新业绩，还可以培养推销人员的观察力，提高推销能力。但这种方法受推销人员个人素质能力的影响，凭直觉判断，不一定准确，且接触顾客范围有限，影响业务量。

### （六）人际关系开发法

人际关系开发法即推销员充分地利用与人交往的各种机会和人际关系来寻找顾客的方法。这种方法主要是利用人际关系扩散性，建立人际关系网络，逐步扩散，增加潜在顾客量。

1. 具体方法

推销员利用自己的各种社会关系，这些关系包括：亲戚关系、工作关系、校友关系、共同兴趣的朋友关系、邻居关系、社团关系等，在社会关系成员中寻找潜在顾客，或通过社会成员介绍，寻找潜在顾客，从而构建关系网络，不断地壮大顾客群。

2. 优缺点

这种方法是利用人际关系寻找顾客，其成本较低，且由于有人际间的相互关系，在接近顾客时较容易沟通。但这种方法运用过程中，由于受人际关系的局限性，寻找顾客的范围有限。人际关系是双刃剑，用好了可有助于寻找新顾客，用不好会影响现实顾客。运用此种方法，注意不要强人所难，刚与朋友接触时就刻意推销，而是要注重建立好信任和良好的友谊关系。

［案例］

#### 曾宪梓交朋友

曾宪梓外出推销领带时，结识了当时推销牛仔裤的范义忠经理。一天，范经理邀请曾宪梓同他的几位朋友到澳门去玩，大家玩得兴致勃勃，曾宪梓给大家照了相。事后曾宪梓又买了水果登门给新朋友们送照片。渐渐地，大家越来越熟悉，成为无话不谈的朋友，但曾宪梓从不谈自己的生意。大家来往几个月，居然不知道曾宪梓是做什么的。一次，大家在一起玩，他们问曾宪梓是做什么工作的，他才回答：我是做领带生意的，每天外出推销领带，生意不大，属家庭手工作业。这几位拥有进货实权的部长朋友马上热心地说：我们公司也卖领带呀，你明天拿来给我们看吧，如果符合要求，我们也可以进你的货呀。曾宪梓听了，心中说不出的高兴，这正是他朝思暮想的期盼。

［分析思考］

推销员先是推销自己，再是推销产品。

### (七)委托寻找法

委托寻找法又称耳目法、委托助手法，是推销人员委托有关人员寻找潜在顾客的方法。这种方法其实质是使推销工作分工更细化，更专业化。推销人员主要从事实质性的推销活动，而寻找潜在顾客由受委托的有关人员完成，受委托人员也称为“推销助手”。

1. 具体方法

推销人员根据推销品的特点，选择具有一定资源和条件的人员担任推销助手，负责一定区域潜在顾客的寻找。这些受雇人员运用多种方法寻找顾客，一旦发现潜在顾客，便立即通知推销人员，安排推销访问。推销人员按照约定方式，给予受雇人员一定的报酬，激励其寻找到更多的潜在顾客。为了寻找更多的顾客，企业可以以各种形式招聘专业信息人员、专家、学者、工程技术人员、管理人员、税务人员、采购供销人员担任推销助手、兼职信息员等。由于这些推销助手分布面广，了解行业状况和顾客情况，他们能找到大批顾客，开辟新的市场。

2. 优缺点

运用委托助手法，可以使推销人员把时间和精力用于有效的推销工作中，可以节省大量的推销费用。推销人员利用委托者的信息，获得更多的新顾客，扩大产品影响力，开拓新市场。但在实际操作中，要求推销助手热心于推销工作，积极负责，善于交际，信息灵通，这种理想的推销助手难以聘到。另外将业绩寄托于推销助手，有一定风险。所以这种方法的运用关键是选择和使用好推销助手。

### (八)资料查阅寻找法

资料查阅寻找法又称文案法，是指通过收集整理现有文献资料，来寻找潜在顾客的方法。这种方法实质上是一种市场调查的方法，着重于现成资料的收集整理和分析。

1. 具体方法

运用资料查阅法，是要通过各种途径，收集到有用的资料，这些资料包括企业内部资料和企业外部资料。企业内部资料主要有：企业财务账目表、服务部门的维修记录、销售部门的销售记录，公关部门的客户记录等。企业外部资料主要有：电话簿、通讯录、产品目录、工商企业名录、各类统计资料、信息书报杂志、各类广告公告、年鉴及定期发布的统计资料、大众传媒报道或公布的信息、政府部门发布的信息、行业协会及研究机构提供的资料等。将这些资料进行分类整理分析，从中寻找潜在顾客。

2. 优缺点

资料查阅寻找法减少推销工作的盲目性，降低信息的获取成本。但由于资料的获得时间具有不确定性，因此有时会出现信息时效性不强。再则信息获取渠道较多，现代社会信息量又大，对信息的处理分析难度大。因此，运用此法要注意收集信息的内容容量和信息的有效性，以增强资料的有用度。还要改进资料收集手段和处理方法，充分地利用现代信息技术，以提高效率。

### (九)市场咨询寻找法

市场咨询寻找法是推销人员利用社会上的各种技术和市场信息咨询部门的有偿服务和国家行政管理部门的咨询来寻找顾客的方法。当前,我国咨询业越来越兴旺,信息类服务公司发展迅猛,为通过咨询寻找顾客提供了便利。

1.具体方法

推销人员根据推销品的特点,选择信息咨询服务部门,花费咨询费用,获取潜在顾客相关信息资料,从而寻找到顾客。信息咨询服务部门包括:信息服务公司、市场调查公司、工商行政管理部门、统计部门、物价部门和科研单位等。

2.优缺点

咨询法获取潜在顾客信息方便迅速,费用较低,信息可靠,可提高推销员的工作效率,节省费用。该方法适用于寻找某些选择性较强的潜在顾客。这种方法,信息不一定有用,需要推销员根据具体情况酌情选择。对于推销普通商品的推销员来说,一般不用咨询法,除上述方法外,还有产品展示寻找顾客法、电信联系寻找顾客法、有奖游戏寻找顾客法、喜庆填单寻找法等。在方法运用上,可以根据实际情况,多种方法结合起来灵活地运用。

### (十)网上寻找法

网上寻找法就是利用互联网,通过网络技术与营销技术结合来寻找顾客的方法。随着互联网技术的发展及应用,我国网民已达5.9亿之多,为顾客寻找提供了广阔的空间。网上寻找顾客成为一种重要的顾客寻找方法。

1.具体方法

网上寻找有两种方式,一是通过网络查找,主动联系,寻找到可能的潜在顾客。这种方式也可称之为“推”的方式。二是通过各种网络,来向顾客宣传自己的产品,吸引顾客。这种方式也可称之为“拉”的方式。推的方式在具体操作时,可通过网络搜索引擎,查询到顾客相关信息,对信息进行分析处理,找到潜在顾客的联系方式,与之联络推销。拉的方式是推销人员建立自己的网站或网页,发布产品信息,宣传企业的形象,营造良好的“购物环境”,吸引顾客联系购买。

2.优缺点

网上寻找顾客,成本低、速度快,可节约大量的时间和费用。现在网民众多,寻找范围广,扩大了顾客寻找面。运用邮件、电话、在线沟通等方式联系,互动性强,且推拉并用,方式途径较多。网上推介图文并茂,增强吸引力,可提高寻找顾客的成功率。但网上寻找由于网络模糊了顾客的真实身份,为确定潜在顾客带来了一定的困难。网上信息量过大,对其进行筛选和甄别也有一定的困难。

## ◈任务总结

在寻找顾客时,要遵循基本准则,推销人员要有强烈的随时随地寻找顾客的意识、找准潜在顾客范围、采用多种方法和途径来寻找顾客。寻找顾客首先要把握目标顾客的条件,再确定方法和途径寻找潜在顾客,对潜在顾客要进行资格审查,确定目标顾客。寻找顾客的方法较多,包括“地毯”式访问法、连锁介绍法、中心开花法等,应根据产品特点和顾客情况采取相应的方法去寻找顾客。

## ◉拓展案例

### 两位推销员的故事

某化工厂销售部的一位推销员张某干了多年的推销工作,经验丰富,关系户较多,加之他积极肯干,在过去的十几年中,推销业绩在部里始终首屈一指。谁知上一年5月份,部里一位推销员李某参加培训回来后,不到半年,推销量直线上升,当年微超张某,两者推销对比见表2-1。

表 2-1 两人推销数据对比表

| 推销员 | | 张某 | 李某 |
|---|---|---|---|
| 原有关系户 | | 198 | 124 |
| 推销访问次数 | 老顾客 | 178 | 73 |
| | 新顾客 | — | 57 |
| 订货概率 | 老顾客 | 0.65 | 0.78 |
| | 新顾客 | — | 0.48 |
| 平均订货额/元 | | 7 000 | 8 100 |
| 总推销额/元 | | 854 000 | 858 600 |

由表2-1可见,张某虽比李某推销次数多,但由于订货概率小,平均订货额少,使推销总额略低于李某,对此张某百思不得其解,问李某:"你出门比我少,关系户没我多,为什么推销量比我大呢?"李某指着手中资料说:"我主要是在访问前,分析这些资料,有针对性地访问,比如,我对124名老顾客分析后,感到有购买可能的只有94户,经过资料审查,我确定了73户为重点访问客户,我就重点访问这些客户,节约出大量的时间,去寻找新顾客。新顾客也是经过挑选的,尽管订货率不高,但建立起了关系,你说是不是值得的?"

[分析思考]

1. 李某的业绩是如何得以提升的?

2. 假如你是张某,准备如何改进明年的工作?

## ◉拓展训练

要求:掌握寻找顾客的方法。

实施:

1. 将学生分成6~8人一组,每组选定一种推销产品,确定推销区域。

2. 每个项目小组根据所推销的产品,设计出一个寻找潜在顾客的方案。

3. 以小组为单位用各种方法去寻找顾客,每小组派一名代表介绍自己小组寻找顾客的情况。

评价:从3个方面进行评价,一是寻找潜在顾客方案的科学性、完整性和可行性;二是各小组对寻找顾客方法的选择及应用情况;三是由小组代表进行汇报情况。

# 任务三 顾客资格审查

## ◈学习目标

学生能对顾客的购买需求、购买能力和购买资格进行审查。

## ◈案例导入

南山利民科技有限公司销售部李明凭借自己灵活的头脑，采用了多种行之有效的方法寻找到了大量潜在顾客的信息，他特别高兴，准备尽快地将这些信息整理出来，然后一一去拜访他们。但他很快就发现了问题，如果对这些潜在顾客不加审核和认定就去拜访的话，会花费大量的时间和精力，而且效果肯定不会理想。因为这些顾客资料中，并不是所有的潜在顾客对他推销的产品都有需求；有些潜在顾客有需求但缺乏购买力或购买决策权。面对这些问题，李明该如何处理呢？

## ◈任务分析

通过寻找，找到众多的潜在顾客，并非每一位潜在顾客都能成为目标顾客，要对潜在顾客进行审查，分析其是否具备成为目标顾客的条件。只有具备目标顾客条件才将其列入目标顾客名单，建立客户资料档案，作为推销对象。这样可以增强推销针对性，节省访问费用，降低推销回款风险，提高推销访问成功率。本次任务主要分析审查顾客资格，具体包括如下内容：

1. 潜在顾客是否对你的产品有真实的需求愿望？

2. 潜在顾客是否有购买能力或者购买决定权？

3. 潜在顾客是否有资格购买？

## ◈任务实施

### 一、购买需求审查

人类需求可以概括为三大类：生存消费需求、享受消费需求和发展消费需求。顾客购买商品的主要原因在于商品能够给顾客带来某种益处，解决某种问题或困难，从而满足某种需求。对商品有需求，顾客才可能实施购买行为来获得商品。在确定目标顾客前，要对顾客的需求进行审查。顾客需求审查是指对潜在顾客是否存在对推销品的真实需求做出审查与结论，从而确定具体推销对象的过程。在开始具体推销活动之前，通过顾客需求审查，把对产品没有需求的人员从潜在顾客名单中排除，提高推销工作的针对性和实效性。

#### (一)顾客需求审查的主要内容

1. 对现实需求的审查

现实需求是指已经发现的没有被满足的愿望。顾客已确认有某种需求，认为通过购买行为可以寻求满足的平衡与和谐。现实需求审查就是要判断顾客是否有已经发现而没有被满足的需求，而推销品恰好能满足顾客的需求。推销人员应通过需求审查，把具有现实需求的顾客作为立即开展推销活动的对象。

企业的经营活动被看成是一个不断满足市场需求的过程，而不仅是一个产品生产过程，产品是短暂的，而基本需求和顾客群是永恒的。人们购买产品，目的是满足某种需求，作为推销人员，在寻找顾客时，一定要清楚自己产品的使用价值能满足顾客的什么需求，而顾客的真实需求是什么，在产品与需求之间建立起联系，而不是仅关注产品本身。如表 2-2 所示，表明产品与需求关系。

**表 2-2　产品形式与顾客需求**

| 产品形式 | 顾客需求 |
|---|---|
| 电视机 | 休闲娱乐 |
| 空调 | 舒适的室内环境 |
| 复印机 | 提高办公效率 |
| 保险 | 免受经济损失 |
| 衣服 | 保暖及形象美 |

2. 对需求量的审查

潜在顾客需要推销品的可能性很大，但不一定都是合格的目标顾客，还应对需求量上进行评价。因为有些顾客虽然对推销品的需求可能性较大，但需求数量很少且是一次性购买，推销人员前去推销，如果推销成本较高，不能给企业带来利润，会得不偿失，这些顾客便不能成为合格的目标顾客。而那些对推销品需求有一定数量，且又会多次购买则是较好的目标顾客，特别是那些需求量大又会长期购买的顾客，应作为重点目标顾客来对待。

3. 潜在需求审查

对于寻找到的顾客，判断他们没有现实需求，也不能直接排除在目标顾客之外。有些顾客对产品有潜在需求，只不过他们没有发现自己有这方面的需求。如一种新产品具有某种新功能，顾客没有充分地了解，认为自己没有这方面需求，当推销人员通过向顾客讲解，让顾客了解到这种新功能，并启发引导顾客产生需求，这样就能让顾客产生现实的需求。也有顾客对产品没有现实需求，只因为环境条件或购买力没达到一定水平而造成的，如没有考到驾驶执照者不想购买汽车，当他获得了驾照，对汽车的需求就可能是现实需求。因此，推销人员在审查顾客需求时，要考虑顾客是否具有潜在需求，通过宣传产品或改善条件，“创造需求”，使顾客将潜在需求转变为现实条件，从而增加目标顾客量。

因此顾客需求审查，判断顾客真实的需求是什么，他是否有现实需求，需求量为多少；如果没有现实需求，那么，判断他是否有潜在需求，能否转化为现实需求，这是确定目标顾客的第一项审查。

### (二)顾客需求审查的方法

在寻找顾客的同时，通过查找相关资料、访问或观察，判断审查顾客需求。具体方法与顾客寻找方法相似，只不过一个是在于查找，一个是在于核对。主要方法有：资料查阅法、现场观察法、集体访谈法、问卷调查法、个别访问分析法、同行调查法等。

## 二、顾客购买能力审查

合格的目标顾客，不仅要有现实的需求，还要有一定的购买能力。推销人员的任务不仅是要把产品卖出去，更重要的是把货款收回来，由于受购买能力的制约，顾客的许多需求不能实现或立即实现。当将产品卖给了有需求的顾客，而顾客没有足够的购买能力而不能及时地交付货款，那么这样的推销会给企业带来经济损失。所以审查顾客的购买能力，判断能否按期收回应收货款，显得尤为重要。通过顾客购买能力的审查，有利于有针对性地开展推销活动，提高推销工作的实际效果，可以预防商业诈骗活动，防止欠账、呆账和死账的现象发生。

### （一）个体顾客购买能力审查

当购买者是个体顾客，就要对个体顾客的购买能力进行审查。个体顾客的购买能力审查主要是从影响消费者购买力的各种因素进行评价，如审查个体顾客的实际收入、消费储蓄与信贷等。

个体顾客的实际收入水平是其购买能力的基础，实际收入状况决定其消费水平和购买水平的高低。在实际收入中有一部分是刚性支出，如满足生存消费需求的支出；另外一部分是可任意支配的部分，这部分是影响消费需求构成最活跃的经济因素，也是影响高档耐用消费品、旅游等消费的主要因素。这部分收入越多，人们对满足发展和享受需求品的购买力就越强，消费水平也就越高。

顾客购买能力除了受消费者实际收入影响外，还受消费储蓄和信贷因素的直接影响。推销人员审核顾客购买能力时，除审查其实际收入外，还要审查其储蓄状况和储蓄水平。顾客实际收入在一定时期内不可能全部消费掉，总有一部分以银行存款、公债、股票和不动产等形式储蓄起来，这实际上是一种潜在的购买力。

消费信贷也是影响购买能力的因素之一。消费信贷是指顾客利用自己的信用获得资金。在购买高档耐用消费品时，信贷是顾客筹集资金的一种重要方式，如购房、购车，许多顾客就是采用信贷支持来购买的。当前，各种形式的赊销、分期付款、延期付款是许多商品选用的付款方式，这些方式允许顾客购买超过自己现实购买力的商品。这种方式创造了需求、促进了消费、提供了更多的营销机会。但这些方式采用时，也要求顾客具有一定的信贷能力。推销人员在充分考虑和审查顾客消费信贷水平的同时，还要考察顾客的信用程度，是否讲诚信、有无赊欠不还的不良历史，充分地了解信贷能力和信用水平，才能规避回款风险，又抓住销售机会。

### （二）团体顾客购买能力审查

当购买者是团体顾客，如企业、其他非经济组织等，就要审查团体顾客的购买能力。团体购买能力审查涉及团体顾客的生产状况、经营状况、财务状况、信用状况等。生产状况主要是考查企业生产能力水平，生产是否正常，产品是否有质量保证等。经营状况主要考查企业资产状况、产品销售状况、盈利状况、管理水平、人员状况、经营风险等。信用状况主要是考查团体顾客有无进行诈骗或违法劣迹，有无违约、推迟付款或拖欠贷款、蓄意为难货主等不良现象等。财务状况包括资金情况、财务运转情况、偿债能力等。这里重点介绍团体顾客短期偿债能力审查和运营能力审查，借以分析评价团体顾客财务状况和运营状况，预测经营风险，为推销人员审查团体顾客的购买能力提供帮助。

1. 短期偿债能力审查

短期偿债能力是指一个企业以其流动资产支付流动负债的能力，又称支付能力。企业如果短期偿债能力较弱，由于无力支付短期债务被迫出售长期投资或拍卖固定资产，甚至会因无力偿还债务而导致企业破产，因而推销人员无法收回货款。因此，推销人员应非常关心企业的短期偿债能力。反映企业短期偿债能力的指标主要有如下几种。

(1)流动比率　流动比率是指企业的流动资产与流动负债的比例关系，表示每一元的流动负债有多少流动资产来抵偿，反映企业用可在短期内转变为现金的流动资产偿还到期流动负债的能力。其计算公式如下：

流动比率＝流动资产/流动负债×100％

企业的流动资产主要包括库存现金、银行存款、有价证券、应收账款、存货和预付账款等。一般而言，一个企业的流动比率越高表示其短期偿债能力越强，债权人的权益有很好的保证，受损失的风险小。一般认为200％的比例比较理想。如果流动比率较低，则企业短期偿债能力较弱，难以偿还到期的债务。

(2)速动比率　速动比率是指一个企业速动资产与流动负债的比例关系。在衡量短期偿债能力方面，速动比率更为严密。其计算公式如下：

速动比率＝速动资产/流动负债×100％

企业的速动资产是指那些可以迅速支付流动负债的流动资产，一般包括库存现金、银行存款、有价证券和应收账款。流动资产中存货和预付费用由于变现速度较慢或不具有市场价值，则不属于速动资产。速动比率越高，其短期偿债能力越强，反之则弱。一般认为速动比率在100％较合适，企业偿还债务具有安全性。如果速动比率小于100％，表明企业支付能力不足，面临较大的偿债风险。如果大于100％，说明企业债务偿还能力强，安全性高。

(3)现金比率　现金比率是指企业现金类资产对流动负债的比率。现金比率是衡量企业即时偿付债务的能力，反映企业短期变现的能力，更能稳健地衡量企业短期偿债能力。其公式如下：

现金比率＝现金类资产/流动负债×100％

现金类资产一般指现金与等值现金之和，等值现金为企业的有价证券。企业的现金比率越高表示企业现金类资产与负债相比，较充裕，因此短期偿债能力越强。一般来说，现金比率在20％以上为好。现金比率若低于20％，则表明企业即付偿债力弱，应急能力较差。

上述三个指标都能反映企业短期偿债能力，在审查评价企业短期偿债能力时，应将三个指标结合起来加以综合地考察评价。

[案例]

## 商城抵押

某市一个大商城，申请向某银行贷款3 000万元，条件是以现有的商城作抵押，该市一位副市长和该银行一位副行长也竭力促成此事。信贷员小张在办理这项业务时，经过大量的调查，发现该商城经营状况不好，而且有一笔早已过期的巨额贷款至今未能归还。因此，小张怀疑该商城有欺诈嫌疑，于是做了更深一步的调查，果不其然，他从在商城工作的一位朋友那里得知一份商城董事会议决议，该决议已决定不久将把商城拆除，改建其他设施。小张将该文件迅速转交上级，为银行避免了一次大的损失。

[分析思考]

顾客支付能力审查要多途径、全方位地考察，获取更多有价值的信息进行判断，才能尽可能地避免损失。

2. 营运能力审查

企业营运能力强，其偿债保证性强。营运能力通过企业生产经营资金周转速度的有关指标反映企业资金利用的效率。企业生产经营资金周转速度越快，表明企业利用资金效果越好，效率越高，企业短期偿债能力越强。反映企业营运能力的主要指标如下。

(1)应收账款周转率　应收账款周转率是指企业赊销收入净额与应收账款平均余额的比率。这个指标用以测定企业在一定时期内收回赊销账款的能力，反映企业应收账款变成现金的速度快慢。其公式如下。

应收账款周转率＝赊销收入净额/应收账款平均余额×100％

应收账款周转率是表明企业收回赊账的能力，该比率越高，表明收账越迅速，收账费用少且坏账损失小，资产流动性强，企业短期偿债能力强。

(2)存货周转率　存货周转率是指企业一定时期的销货成本与存货平均占用额的比率，是用以衡量一个企业存货周转的速度，并可以测定其推销商品的能力及经营业绩。其计算公式如下：

存货周转率＝销货成本/平均存货余额×100％

企业所拥有的流动资产中，存货往往占有相当大的比重。这一指标是衡量企业存货资金占用的情况，存货周转率越高越好，表明企业销售状况好，相应的周转天数少，存货资金周转快，存货库存风险越低，资本的运用效率越高。存货周转率高在一定程度上反映了企业销售好，营运状况良好。

### (三)顾客支付能力审查的方法

个体顾客支付能力审查方法可通过访问调查法、观察法等审查顾客的实际收入、消费储蓄与信贷情况。对团体顾客而言，企业组织不会主动将内部财务状况向外人公布，尤其是财务上有困难的企业更是如此，因此，推销人员必须采取某些特殊方法去了解实际情况。

1. 从政府管理部门了解顾客的支付能力状况

在政府管理部门中，有许多部门对企业实施监管，如工商行政管理部门、税收部门、财政部门、审计部门、司法部门等，通过到这些部门，可了解潜在顾客的经营状况、财务状况、资金状况、违法情况等。如果企业经营状况不良，负债累累、逃税违法，必受相关部门的处罚，对这样的顾客进行推销时，一定要提高警惕，增强风险防范意识。

2. 通过银行了解潜在顾客的情况

通过银行对顾客的信用等级评级，可以了解到顾客企业的经营状况，资金运转情况及企业的现金支付能力。

3. 通过与潜在顾客有接触的人员或机构了解潜在顾客的情况

推销人员通过其他行业的推销人员，尤其是互补产品的推销人员或与推销对象有往来的企业，了解推销顾客的支付能力与还款信用。

4. 通过专门调查咨询机构了解潜在顾客的情况

推销人员可以向注册会计师事务所、专门调查咨询公司了解潜在顾客的资产负债情况、经营损益情况、审计结果等，从而评价企业的经营状况。

5. 推销人员自己观察了解潜在顾客的情况

推销人员亲自到潜在顾客所在地，亲自考察其生产情况、销售情况、管理情况，分析判断潜在顾客的经营状况。

6. 通过大众传媒了解潜在顾客的情况

推销人员通过收集大众传媒所报道的潜在顾客相关信息，进行收集、整理和分析，判断潜在顾客的经营状况。

### （四）审查顾客支付能力注意事项

在对顾客进行支付能力审查时，应避免因为审查错误而失去顾客，更应该避免因为疏忽而遭受损失。推销人员在工作中，由于对顾客支付能力及还款信用审查不够，会造成大量货款不能按时收回。因此，在审查时要及时地关注顾客经营状况发生的变化，要注意顾客经营战略改变、资产重组、生产变化、财务变化等对经营状况的影响。还要关注相关经济政策变化、企业人事变动、企业自身管理情况变化对企业经营状况及还款能力的影响，做到及时关注、及时跟踪、及时反应，尽量早日收回货款。

## 三、顾客购买资格审查

具备购买需求和支付能力的顾客，只有还具有购买资格才是合格的目标顾客。因此推销人员还要对顾客进行购买资格进行审查。购买资格审查主要是审查两个方面的内容，一是购买人是否具有作为市场主体的行为能力，如客户企业的名称、法人代表等，同时还要审查购买对象对推销品的各种购买限制，如一些特殊专营品，必须有专卖许可证才能有资格购买。推销人员要熟悉自己推销品的各种限制，了解顾客是否具备购买权，以正确地采取推销策略。二是顾客购买决策权的审查。无论是个人顾客还是团体顾客，往往决策不只涉及一个人，但其中又有关键性人物掌握着购买决策权，因此，推销人员应尽可能地判断谁是关键人物，以便有的放矢。

### （一）个人顾客购买资格审查

个人顾客购买活动一般以家庭为单位进行，家庭是一个社会的经济细胞，与消费关系密切相关，家庭消费几乎控制了80%的消费者行为。个人顾客购买资格审查时，对于有些推销品是禁止个人购买的，如某些药品只有通过医生处方才能购买。除此之外，个人顾客购买审查重在审核个人顾客的决策权。

1. 家庭购买决策类型

家庭不同，其价值观、行为取向、生活方式、消费习惯各不相同，这些都影响着家庭成员的购买决策与购买投向。购买一件商品可能是根据家庭中某一成员的提议或是根据共同的决断，反之也可能是因家庭成员反对而终止某项购买。

在我国这样一个受传统家庭伦理观念影响较深的国家，消费者购买活动一般以家庭为单位，但购买决策通常不是家庭的全体成员，而是家庭中某一个成员或几个成员。根据我国传统习惯，一般家庭的角色分工是男主外、女主内，但在购买决策上，由于家庭类型、所购商品类型、商品价值、购买风险不同，每个家庭成员所起的作用因家庭而不同。家庭购买决策类型分为丈夫做主型、妻子做主型、各自做主型和共同协商决定型四大类。推销人员通过调查了解，判断家庭的决策类型。

2. 购买角色

个人或家庭购买过程中，共有五类角色参与其中，即购买行为的提议者、影响者、决策者、购买者和使用者。

提议者是最先提出要购买某种商品的人。这个人可以是父亲或母亲，也可能是家庭中的其他成员。由他的提议引起家庭中其他人对这一商品的注意与兴趣。影响者是提供商品信息或购买建议的人，虽然他并不一定最终决策，但却可以影响人们对商品的评价和看法以及对具体商品的选择，如购买的品牌、型号、性能等。决策者是有权独立或与家庭成员共同做出买或不买决策的人，他通常是家庭中的权威人或掌管着家庭的经济大权的人。购买者是负责完成购买任务的人，他也会影响对具体商品的选择。使用者是商品的最终受益者，他可能是家庭中的某位成员，也可能是全体成员。五种购买角色在家庭中不是平均分配，有可能是一个人担任多重角色。推销员要分辨清各成员的具体角色分工，以便有针对性地做好推销工作。

[案例]

### 日本家庭的购买决策

日本的一项研究表明：购买汽车时，由丈夫决定的占56.1%，主要由丈夫决定的占29.9%，合计86%由丈夫参与决策；购买冰箱时，由妻子决定的占38.9%，主要由妻子决定的占43.3%，合计82.2%由妻子参与决策；购买微波炉时，由妻子决定的占43.1%，主要由妻子决定购买的占40%，合计83.1%由妻子参与决策；购买吹风机时，由妻子决定购买的占51.1%，由丈夫决定购买的占22.2%，妻子在购买决策中起主要作用。

[分析思考]

不同商品，在家庭购买中决策者各不相同。

## (二)团体顾客购买资格审查

团体顾客要有合格的法人资格，合法的营业执照等资质，在购买决策时，有的是个人决策，有的是集体决策，要全面审查。

1. 团体顾客经营主体行为能力审查

团体顾客经营主体的行为能力是由国家法律赋予的，其赋予方式是国家行政机关实施许可行为，颁发各类许可证照。对团体主体行为能力审查，就是要核实团体顾客有无国家行政机关颁发的相关许可证照。

(1)营业执照　营业执照是由工商行政部门颁发的，凡是从事经营活动的人、组织、法人，都得有营业执照。营业执照中规定了持照人的经营范围，这是国家赋予持照人的权利和行为能力，持照人应该在经营范围内进行经营活动。否则经营行为无效，不受法律保护，所受损失自负，触犯法律的经营行为要受到法律的制裁。

(2)行业证照　由行业主管部门颁发的,通常称为许可证,如食品行业要有卫生部门颁发的卫生许可证,生产药品的要有药品生产许可证。

(3)专营证照　有些行业,国家只许可行业专营,如卷烟业必须有“烟草专卖许可证”。

(4)特种行业(社会治安有关)证照　与社会治安相关的需报公安部门备案。有的需公安部门颁发的合格证才能进行有关经营活动,如收旧行业,如要收购旧汽车,必须持有公安部颁发的“合格证”,否则,即为非法经营。

(5)企业的等级规定　有些企业,如建筑企业、设计企业分为甲级、乙级、丙级等,不同级别其经营业务范围有别,如属于丙级的设计单位,只能承担 1 万平方米以下的房屋建筑设计任务。

以上证照,都有时间效力,有的证照有法定时间,如发明专利 20 年,商标注册证 10 年,烟草零售许可证 5 年,过期即失效。有的证照已被吊销、撤销,当事人仍用复印件开展经营活动,对此也应引起高度的注意。

2. 团体顾客购买决策资格审查

在对法人的法律资格、营业执照、许可证、资质等级等审查后,大量的审查工作是对顾客内部各种购买角色扮演者的资格审查。不同规模的企业,企业性质不同,其购买决策情况各异,小企业购买中心成员可能只是一个人,大企业则可能是由一个主管率领一批人共同决策。不同的采购品,其决策程序也不同。小批量低值易耗品,大企业也可能是由一个人决策,而购买生产设备等大笔投资,则往往是集体决策。

(1)团体顾客购买决策特点　与个人顾客购买决策相比,团体顾客购买决策具有如下特点:一是参与购买的决策者多,有技术专家、管理人员、采购专家、财务主管等。二是采购人员多经过专业训练,对产品技术细节有充分的了解,购买更理智、更科学和更经济。

(2)团体顾客购买角色　在团体顾客购买过程中,角色各有不同,具体有实际使用者、影响者、决策者、采购者、控制者等。实际使用者是具体使用商品的人员,通常由他们提出购买建议。影响者包括使用者、技术人员、推销员等。决策者是拥有采购决策权的人。采购者是被正式授权具体执行采购任务的人。控制者是能阻止卖方人员与企业采购中心成员接触,或控制外界与采购有关信息流入企业的人,如采购代理人、接待员、电话员、秘书、保安等。对于不同角色人员,推销员要准确地分辨,以便于对不同角色实施不同的推销对策。

## 任务总结

顾客审查有利于提高推销成功率,在顾客审查时,应审查顾客购买需求、能力和资格。

## 拓展案例

### 半年的推销

一名江西推销员小李与湖北某电器公司的购货代理商洽谈业务,时间过了半年多,却一直没有结果。他百思不得其解,于是他怀疑自己是在与一个没有决策权的人士打交道。为了证实自己的猜疑,他给这家机电公司打了一个匿名电话,询问公司哪一位先生负责购买电器订货事宜。他从侧面了解到把持进货决定权的是公司的总工程师,而不是那个同自己多次交往的购货代理商。当他弄明白这件事情时,时间耗费了大半年。

[分析思考]

1.小李为什么半年还没谈成那单生意?

2.假如你是小李,将如何改进工作?

## ◈拓展训练

要求:掌握顾客资格审查的方法。

实施:

1.将学生分成6～8人一组,教师为每组提供一份顾客资料。

2.每个项目小组根据顾客资格审查方法,审查顾客资格。

3.每小组派一名代表介绍本组顾客资格审查的结果。

评价:从两个方面进行评价,一是顾客资格审查方法应用情况,二是小组代表表述情况。

# 任务四　建立客户管理信息系统

## ◈学习目标

1.能收集资料,建立顾客档案。

2.能编制顾客信息表。

3.能对顾客信息进行分类管理。

## ◈案例导入

南山利民科技有限公司的推销员李明,通过不断的努力,寻找到了许多客户,可是面对这么多的客户,他不知道怎么样才能有效地管理客户信息,导致有些客户流失。面对这种情况,他应该怎么办呢?

## ◈任务分析

面对众多的顾客,要加强对顾客信息的管理,通过建立起顾客的信息库,才能更好地了解顾客情况,分类管理,有针对性地做好推销工作,本次任务是:

1.建立顾客档案。

2.对重点顾客进行分析和管理。

## ◈任务实施

### 一、建立顾客档案

建立顾客档案是推销工作中的一项重要的基础性工作,是做好推销工作的基础。美国著名的推销员乔·吉拉德精心编制了一份顾客资料卡,并复制两份,在家中和公司的保险箱中各保存一份,他认为这是他最宝贵的财富。依靠这个顾客情报系统,吉拉德创造了辉煌的推销业绩。

1. 顾客信息收集

开发新顾客,不仅需要通过各种途径找到新顾客线索,还应该了解新顾客的个性特征等有关内容,而要做到这一点,就需要建立每种类型顾客的档案。在这个档案中,推销员应该收集记录顾客的年龄、家庭情况、嗜好、特长、社会团体身份、教育背景、饮酒吸烟等不良习惯以及鲜为人知的癖性等各方面的情况,以便对症下药地进行推销。为此,一个推销员要学会收集顾客信息。收集顾客信息时,可以采用填表的方式,也可以通过在沟通时做好记录,也可以通过其他渠道收集顾客信息。当收集到准确的顾客信息时,要及时地进行整理和记录。

2. 建立档案

将收集到的顾客信息进行整理,编制成档案。档案中应保存顾客的基础资料,如顾客个人基本信息、顾客家庭情况等。还要保存顾客业务状况,交易状况等。因此顾客档案需要及时地更新和完善。档案建好后,要集中、妥善地保存,以防遗失和损坏。

## 二、编制客户信息统计表

为了更便捷地利用顾客信息,推销员可根据客户基本信息,结合工作需要,制作信息统计表,这样可以提高顾客信息的利用效率。顾客基本信息表样如表 2-3 所示,推销员也可以结合产品、顾客等特点,设计适用于本单位的信息表。

表 2-3 客户基本信息表

| | |
|---|---|
| 客户名称 | |
| 客户地址 | |
| 客户供货情况 | |
| 应收款情况 | |
| 联系人 | |
| 联系人电话 | |
| 联系人 MSN 或 QQ 账号 | |
| 联系人职务 | |
| 联系人身份证号 | |
| 银行账号 | |
| 开户银行 | |
| 税号 | |

## 三、分类管理

无论一位业务员所负责的顾客有多少个,一般来说,在一定时期内,其营业额中 80%左右完全靠 20%左右的顾客,因此,有人称之为二八法则。既然营业额的半数以上有偏靠部分顾客的倾向，访问的频度及停留时间不能一概而论，对于销售额较大的客户访问频度要高一些，对销售额较小的顾客，访问的频度应低一些。据此，一般采用ABC分类管理法。有了顾客资料信息，企业就可以依据它对各类顾客进行分级管理了，ABC法就是按照一定的标准对顾客进行分级管理的有效方法。进行分级管理的主要目的，是要使日常推销工作能够程序化、系统化、计划化、数据化和格式化。

### （一）ABC法的分级标准

在推销实践中，潜在顾客虽然都有可能达成交易，但为了提高销售业绩，获得最大的效益，推销人员可以根据具体的情况，制定不同的分级标准，将这些潜在的顾客进行分类管理。下面是三种常用的基本分级标准。

1. 以顾客的购买概率作为分级标准

购买概率即顾客购买的可能性大小，通常用百分比来表示。

A级顾客：最有希望的顾客，概率在85%以上，被称为希望顾客。这类顾客要加强访问，增加访问的次数。

B级顾客：有可能的顾客，概率在50%～85%，被称为可能顾客。这类顾客需要访问，但不必过于紧迫和频繁。

C级顾客：购买希望不大的顾客，概率在50%以下，被称为无望顾客。这类顾客不必花费太多精力和时间，有多余时间抽空顺路时拜访即可。

2. 以顾客的购买量作为分级标准

数量的绝对额视推销规模而定，或根据具体的推销情况而定。

A级顾客：购买量最大的顾客，被称为重要顾客。这类顾客一定要加强访问，因为与销售人员的业绩密切相关，是短期内最重要的工作，非做不可。

B级顾客：购买量居中的顾客，被称为次要顾客。这类顾客应该访问，但是不太紧迫，无论是从购买的数量或者获取的利润方面来看，都具有很大的潜力，若能与之成交则可以改善并提高销售人员的销售业绩。

C级顾客：购买量较小的顾客，被称为普通顾客。这类顾客尚待开发，许多信息还不完善，销售人员若有时间与精力的话，可以去访问这类顾客。但是，销售人员不必给自己太大的压力，而应将精力投入在A类和B类顾客的身上。

3. 以顾客可能成交的紧迫性作为分级标准

成交紧迫性是指顾客的购买决策或成交时间长短的迫切程度。

A级顾客：1个月内可能成交的顾客，被称为渴望顾客。对于渴望顾客，销售人员可以增加访问的频率与深度。

B级顾客：3个月内可能成交的顾客，被称为有望顾客。对于有望顾客，销售人员需要积极争取，主动出击。

C级顾客：超过3个月才能成交的顾客，被称为观望顾客。对于观望顾客，销售人员需要做出进一步的判断与评估，然后安排访问的时间。

虽然每个潜在顾客对企业与销售人员而言都很重要，但是根据二八法则，销售人员更应该关注那些给企业带来80%利润的、人数为20%的客户，积极开拓发展未来的高级顾客——大客户、希望顾客、重要顾客和渴望顾客。

## (二)编制ABC分析表

对顾客按ABC分类管理,首先要编制ABC分析表,就是把顾客的订货情况列表分析,按订货量依次将其分为A、B、C三类,作为推销管理的决策依据。以购货额为例,具体分类方法如下。

(1)依照购货金额大小,将顾客由上而下依次排列。

(2)若每个顾客的购货金额为A,则用A的平方根表示其效用系数(VE系数)。

(3)算出VE系数的累计值,并求出其百分比。

(4)以VE系数累计值的1/3、2/3为分界点,将顾客分为A、B、C三类。见表2-4。

**表2-4 ABC分析表**

| 类别 | 顾客编号 | 进货/元 | | | VE系数 | | |
|---|---|---|---|---|---|---|---|
| | | A金额 | 累计 | | 系数<br>A平方根 | 累计 | % |
| | | | 金额 | % | | | |
| A | 108 | 1 833 600 | 1 833 600 | 60.5 | 1 344 | 1 344 | 20.7 |
| | 131 | 212 000 | 2 045 600 | 67.4 | 460 | 1 804 | 27.8 |
| | 191 | 171 900 | 2 217 500 | 73.3 | 414 | 2 218 | 34.2 |
| B | 114 | 133 700 | 23 351 200 | 77.5 | 365 | 2 583 | 39.8 |
| | 106 | 104 005 | 2 445 205 | 80.9 | 322 | 2 905 | 44.8 |
| | 116 | 68 649 | 2 523 854 | 83.2 | 262 | 3 167 | 48.8 |
| | 128 | 68 320 | 2 592 174 | 85.5 | 261 | 3 428 | 52.9 |
| | 132 | 67 860 | 2 660 034 | 87.7 | 260 | 3 688 | 56.9 |
| | 101 | 49 776 | 2 709 810 | 89.4 | 223 | 3 911 | 60.3 |
| | 089 | 38 582 | 2 788 672 | 91.9 | 196 | 4 307 | 63.4 |
| | 087 | 38 582 | 2 788 672 | 91.9 | 196 | 4 307 | 66.4 |
| C | 045 | 34 160 | 2 822 832 | 93.1 | 185 | 4 492 | 69.2 |
| | 085 | 31 605 | 2 854 437 | 93.2 | 178 | 4 676 | 72.1 |
| | 145 | 26 500 | 2 880 937 | 95.0 | 166 | 4 836 | 74.5 |
| | 134 | 26 352 | 2 907 289 | 95.9 | 164 | 5 000 | 77.1 |
| | 187 | 18 544 | 2 925 833 | 96.5 | 136 | 6 366 | 78.1 |
| | 129 | 12 606 | 2 938 439 | 96.9 | 114 | 5 250 | 80.9 |
| | 176 | 1 952 | 3 027 133 | 99.8 | 44 | 6 329 | 97.6 |
| | 160 | 1 378 | 3 028 511 | 99.8 | 37 | 6 366 | 98.1 |
| | 143 | 1 323 | 3 029 834 | 99.9 | 36 | 6 402 | 98.7 |
| | 056 | 1 166 | 3 031 000 | 99.9 | 34 | 6 436 | 99.2 |
| | 084 | 1 060 | 3 032 060 | 99.9 | 33 | 6 469 | 99.7 |
| | 098 | 212 | 3 032 272 | 100.0 | 14 | 6 483 | 100.0 |

### (三)分类别进行管理

由上表可看出，编号为108、131、191为A类顾客，其进货额占公司总销货额的73.3%。对于A类顾客，应采取如下措施：

(1)密切地注意其财务情况、人事状况及组织变动等，以避免收账风险。

(2)不但推销员要常去访问这类顾客，业务主管也应抽时间去访问他们。

(3)应优先处理与A类顾客的纠纷。

编号为114、106等为B类顾客，其进货额占18.6%，略具影响力，平常由推销员访问即可。

其余C类顾客进货总额只占8.1%，故在人力、财力和物力的限制下，在保持这些顾客的情况下，应开拓新的顾客。

采用ABC分类管理法时，由于顾客是不断变化的，因此，每年要实行一次ABC分析，据销售量重新划分ABC类顾客，对顾客进行分类的管理，以提高销售效率。

### (四)ABC法的优缺点

1.优点

改变了传统推销方式全凭个人经验办事，顾客无级别、推销无重点、工作无计划、效益无保证的缺陷，从而使推销工作标准化、程序化。

有助于制定推销计划，实行目标管理，开展重点推销，提高了推销效率。

有助于推销人员建立和发展顾客关系，开展售后服务工作，提高企业信用等级和增强品牌效应。

2.缺点

利用ABC法很难制定一个科学合理的分级标准。

使一些推销人员片面地追求推销效率，注重对A级顾客而忽视对B、C级顾客的推销工作。

3.ABC法运用时应注意的问题

根据推销工作的特定需要制定具体的分级标准。级别档次也可多可少，如AB两级或ABCD四级也未尝不可。

根据推销情况的变化，相应地改变分级的标准。如购买概率的百分比、购买数量的绝对额、成交紧迫性的时间。甚至采用其他分级的指标，如购买单位的企业规模、信用等级、消费者收入状况等。

根据推销顾客情况的变化，应当及时地调整顾客的级别。

既要重点推销，也要兼顾中低级顾客。在推销工作量安排和时间分配上对不同级别的顾客实行差别待遇，但在推销工作的质量和服务态度上，对所有顾客一视同仁，不歧视低级顾客，做到全面提高推销的效率。

在顾客信息管理中，也有不能按ABC分类法进行分类管理的情况，推销人员可以根据自己的特定需要来制定分类标准，如按销售区域分类等进行分类管理。

## 四、利用档案管理顾客

如何利用顾客档案是大有讲究的，善于利用顾客档案卡片的推销员，其成功率要比不善于利用它的人大得多。例如，一位推销员选择被访问顾客生日那天去造访他，当他手拿一束鲜花，面带笑容向顾客致意，祝贺他生日快乐，谈论他感兴趣的事物，顾客一定会心情愉快，此时，再因势利导地进入正式推销谈话，推销就成功了一半。当然，资料的利用要恰到好处，因人制宜，因地制宜，不能生搬硬套。例如，在国外何时用第一名字，何时用第二名字，是有讲究的，称呼爱称更是有范围的，推销员若掌握了这方面的资料，运用就要小心谨慎，否则，不但套不了近乎，还会适得其反，给人一种轻浮之感。

在激烈竞争的市场条件下，很多企业实行"顾客固定化战略"，与重要的客户建立了长期稳定的业务关系。有了顾客档案，可协助企业实施这一战略。例如，一个零售业经常到你处购进某种商品，你从当前的购买日期和购进数量判断出顾客的库存量，于是你适时地登门访问，成交的可能性就很大。如果你没有交易记录，错过了这个时机，顾客就可能会到其他企业购买，顾客还可能被别人拉走。

## ◉任务总结

要加强顾客信息管理，建立顾客档案，有利于顾客管理。首先要收集顾客信息，再建立起顾客档案，加强对信息的统计分析，采用如ABC分类法进行分类管理，提高顾客信息的有效利用率。

## ◉拓展案例

### 希尔顿饭店的个性化服务

美国希尔顿饭店创立于1919年，在不到90年的时间里，从一家饭店扩展到100多家，遍布世界五大洲的各大城市，成为全球最大规模的饭店之一。希尔顿酒店会对每一个住客的档案进行管理。当你在前台办理入住手续时前台服务人员会热情地招呼你说："欢迎您第五次入住我们的酒店。"当你进入房间也许会看到您最喜欢的玫瑰花，因为你上次入住时酒店已经了解到你喜欢玫瑰，酒店已经将你的喜好存入档案。当你在餐厅用餐，刚叫一声服务员时，服务员已经将一瓶辣椒酱递到你面前。也许你会问，你怎么知道我要辣椒酱？因为您前两次都要了辣椒酱，我们已经将您吃辣椒酱的喜好存入了档案。

[分析思考]

1. 希尔顿饭店的个性化服务是如何实现的？

2. 希尔顿饭店的顾客档案管理对我们有何启示？

## ◉拓展训练

要求：掌握顾客档案的管理方法。

实施：

1. 每个项目小组以自己的模拟公司为背景，收集顾客信息；

2. 将收集到的顾客信息进行整理，形成顾客档案；

3. 依据顾客信息，编制顾客信息统计表。

评价：从两个方面进行评价，一是顾客档案的建立方法和应用情况；二是顾客信息统计表的编制情况。

## ◈思考与练习

1. 构成顾客的基本条件有哪些？
2. 顾客购买动机分为哪几种类型？
3. 寻找顾客的基本准则有哪些？
4. 如何寻找顾客？
5. 寻找顾客的方法有哪些？各种方法有何特点？
6. 为什么要进行顾客资格审查？
7. 顾客资格审查主要审查哪些方面的内容？
8. 如何审查顾客的支付能力？
9. 如何建立顾客档案？

# 项目三　接近顾客

## 任务一　接近准备

### ◈学习目标

1. 了解接近准备基本知识，掌握建立顾客资料信息卡的作用和内容。

2. 掌握并运用对顾客进行分级管理的 ABC 法，服饰的 TOP 原则。

### ◈案例导入

李明急匆匆地走进一家公司，找到经理室敲门后进屋。

推销员："您好，李先生。我叫李明，是科技公司的推销员"。

曲经理："我姓曲，不姓李"。

推销员："噢，对不起，我没听清楚您的秘书说您姓曲还是姓李。我想向您介绍一下我们公司的彩色复印机"。

曲经理："我们现在还用不着彩色复印机。即使买了，可能一年也用不上几次"。

推销员："是这样，不过，我们还有别的型号的复印机。这是产品介绍资料。"（顺便将印刷品放到桌上，然后掏出烟和打火机）"您来一支？"

曲经理："我从不抽烟，我很讨厌烟味，而且这里是公共场所，不能吸烟"。

问题：你认为本案例中李明的推销访问成功吗？为什么？

### ◈任务分析

本任务首先需理解接近准备的基本概念，在了解概念的基础上了解接近准备的意义，最后通过学习顾客资料信息卡法及 ABC 法掌握客户信息的准备技能，产品准备思路和个人形象准备的方法，掌握接近准备的技能。在学习的过程中需要在理解的基础上加以技能训练，才能达到学习的目标。

### ◈任务实施

### 一、接近准备的含义

所谓接近准备，是指推销人员在接近某一特定准顾客之前，进一步了解该准顾客的情况，并据此拟定推销方案的过程。我们可以把接近准备看成是顾客资格审查的延续。

作为一名合格的推销人员，必须对接近准备所具有的重要意义给予正确地看待。如果一名推销人员低估了接近准备的重要意义，没有认真、细致地进行接近准备，或者根本不进行接近准备，是很难取得良好的推销绩效的。

## 二、接近准备的意义

1.接近准备有助于推销人员进一步地审查顾客的资格

在接近准备过程中，推销人员可以继续审查顾客的资格，这样可以提高推销工作的准确程度，增强推销工作的绩效。

2.接近准备有助于推销人员拟定适当的接近策略

不同的顾客，喜欢不同的接近方式。推销人员通过对顾客进行接近准备，就可以在事先对顾客的喜好、特点有一定程度的了解，选择顾客乐于接受的接近方式，以不同的方式接近不同的顾客，从而制定一个成功率较高的接近策略。

3.接近准备有助于推销人员制定必要的推销面谈计划

同接近顾客一样，推销人员也不能以同样的方式来与所有的顾客进行面谈。推销人员在进行推销面谈过程中，需要针对顾客关注的焦点来面谈，这就要求推销人员通过接近准备，来全面地了解准顾客的有关情况，掌握最有效的说服方法，制定可靠的面谈计划。

4.接近准备有助于推销人员避免或减少推销工作中的失误

推销人员所面对的顾客，有着各种各样不同的个性。对于顾客的个性，推销人员只能加以适应，不能试图改变。推销人员通过接近准备来对顾客的个性加以了解，就可以避免在推销工作中触及顾客敏感的问题，减少推销工作中出现的各种失误。

5.接近准备有助于推销人员增加信心，积极主动地开展推销工作

推销人员对顾客的情况了解得越清楚、越全面，他在推销工作中就越自信、越主动。如果推销人员没有经过充分地准备就登门造访，一般会表现得比较胆怯。推销人员如果缺乏自信心，顾客也会对推销人员失去信心，一般来说，顾客是不会从一名他不信任的推销人员手中购买商品的。

**[案例]**

### 洗澡与推销

日本推销大师尾志忠史前去向一位同事们屡攻不下的外科医生推销百科全书，他事先对这位医生做了一番了解，医生的母亲开澡堂，而这位医生私下对蕨类植物颇有研究。拜访时不出所料，一进门，医生就下了逐客令，但尾志一句："我已到你母亲开的澡堂那里洗得干干净净才来，应该有资格与你谈谈吧"，引起了医生的好感。交谈中，尾志介绍百科全书时带的就是有蕨类植物的那本，连翻开哪一页他都预定好了，如此有计划地耕耘自然又得到了一笔订单。

**[分析思考]**

充分的准备，才更有成功的可能。

## 三、接近准备的工作内容

接近准备关系到推销员计划如何接近顾客、为进行正式推销洽谈做好相关的准备。顾客的种类很多，接近不同类型的顾客，需要进行不同的准备，接近准备的工作主要包括三部分：

通过顾客资格审查后，推销员经筛选需确定一份"合格顾客名单"，并逐一建立"顾客档案"

（也称顾客资料信息库），以便以后依据该名单和档案实施推销活动。在众多合格的顾客中，为了有重点地开展推销活动和实行目标管理，以取得最佳的推销效益。通常，需要运用科学合理的方法对众多的合格顾客进行"分级管理"，这个科学合理的分级管理方法就是前面介绍的ABC法。然而反映顾客基本情况并影响ABC法的顾客档案，是需要推销员在尽可能全面地了解顾客后，逐步形成的。

准备必要的推销用品，如样品、产品手册、图片、报价单等。

推销人员还应当提高自身的素质和修养、培养良好的心态、保持良好的个人形象，善于与不同类型的人交往。

有人断言：一个准备充分、满怀信心、不卑不亢、知识丰富以及充满进取精神的推销人员，已经赢得了推销成功的一半。

### （一）建立顾客档案

建立顾客档案就是制定顾客资料信息卡，以使顾客资料统一地进行数据化、格式化。建立消费者顾客资料卡与建立组织顾客资料卡的内容有许多不同，要加以区别。

1. 消费者顾客资料信息卡

消费者顾客的资料准备一般包括以下内容：

（1）姓名　见面后直呼其名，会缩短推销人员与顾客的距离，给对方一见如故的亲切感。无论是称呼或书写顾客姓名时，要认准读音、写法，避免错误，以免招致顾客反感，影响推销接近。如一位推销人员前去拜访某厂的丛厂长，未见到厂长，于是给厂长留了张便条，抬头就写"葱厂长"，无论便条内容如何，结果可想而知。

（2）年龄　不同年龄的人会有不同的个性差异、消费心理差异、需求特征、购买决策差异。应采取合适的方法和途径了解顾客的年龄，便于把握顾客的消费差异，确定最佳的推销接近方案。如经验丰富的推销员在推销时都会"逢人减岁"，这对成年人比较适用特别是女士，但对于孩子却是万万使不得的，不但不能减岁还应当在估计的基础上适当地加岁，因为孩子在父母的眼里永远是最懂事、最成熟、最聪明、最可爱、最健康的。

（3）性别　不同性别的人也会有不同的个性差异、需求特征、购买决策差异。

（4）学历与经历　学历与经历代表着顾客受教育的程度和文化水平的高低，会具有不同的素质与个性特征，他们购买商品的选择原则和方式会有所不同。了解推销对象的受教育程度、文化水平以及人生经历，有利于制定对应的洽谈计划和洽谈方式，设计合适的洽谈主题，创造有利的接近氛围。如一位推销人员了解到顾客和自己一样，都曾在部队里当过兵，于是两人见面时聊起了部队的军营生活和趣事，双方有了共同的语言，谈得津津有味，直到握手言别前的最后一刻，在愉快的气氛中顺利地达成了交易。

（5）民族　不同的民族有着不同的宗教信仰和风俗习惯，要尊重他们。要避免触犯忌讳，对他们的消费嗜好、消费模式、消费行为要有所了解。

（6）籍贯　俗话说：老乡见老乡，两眼泪汪汪。利用同乡关系与顾客攀情交友，发展人际关系，对接近顾客不无好处。如一家公司的推销员小张去面见一大企业的采购部经理，之前听说这人不大好沟通，小张一见对方心里直发虚。不过对方一开口说话，他就看见了曙光，因为据对其口音的判断，两人是同县的老乡，于是套起了近乎。从家乡聊起，谈到在外奔波的辛苦，最后签订了一笔不小的订单。

（7）消费需求　了解顾客购买需求特点、购买偏好、购买动机、购买决策期限等，便于有针对性地做好推销工作。

(8)家庭情况　了解顾客的家庭背景、成员、收入状况、购买决策权等背景资料，能够起到投其所好、对症下药的作用，也是不少推销人员取得成功的原因。一位推销员了解到顾客的儿子喜欢集邮，在与顾客见面时就送上几套邮票，迅速地得到了顾客的好感。

(9)性格爱好　了解顾客的性格爱好，适时、适度地对其加以赞美，是一些推销人员博得对方好感的手段之一，如果做到这一点，也就离推销的成功不远了。如一位推销人员走进厂长的办公室，发现厂长爱好书法，将自己写的条幅挂在办公室里，马上称赞厂长的书法遒劲有力，然后与厂长就书法交流起心得体会来，最后这位推销人员得到了订单。

(10)其他　了解对方的职业、职务、职称、地址、电话、通信方法、邮政编码等方面的内容。

在初次见面前，推销员可以通过个人观察、同事介绍、其他顾客介绍、向上司咨询等途径对即将见面的顾客进行初步的了解，以做到知己知彼。建立消费者顾客资料卡，如表 3-1 所示，当前会有一些内容不了解时，可以空缺，待日后逐步地加以补充和完善。

**表 3-1　消费者资料卡**

| | | | |
|---|---|---|---|
| 顾客姓名 | | 购买商品名称 | |
| 性别 | | 购买日期 | |
| 民族 | | 年收入/元 | |
| 年龄 | | 付款方式 | |
| 籍贯 | | 付款日期 | |
| 职业 | | 信用状况 | |
| 职务 | | 往来银行 | |
| 学历 | | 性格特征 | |
| 住址 | | 交易实绩 | |
| 宗教信仰 | | 联系电话 | |
| 婚姻状况 | 已婚或未婚 | 资料来源 | |
| 购买动机 | | 备注 | |

2. 组织顾客资料信息卡

组织顾客的最大特点是：购买执行人和购买决策人往往是分离的；购买商品的种类、数量、频次远远大于普通的消费者顾客。因此，推销人员向组织顾客推销时，包括对购买执行人和购买决策人的接近准备，两者有着微妙的不同，从而使组织顾客的接近趋于复杂化。尽管如此，由于组织顾客有较强的购买力，这对于推销人员而言显得更有价值、更具有诱惑力。组织顾客的资料准备一般包括以下内容：组织的全称及简称、地址、电话、传真号码、邮政编码、交通运输条件等情况；组织的性质和规模；该组织所属产业、投资及生产规模、成立时间与演变经历，组织的人事状况；该组织法人代表的工作作风、特点、组织结构图及职权范围的划分、人事状况及人际关系等；购买执行人和购买决策人的有关情况：个人基本情况、家庭情况、社会经历、兴趣爱好、性格特点等情况。

(1)购买习惯和购买行为　首先应摸清该组织的购买习惯。购买习惯是指目标顾客的采购部门及其工作程序和制度、购买信用及购买力集中程度、购买时间、频率及批量、现有进货渠道、支付方式及供求双方的关系及其发展前景等。其次应掌握该组织的购买行为流程(做购买决策时所涉及的人有哪些,即谁是发起者、影响者、购买者、使用者、决策者),你只要打通上述环节,成交并非难事。

(2)生产或经营情况　当该组织是生产型企业,购买商品作为生产资料时,就还需要了解该企业的生产经营情况。如产品品种、产量、生产能力;设备技术水平;产品加工工艺及配方、产品主要销售地点及市场反应;市场占有率及销售增长率;资金实力和信用级别(否则推销人员的主要任务就不是推销而是讨债了);管理风格与水平;发展、竞争与定价策略;经营业绩及利税水平等。老顾客的反应情况。在面对面的推销过程中,顾客会积极主动地提出各种问题,讨价还价,一旦成交或者变成老顾客,就会对推销人员和推销品形成一定的印象和看法,并作出相应的反应。老顾客反应的内容是多方面的,主要包括产品质量、使用效果、供货时间、产品价格、服务态度等。

(3)顾客反应及回馈　组织顾客常常会直接或间接地向推销人员甚至企业反映有关情况或问题(产品质量、包装、交货、付款、推销人员不满等),提出建议(如改进包装数量、包装形式、包装材料、付款方式、经营模式、促销形式与力度、广告形式、广告时段与投入力度等)。对于这一类顾客,企业一定要认真地对待,针对不同的顾客、不同问题及时地加以解决或解答,特别是对于顾客提出的问题,要运用应急处理的方法,否则容易激发和扩大矛盾,造成企业的被动局面。如有些顾客喜欢私下议论、评头论足;有些顾客乐于向有关部门上告揭露、有些顾客宁愿投书媒体予以曝光。

显然,建立组织顾客资料卡远比建立消费者顾客资料卡的内容要多、要复杂。如表 3-2 所示,当前会有一些内容不了解时,也可以空缺,待日后逐步加以补充和完善。总而言之,顾客资料卡力求详细记载,并加以分类整理。

**表 3-2　组织顾客资料卡**

| | | | |
|---|---|---|---|
| 组织名称 | | 购买进度 | |
| 企业性质 | | 订货次数 | |
| 营业地址 | | 交易日期 | |
| 注册资本 | | 交易实绩 | |
| 开业日期 | | 付款方法 | |
| 企业法人 | | 付款日期 | |
| 员工人数 | | 开户银行 | |
| 业内信用 | | 信用等级 | |
| 经营规模 | | 推销费用 | |
| 采购主管 | | 接近难易程度 | |
| 联系电话 | | 资料来源 | |
| 订购商品 | | 备注 | |

目前,许多企业都利用计算机的标准化通用软件,建立顾客资料库,实施顾客管理的自动

化。如各种 ERP(Enterprise Resource Planning，企业资源规划)软件包的子功能。

3. 建立顾客资料信息卡的主要作用

(1)掌握顾客的购买进度、采购时机、订货次数(每年或每月)等，将顾客的有关资料汇总。

(2)定期地对顾客进行综合评价，及时地发现推销过程中存在的问题，并提出整顿改进措施。

(3)分析、控制产品推销业绩的成长状况，该顾客占公司推销总额的比例，以便发掘该顾客的潜在购买能力。

(4)分析、了解该顾客每笔交易所花费的推销费用水平，以此衡量以后推销业务的投入水平与产出效益。

(5)掌控货款回收情况、制定顾客访问计划、分析存在问题、制定改进措施、进行顾客评级。

### (二)顾客分级管理的 ABC 法

有了顾客资料信息卡，企业就可以依据它对各类顾客进行分级管理了，ABC 法就是按照一定的标准对顾客进行分级管理的有效方法。进行分级管理的主要目的，是要使日常推销工作能够程序化、系统化、计划化、数据化和格式化。根据前面寻找顾客项目中所学习到的 ABC 分类法，对顾客进行分类，根据不同类别顾客，采取相应的管理措施，做好相应的准备工作。

在推销工作中，既要重点推销，也要兼顾中低级顾客。在推销工作量安排和时间分配上对不同级别的顾客实行差别待遇，但在推销工作的质量和服务态度上，对所有顾客应一视同仁，不歧视低级顾客，做到全面提高推销的效率。

### (三)推销用品准备

“优秀的推销员一靠推销技巧，二靠推销用品”，这被丰田公司推销人员奉为不可颠覆的原则之一；“推销工具犹如侠士之剑”，这是台湾企业界流传的一句话，都在一定程度上说明了推销员在接近顾客之前对各种推销用品准备的重要性。常用的推销用品如表 3-3 所示。

**表 3-3　主要的推销用品**

| 类别 | 内容 |
| --- | --- |
| 视听用品 | 样品、产品目录、音像制品、图文资料、幻灯片、录像带、照片、手提计算机等 |
| 宣传用品 | 广告、说明书、价格表、检验报告、各类鉴定书、有关企业产品的剪报等 |
| 签约用品 | 合同、订货单、票据、印章等 |
| 其他用品 | 名片、计算器、手表、记事本、票据、介绍信、身份证、订书机、笔、别针、胶带、涂改液、剪刀、裁纸刀、手帕、小梳子、记号笔、打火机、小礼品等 |

### (四)保持良好的个人形象

初次见面，顾客一般先留意推销人员，在对推销人员有好感之后，才会在接下来的时间去留意他所代表的企业和所推销的产品；推销人员给顾客的第一印象往往会严重影响到顾客对企业、对产品的整体认识和评价。因此，推销人员应当为自己塑造一个良好的形象，这是成功推销的前提条件之一。

保持良好的个人形象，包括搭配服装首饰(服饰、首饰、化妆)、梳理发型修甲、振奋精神面貌、保持良好的姿态(站、走、坐)等方面。这在商务礼仪课程都有介绍。

1. 服饰的 TOP 原则

TOP 是三个英语单词的缩写，即着装的变化应该与当时的时间(Time)、场合(Occasion)和地点(Place)相协调。

(1)着装与时间相协调。着装要随时代潮流的演变、生活节奏的变迁、一年的春夏秋冬、一天的早中晚、上班和下班的变化而变化。

(2)着装与场合相协调。着装要随公众、社交、休闲等不同的场合与气氛而变化。如谈判、庆典、晚会、舞会、宴会、酒会、音乐会、剧场、葬礼、婚礼都会有所不同，而且要注意忌讳点。

(3)着装与地点相协调。着装要随所处的地理位置(不同国家、地区)、活动场所和自然条件的要求而变化，如去公司或单位拜访客户，应该穿职业套装，尤其是女装要注意不能穿过露、过透(他人透过外衣看得到内衣、短裤、文胸)或过短的服装；在气候较冷的地方，服装以暖色为主；在气候较暖的地方，服装以冷色为主。

2. 服饰的适体原则

一个人的着装要与其性别、年龄、肤色、脸形、体型、职业、身份和环境相适应。

男性服饰要体现刚毅有力、优美自然，不能搞得不男不女、不伦不类；女性服饰要展示温柔妩媚、典雅端庄的特点。

年轻人应穿着鲜艳、活泼、随意，体现朝气蓬勃；而中老年人的服饰要注意庄重、雅致、整洁，体现成熟稳重的特性。

白、黑、灰等中和颜色给人平和、稳重，可靠的感觉，是商务场合最常见的服装用色，肤色黑的人不宜着颜色过深或过浅的服装；皮肤黄的人不宜着褐色、黄色、灰色的服装；皮肤白的人不宜着绿色的服装，且全身服饰的颜色不要超过 3 种。

一个人的五官形状、分布和比例不尽相同，服饰也要加以区别，梨形脸和圆脸，着 V 形领；方脸，着 U 形领；长脸，着船形领、方领或水平领，并梳刘海；大脸形粗脖子的人要着低领衫，领口需大于脸型，反之，小脸形细脖子的人要着高领衫。

身材较高、瘦的人，切忌穿紧身、深色衣裤，上衣(裙子、衬衣、外套)应适当地加长，配以低圆领、宽大而蓬松的袖子，应选择质地不能太软的大花图案或方格、横格、横条纹的暖色调衣料，能给人以“矮、胖”的感觉；身材矮、胖的人，上衣应稍短一些，可突出腿部，特别不适宜穿大花图案或宽格条纹的服装，应选择小花、竖条纹的冷色调面料，能给人以“高、瘦”的感觉。

3. 服饰的忌讳

女士不得光腿、穿短袜，穿裙装时，袜口不能暴露在外，应配长筒丝袜或连裤袜，袜子不能有破洞、抽丝(在职业女性的提包、抽屉里，一般都应有备用丝袜)。袜子的色彩不可太鲜艳，一般以肉色、浅色透明丝袜为宜，避免选择有网眼、彩色花纹、复杂图案的袜子，厚袜子不要配细高跟鞋，薄袜子不要配运动鞋。色彩要一致，色差不得过大，从头到脚原则上不超过三色。

男士西装不能与白色运动鞋(休闲西服除外)、布鞋、凉鞋(特别是露脚跟、脚趾头)搭配。新购西装在上身前首先要将西装上衣左袖口处缝有的一块商标(或纯羊毛标志)拆除。西装背后有开口的最下边缝有连接线的要拆掉。西装上衣口袋只做装饰，不放任何东西，懂得礼仪的人连口袋的线都不拆。着皮鞋时不能光脚，所搭配的袜子要以深色和单色为宜，绝不能穿白色袜子或色彩鲜艳的花袜子或尼龙丝袜。穿西装时，通常要穿带领的衬衣，衬衫下摆要塞进西裤，袖口须扣上不得翻起。衬裤的裤脚不得超出西裤的长度。双排扣的西装上衣必须系上所有纽扣，单排两粒扣的西装上衣按照“扣上不扣下”的原则，或全部不扣，单排三粒扣的西装上衣，可以扣上面两粒扣或只系中间一粒扣。坐下后系上的扣子要解开。系领带时衬衣的第一个纽扣一定要扣好。

4. 首饰

女性适当佩戴首饰（包括发卡、耳环、项链、手链等），可以给人以典雅、端庄、大方的感觉，佩饰有三原则：一是以少为佳，身上的饰物最好在三种以内，每一种不多于两件，特别是不要一只手戴两个以上的戒指。要注意搭配，同服装、发饰和其他首饰相协调。二是同质同色，讲究质地要相同，如不能采取象牙发卡、水晶耳环、铂金钻戒、黄金手链的搭配。三是要合乎惯例，如戴戒指比较讲究，在推销活动和商务谈判中，戒指最好不戴在左手的小指（有独身、离异、求偶之意）上，或者不戴戒指。

5. 化妆

在推销活动和商务谈判活动中不宜浓妆艳抹，唇彩、眼影、彩甲尽量不用。香水依据香料的浓度不同而分成香精、淡香精、香水、淡香水和古龙水等五种等级。香水一般用于：手腕内侧、耳根后、腋下（有动脉，让香味随动脉的跳动缓缓展开香遍全身）、膝盖后窝（穿裙子），还可以先向空中喷洒，着衣从香水雨中走过，使香水均匀落于全身。当工作环境允许补妆，最好选择香水或淡香水，古龙水多适合于运动后、洗澡后或是想转换心情及恢复精神时使用。男士通常只使用古龙水，所以国人常常将古龙水误解为男士香水。切忌在众人面前化妆或补妆，这是不懂礼仪或缺少教养的表现。使用化妆品必须讲究品牌和香型一致，否则，试想洗头水是薄荷香型、沐浴露是茉莉香型、香水是玫瑰香型、口红是柠檬香型，岂不成了开水果铺的。

6. 其他

发型要整洁规范，长度要适中，款式要合适。如男士不能剃光头，也不要留长发，不留刘海，侧不掩耳，后不及领；面部要注意修饰，除了保持整洁之外，胡子、鼻毛、耳毛要剃掉；牙齿要每年洗，去除烟垢等，饭后及时漱口，不要因为塞牙而尴尬。还要注意汽车的座次安排。

7. 礼品礼仪

除了要注意一些忌讳外，还要避免受贿的嫌疑，如我国忌讳送伞、送钟，商人喜欢 689，当官的爱七嫌八，而国际上各国对于颜色的忌讳都有不同，如欧美人忌黑色，认为黑色肃穆，是丧礼所用的颜色表示对死者的悼念；巴西人视棕色为凶丧之色，认为人死就像黄叶落下一样；叙利亚忌用黄色，认为它代表死亡；埃及、比利时忌用蓝色，遇有丧事才穿蓝色服装；土耳其人忌用花色，被认为是凶兆；爱尔兰忌用红、白、蓝色组合（由于政治和历史原因：英国国旗颜色）；法国和比利时忌用墨绿色，因为它是纳粹军服颜色。

一般，花卉有着特定的寓意和忌讳：红花意味着爱，白花象征纯真；浅色花象征温柔，深色花表示坚毅；而百合象征纯洁，柠檬象征挚爱，紫藤表示欢迎，丁香表示谦逊，黑桑表示生死与共，白桑表示智慧，水仙表示尊敬，橄榄表示和平；无论是哪种场合，许多国家都绝对忌讳把菊花和黄色花献给客人。

此外，在开始推销洽谈前，如果推销人员还能具备：良好的心理准备、丰富的产品知识、正确的工作态度、良好的行为习惯、灵活的谈判技巧，这些无疑对于推销取得成功具有极大的促进作用。

## ◈任务总结

接近准备，是指推销人员在接近某一特定准顾客之前，进一步了解该准顾客的情况，并据此拟定推销方案的过程。

接近准备的意义包括以下几点:①接近准备有助于推销人员进一步审查顾客资格。②接近准备有助于推销人员拟定适当的接近策略。③接近准备有助于推销人员制定必要的推销面谈计划。④接近准备有助于推销人员避免或减少推销工作中的失误。⑤接近准备有助于推销人员增加信心,积极主动地开展推销工作。

顾客资料卡可以:掌握顾客的购买进度、采购时机、订货次数(每年或每月)等,将顾客的有关资料进行汇总。定期地对顾客进行综合评价,及时地发现推销过程中存在的问题,并提出整顿改进措施。分析、控制产品推销业绩的成长状况,该顾客占公司推销总额的比例,以便发掘该顾客的潜在购买能力。分析、了解该顾客每笔交易所花费的推销费用水平,以此衡量以后推销业务的投入水平与产出效益。掌控贷款回收情况、制定顾客访问计划、分析存在问题、制定改进措施、进行顾客评级。ABC 法就是按照一定的标准对顾客进行分级管理的有效方法。进行分级管理的主要目的,是要使日常推销工作能够程序化、系统化、计划化、数据化和格式化。

服饰的 TOP 原则即着装的变化应该与当时的时间(Time)、场合(Occasion)和地点(Place)相协调。

## ◈拓展案例

### 张涛的推销术

在张涛工作的 20 多年里,他推销过多种产品，从一个门外汉变成一位推销高手。在别人请教他成功的经验时,张涛说:“推销员一定要带着一个有益于顾客的构想去拜访顾客。这样,你所遭遇拒绝的机会就会少,你就会受到顾客的欢迎。推销员要做建设性的拜访。”

张涛在推销地板用木砖时,虽然他拥有的客户数目不少,但每个客户的订货量不大,其原因是客户因受到资金的限制而无法大量地购买他的产品。如何才能让顾客大量地购买产品呢?经过认真地调查分析和思考,张涛为客户想出了一个加速资金周转的办法。他建议客户从时间上来改善,平常不必大量储存材料,而应计划安排好,在材料使用前几天内将货补齐,这样可以加速资金周转。客户采纳了他的建议后,果然不必在事前大量储存材料,节约了资金占用,加速了资金周转,终于能大量地采购张涛的产品了。

张涛认为,推销员应多多地拜访顾客,但是,如果能做建设性的访问才会有效果。张涛的一位客户是零售店老板,他曾这样说:“今天早晨在张涛来访问我之前,已经有 15 个推销员来过了。这 15 个推销员都只是一味地为他们的商品做广告,或谈价钱,或让我看看样品。然而,当张涛把产品高明的陈列方法告诉我时,我宛如呼吸到新鲜空气一样,真让人高兴。”张涛把如何才能对顾客有新帮助的想法铭刻在心,这样,他从不放过任何一个能对顾客有所帮助的机会,即使是一个偶然的机会。

一次，张涛与一位技术人员交谈。当时这位技术人员正计划要成立一个水质净化器制作与安装公司。张涛为了能赢得顾客,便认真地去思考一个富有建设性的方法。

当张涛在另外一位客户的办公室等候的时候,他看到了一本与自来水有关的技术杂志,便一页一页地翻开看。结果发现了一篇具有经济价值的工程论文,这是论述在蓄水池上面安装保护膜的一篇论文。于是,张涛把这篇论文加以复印,然后带着复印材料去访问那位技术人员,他对张涛提供的这份材料感到万分高兴。此后,他们的商业交往一直都进行得很顺利。

事后，张涛在总结自己的经验时说："看到这小杂志后，才得到这个好运。但是能获得此佳运，也并非事出偶然。因为，如果我不是经常在想着建设性的访问目标，那么，我绝不会去翻阅那个杂志。倘若我没有看到那篇论文，我还会去寻找其他东西。对每位顾客都做建设性访问的我，随时都能对所有机会产生机敏的反应。"

张涛的一个客户是一位五金厂厂长，这位厂长多年以来一直在为成本的增加而烦恼不已。其成本增加的原因，多半因该公司购买了许多规格略有不同的特殊材料，且原封不动地储存着造成的，张涛在考虑如何才能帮助客户把成本降下来。一次，张涛偶然地去访问一家与该五金厂毫无竞争关系的客户时，产生了一个想法，然后，张涛再次来拜访五金厂厂长，把自己的构想详尽地谈出来。厂长根据张涛的构想，把 360 种存货减少到 254 种，结果使库存周转率加快，同时也大幅度地减轻了采购、验收入库及储存、保管等事务，从而降低了费用。之后，五金厂厂长从张涛那里购买的产品大幅度地增加。

要能提出一个有益于顾客的构想，推销员就必须事先搜集有关信息。张涛说："在拜访顾客之前，如果没有搜集到有关信息，那就无法取得成功"，"大多数推销员忙着宴请客户单位的有关负责人，我则邀请客户单位的员工们吃顿便饭，以便从他们那里得到有利的信息。"

一次，张涛和客户单位的员工边吃边谈，得知该公司业务部在那一周里一直在加班，并了解到每个月他们都会如此加班，原因是所用的电脑出了问题。

"我所获得的这些资料已足够我去接近客户"，张涛说，"当我访问该公司时，便针对他们问题的症结，向他们提出办公设备的事情。同时，我也提供他们实际的数据，让他们做比较。从比较中，他们得知六家同业公司，都因减少加班时间，每个月就至少节省几千元的加班费。"

张涛仅如此稍做一点准备，搜集到一些信息，便采取针对性的措施，打动了客户的心弦。张涛正因为认真地寻求可以助顾客一臂之力的方法，带着一个有益于顾客的构想去拜访客户，所以才争取到不计其数的客户。

［分析思考］

1. 张涛推销是如何获得成功的？
2. 针对不同客户，张涛采取了哪些不同的措施成功推销？

# 任务二　约见顾客

## ◈学习目标

1. 理解约见的基本概念。
2. 了解约见内容的 4W。
3. 掌握约见的基本方式。

## ◈案例导入

经过了一系列的接近前的准备，李明对即将拜访的南山美连锁超市有限公司的采购部经理李宏的情况以及他们公司的情况有了一个基本的了解。为了避免突然拜访的盲目性，李明想提前与王经理进行联系，以保证拜访的成功。那么李明该如何约见王经理呢？

## ◈任务分析

本任务起到承前启后的作用，在上一任务的基础上，理解约见的意义，了解约见内容的四个方面，并掌握约见的基本方式，迈出和客户见面的第一步。本任务的内容非常简单，但是其中的技巧需要反复训练和领悟才能真正地掌握。

## ◈任务实施

推销人员在完成接近准备之后，就可以开始约见顾客了。约见顾客即与顾客约定见面，是指推销人员事先征得顾客同意见面的行动过程。约见顾客既是接近准备的延续，又是拜访顾客的开始，是承前启后的重要环节，特别是面对一些难以接近的顾客，约见显得尤其重要。约见如果获得顾客的认可和同意，就使推销活动向推销成功迈出了第一步。

### 一、约见内容

一般地，约见顾客的主要内容包括以下 4 个方面：约见对象、约见事由、约见时间、约见地点。下面可以看到这四个要素之间会互相影响。

#### （一）约见对象

约见对象是指对成交具有决策行为的人或影响较大的人。一般来说，推销人员在开始约见前就已经选定了约见对象，在推销工作中，推销人员应该尽量设法直接约见购买决策人，或对购买决策具有重大影响的人，以避免在一些无关人员身上浪费时间。推销人员常常会发现自己无法直接约见到期望拜访的对象，而需要先与其部下或接待人员接触，这样就无法达到预期的推销效果。

在确定约见对象时应注意下列问题：

(1)尽量设法约见主管人员，提高办事效率。

(2)充分地尊重缓冲人（包括部下、接待人员、公务秘书、私人秘书、司机、门卫、佣人等），照顾其虚荣心。

(3)影响购买活动的约见对象常会延伸至采购员、仓库保管员、财务人员、汽车司机等。

(4)保持良好的心情，否则不要约见顾客，以免留下坏印象。

#### （二）约见事由

约见事由是指推销员在约见顾客时，要向对方充分地说明拜访的事由，尽可能地使对方感到的确有必要会见、必须接受会见、不得不会见。推销洽谈、促成交易并不是约见顾客的唯一目的和事由，可能还会出于其他考虑，如礼节性拜访、提供信息、听取意见、市场调查、提交样品、搜集信息、走访用户、签订合同、收取货款、售后服务、推销新技术、请教问题、代转口信、休闲娱乐、看望交流等。

#### （三）约见时间

约见时间的安排应尽量地为顾客着想，最好由顾客决定见面的具体时间。最佳约见时间随着约见对象、约见事由以及约见地点的不同会有所区别。

下面的时机都是推销员约见顾客的好机会：

(1)顾客开张营业，这时正需要扩大营业范围、增补新产品。

(2)购买决策人遇到红白喜事，如提职加薪、获得奖励、结婚生子等，心情好自然是约见顾客的大好时机。

(3)节假日、厂庆纪念、大楼奠基、工程竣工之际。

(4)顾客遇到了暂时的困难，急需要帮助。

(5)顾客对其原合作伙伴、你的竞争对手不满时。

(6)气候恶劣(下雨、下雪、酷暑)时，其他推销人员不出门时。

推销人员对于约见时间需要注意的是：

(1)千万不要听错约见时间，电话或口述时，应当重复顾客的约定；更不要记错约见时间，最好采取多重保险的提醒方式(他人、记事本、黑板、闹钟、电脑)。

(2)对于任何不同的约见对象、约见事由、约见地点，都应当准时赴约。推销员不应该连续约见几个顾客，一旦前面的会谈延长而使后面的约见落空。你可能期望"不见不散"而顾客往往是"过时不候"。万一意外发生(堵车、车祸)，要设法提前通知顾客，或推迟或改日或另约。如无法及时地通知顾客，应在事后说明原因，并诚恳地道歉。

(3)忌讳午休时间，即便你有意请客，也不是所有人都愿意接受约见。

(4)不同约见对象最佳约见时间会有不同。如许多公司有周一例会，因此忌讳周一上午约见购买决策人；员工每逢周末下午都会心不在焉，因此忌讳周五下午约见任何人(如财务对账、采购清账、促销讲座)老板除外。

(5)不同约见事由最佳约见时间会有不同。如收取货款时，应选择对方银行账户有余额时；正式推销洽谈，应选择有利于达成交易的时间；市场调查，应选择市场行情变动较大的时机；提供服务，应选择顾客需要服务的时候，起到雪中送炭的效果：签订正式合同，应选择出现成交信号的时候。

(6)不同约见地点最佳约见时间会有不同。如约在休闲娱乐的场所，应当在晚饭后；约在办公室，应当在上班时间；约在咖啡厅，任何时间都可以；约在餐馆，一般是晚餐时间(午餐时间除非不饮酒)。

### (四)约见地点

约见地点的选择要视具体情况而定，它应当与约见对象、约见目的、约见时间相适应。选择约见地点的基本原则只有一个，那就是方便顾客(如对方易抵达，交通较方便，有明显地标)。一般地，下述场所是可供推销员选择的约见地点。

(1)顾客工作地　对组织顾客，工作场所是最佳约见地点。

(2)顾客居住地　对消费者顾客，顾客的住所或居住地是最佳约见地点。

(3)社交场所　对组织顾客和消费者顾客，社交场所(如餐厅、酒吧、夜总会、咖啡店、休闲娱乐场所、电影院等)也是不错的约见地点。往往是由企业组织一些社交活动，邀请客户与目标顾客参加，利用这一机会约见顾客，营销人员要充分地珍惜和利用这样的机会，施展社交活动的能力，先与顾客交朋友，然后逐步地发展成为新客户。

(4)公共场所　对组织顾客和消费者顾客，当前三种约见顾客的地点都不适宜采用时，公共场所(如公园、候车室、图书馆、码头、车站等)是不错的约见地点。这些地点显得比较随意，无拘无束，约见成本为零。这主要适合于小企业、老顾客、年长顾客和低收入顾客。

综上所述,约见顾客的主要内容就是要明确 4W,即:访问何人(Who)、为何访问(Why)、何时访问(When)和何地访问(Where)这四个方面。

[案例]

## 约见客户

王玉松是 M 乳品公司的大客户经理,宋卫东为华惠(化名)大型连锁超市的采购经理。

周一早晨,王玉松拨通了陈经理办公室的电话。

王玉松:早上好,宋经理,我是 M 乳品公司大客户经理王玉松,想和您谈一谈我产品进店的事宜,请问您现在有时间吗?(通过前期了解,王玉松已经知道卖场的负责人姓名及电话)

宋卫东:我现在没有时间,马上就要开部门例会了。(急于结束通话,很显然对此次交谈没有任何兴趣)

王玉松:那好,我就不打扰了,请问您什么时间有空,我再打电话给您。(这时一定要对方亲口说出时间,否则你下次致电时他们还会以另一种方式拒绝)

宋卫东:明天这个时间吧。

王玉松:好的,明天见。(明天也是在电话里沟通,但"明天见"可以拉近双方的心理距离)

周二早晨,王玉松再次拨通了宋经理办公室的电话。

王玉松:早上好,宋经理,我昨天和您通过电话,我是 M 乳品公司大客户经理王玉松。(首先要让对方想起今天致电是他认可的,所以没有理由推脱)

宋卫东:你要谈什么产品进店?

王玉松:我公司上半年新推出的乳酸菌产品,一共 5 个单品,希望能与贵卖场合作。

宋卫东:我对这个品类没有兴趣,目前卖场已经有几个牌子销售了,我暂时不想再增加品牌了,不好意思。(显然已经准备结束谈话了)

王玉松:是的,卖场里确有几个品牌,但都是常温包装,我产品是活性乳酸菌,采用保鲜包装,您当然了解消费者在同等价格范围内肯定更愿意购买保鲜奶;其次我产品已全面进入餐饮渠道,销售量每个月都在上升,尤其是您附近的那几家大型餐饮店,会有很多消费者到卖场里二次消费;我公司采用"高价格高促销"的市场推广策略,所以我产品给您的毛利点一定高于其他乳产品。(用最简短的说辞提高对方的谈判兴趣,在这段话中王玉松提到了产品卖点、已形成的固定消费群体、高额毛利,每一方面都点到为止,以免引起对方的反感从而结束谈判)

宋卫东:(思考片刻)还有哪些渠道销售你的产品?(对方已经产生了兴趣,但他需要一些数据来支持自己的想法)

王玉松:现在已经有 100 多家超市已经在销售我们的产品了,其中包括一些国际连锁店,销售情况良好,我可以给您出示历史数据。(通过事实情况的述说增强对方的信心)

宋卫东:好吧,你明天早上过来面谈吧,请带上一些样品。

[分析思考]

王玉松是如何约见顾客并争取再次与之有沟通机会的?

约见既是推销准备工作的延续,也是实施推销工作的开始。推销人员在完成必要的推销接近的准备工作以后,就可以进一步约见、接近潜在的顾客。

## 二、约见方式

推销员要达到约见顾客的目的,不仅要考虑约见的对象、事由、地点、时间,还必须了解约见顾客的方式,常见的约见方式有以下几种：

### (一)面约

面约是指推销人员与顾客当面约定见面的方法。推销人员往往利用在一些社交与公共场所(如展销会、订货会、社交场所、推销途中)与顾客不期而遇的机会,伺机与顾客面约。

面约是约见顾客的常用方法之一,其优点是:简便易行、及时有效、信息传达清楚、交流感情、察言观色、约见率高、不易遭拒绝、继续周旋、反馈及时可靠;其缺点是:受地理限制、对于爱面子的推销人员被拒绝会感到尴尬有失脸面、对于圆滑型的顾客会当面应允而事后违约,浪费推销人员的时间和精力。

### (二)函约

函约是指推销员利用信函与顾客约定见面的方法。这一类信函包括个别约见信和集体约见信,如个人信函、单位公函、会议通知、明信片、电子邮件、传真、短信、微信等。

函约是约见顾客的最常用方法之一,其优点是:费用较低(特别是电邮),约见请求可以无阻碍地直达顾客,避免约见顾客时可能遇到的人为阻碍;也不需面约或电话约见时的机智对答;便于畅所欲言,表达出口头语言难以表达的难言之隐或言外之意,让顾客细心体会;精心准备后发出的约见信函往往简明扼要、重点突出、层次分明、内容准确无误,不会给顾客留下口实;语气中肯可信、文笔流畅;内容和设计充实完美、形式和内容统一准确;容易引起顾客的注意和兴趣;通过要求对方回信、回电、回执、回帖、回邮,给对方时间考虑,约见顾客的成功准确率高,也便于营销人员安排访问计划。其缺点是:耗时较长,信息反馈率低,有的顾客甚至根本不拆开,顾客有疑问有误会时无法当面解释。

注意:当采用信件邮递约见信函,使用普通信封而不要使用公司统一印刷信封,这样顾客无法凭信封判断它的类型;不要在信封上盖"邮资已付"的标志,应按一般邮件加贴邮票,必要时可以考虑使用挂号信或快递。

### (三)电约

电约是指推销人员利用电话与顾客约定见面的方法。常常用于紧急约见。

电约也是约见顾客的常用方式之一,其优点是:能引起顾客的重视,迅速及时、灵活方便,能够及时地反馈顾客的态度,是效率最高的约见方式。其缺点是:要求推销人员的应变能力较强;容易遭到顾客的推脱和拒绝;费用比较高,受推销地区电信条件的限制。

电约的关键是推销人员必须具备一定的语言技巧和应变能力:应事先精心设计开场白以及精心组织通话的主要内容(建议事先拟定提纲);做到通话言简意明、主题明确、出言从容、坚定连贯,态度要诚恳,语气要平缓,约见事由的叙述要充分。用语言打动对方并激起对方足够的兴趣或好奇心,产生希望继续交谈和早日看到产品的迫切愿望。当顾客借故推托、拖延约见时,需心平气和、好言相待,给顾客和自己留有空间,否则推销效果会适得其反。此外,一定要待顾客挂机后,自己才能挂机。

电话约见一般依据以下几个步骤进行:寒暄问候、同意谈话、自我介绍、道明来意、提出约见、感谢对方。

下面还有几个常见的电话约见的例子,供大家参考。

[案例]

## 约见的技巧

李经理,您好!我是××电器厂的推销员小吴。……您上月底寄来的用户调查表我刚刚收到,十分感谢您的大力支持。……我们厂最近新推出的微波炉,质量和外观都有较大的改进,售价也有所下调,所以想尽早地介绍给您。……方便的话,我这周专程去拜访贵公司,如果您忙下周也行,主要看您方便,您看?……好的,下周三下午3点,打搅您了,谢谢。

王先生,您好!我是××电器厂的推销员小吴。……前两天给您的信收到了吗?……针对信上的内容我想向您当面讨教,您看是定在明天下午2点还是定在后天下午2点钟好呢?……好,那就按你的时间,明天下午2点,我一定准时到达。再见!

钱秘书,您好!今天冒昧地打扰您,很荣幸通过××公司刘总介绍得知您的大名。……我是××电器厂的推销员小吴。……听说贵公司还在使用老式的纸卡考勤机,我特地向您推荐一款我公司最新研制成功的指纹考勤机。它的特点是准确、精巧、快速、可靠,特别是能够与电脑进行数据交换,实施人力资源管理,还能使管理成本下降(无需打纸卡、无需管理人员),3个月就收回投资。……我觉得特别适合像你们这样的大公司使用。如果您不介意,我可以明天上午9点或下午3点去贵公司拜访您,向您或您指定的专人演示它的功能。好吗?……好的,也行,下午2点,谢谢您。

[分析思考]

电话约见应注意哪些问题?

### (四)托约

托约是指推销人员委托他人与顾客约定见面的方法。受托人一般都是与顾客有一定社会关系或社会交往的人,如接待生、秘书、司机、同事、同学、亲友、邻居等。托约有利于推销人员约见到难以约见的顾客,否则无须采用托约的方法。

其优点是:能够克服某些顾客对陌生人的戒备心理,有利于清除推销障碍;获得顾客的真实信息;托约后的推销谈判对推销人员有利,利于促成交易;顾客会直陈异议,有利于推销人员掌握推销进程。其缺点是:推销人员处于被动地位,容易引起误约,贻误时机。

### (五)广约

广约是指推销人员利用各种广告媒体(如广播、电视、报纸、杂志等)与顾客约定见面的方法。在约见对象不明或对象太多的情况下,利用各种大众传播工具进行广告约见,有意购买的顾客在获得信息后一般会主动设法地接近推销人员来购买商品。常常用于紧急约见。

其优点是:覆盖面广,约见效率高,使上门推销变成顾客登门求购,推销人员处于主动有利地位,可以提高推销效率。其缺点是:费用较高,针对性较差,在约见对象较少的情况下,平均约见成本高。

### (六)网约

网约是推销人员利用互联网与顾客约定“见面”的方法。互联网行业的迅速发展,为网上展示、交流、约见、购物都提供了便捷的条件,加快了进行有效推销的进程。

电子商务方式的网上交易其实已经无须买卖双方“见面”，整个交易过程（包括信息流、资金流，不含物流）完全可以在网上完成；买卖双方都可以通过互联网的“搜索引擎”查询到对方，再利用电邮约定双方的见面以及以后的购买行为。

其优点是：范围广、快捷、便利、费用低。其缺点是：推销人员受到对计算机和网络技术的掌握程度的局限，还要注意网络犯罪的防范及法律的空白。

## ◈任务总结

约见是指推销人员事先征得潜在顾客同意见面洽谈的行动过程。

约见既是推销接近准备工作的延续，也是实施推销工作的开始。

约见的内容主要包括访问的对象、访问的缘由、访问的时间和访问的地点。

约见的方式主要有当面约见、信函约见、电话约见、托人约见、广告约见、网络约见。

## ◈拓展案例

### 值得接听的电话

麦克·贝柯具有丰富的产品知识，对客户的需要很了解。在拜访客户以前，麦克总是掌握了客户的一些基本资料。麦克常常以打电话的方式先和客户约定拜访的时间。今天是星期四，下午刚过，麦克精神抖擞地走进办公室。他今年35岁，身高6英尺，深蓝色的服装上看不到一丝的皱褶，浑身上下充满朝气。从上午7点开始，麦克便开始了一天的工作。

麦克除了吃饭的时间，始终没有闲过。麦克5点半有一个约会。为了利用4点至5点半这段时间，麦克便打电话，向客户约定拜访的时间，以便为下星期的推销拜访而做安排。打完电话，麦克拿出数十张卡片，卡片上记载着客户的姓名、职业、地址、电话号码资料以及资料的来源。卡片上的客户都是居住在市内东北方的商业区内。麦克选择客户的标准包括客户的年收入、职业、年龄、生活方式和嗜好。

麦克的客户来源有三种：一是现有的顾客提供的新客户的资料；二是麦克从报纸上的人物报道中收集的资料；三是从职业分类上寻找客户。在拜访客户以前，麦克一定要先弄清楚客户的姓名。例如，想拜访某公司的执行副总裁，但不知道他的姓名，麦克会打电话到该公司，向总机人员或公关人员请教副总裁的姓名。知道了姓名以后，麦克才进行下一步的推销活动。麦克拜访客户是有计划的。他把一天当中所要拜访的客户都选定在某一区域之内，这样可以减少来回奔波的时间。根据麦克的经验，利用45分钟的时间做拜访前的电话联系，即可在某一区域内选定足够的客户供一天拜访之用。麦克下一个要拜访的客户是国家制造公司董事长比尔西佛。麦克正准备打电话给比尔先生，约定拜访的时间。一个人一天的时间就是那么多，谁愈会利用时间，谁的成就就愈大。根据经验显示，能力相同、业务相似的两位推销员，如果其中一位拜访客户的次数是另一位的两倍，那么这位推销员的成绩也一定是另一位的两倍以上。所以，要成为优秀的推销员，一定要学会利用时间。把拜访客户列为第一要务，其次是联系客户约定拜访时间，再次是整理客户的资料。

电话联系总机：“国家制造公司。”

麦克：“请问比尔·西佛董事长在吗？”知道并说出客户的姓名是很重要的，尤其是在初次接触的时候。如果麦克问：“请问董事长在吗？”这种只有头衔没有姓名的话题显得太不恰当了。总机听了麦克的问话以后，毫不犹豫地把麦克的电话转到董事长办公室，由董事长的秘书小姐接听。

秘书："董事长办公室。"

麦克："你好。我是麦克·贝柯。请问比尔·西佛董事长在吗?"

麦克先自我介绍，然后说出西佛董事长的名字。这让人觉得：麦克跟比尔早就认识，他们是朋友。如果秘书真是这么想，那她一定把电话转接给比尔。这样，麦克希望和比尔通话的目的就达到了。不过，秘书没有这么想，她小心翼翼地继续问。

秘书："西佛先生认识你吗?"

麦克："请告诉他，我是温彻斯特公司的麦克·贝柯。请问他在吗?"

麦克并不认识比尔，他不能回答秘书的问题。麦克只好再自我介绍一次，这次他说出了公司的名字。麦克在谈话中，一直不忘记说"请问他在吗?"这是不断地对秘书询问，使秘书不得不对这个询问做适当的答复。麦克也希望秘书小姐不再问问题。

秘书："他在。请问你找他有什么事?"秘书很直爽地回答，但附带了一个问题："请问你找他有什么事?"

麦克："我是温彻斯特公司的麦克·贝柯。请教你的大名。"麦克没有正面回答秘书的问题。麦克只是重复说着自己和公司的名称。他也附带问了一个问题，他想知道秘书小姐的名字，记住待日后再通话时，能拉近彼此的距离。

秘书："我是玛莉·威尔逊。"

麦克："威尔逊小姐，我能和董事长通话吗?"

秘书："贝柯先生，请问你找董事长有什么事?"

麦克："威尔逊小姐，我很了解你做秘书的处境，也知道西佛先生很忙，不能随便接电话，不过，你放心，我绝不占用董事长太多的时间，我相信董事长会觉得这是一次有价值的谈话，绝不浪费时间。请你代转好吗?"

麦克确实遇到了困难。但他不气馁，仍再接再厉，试图突破困境。他坚持一个原则——不向秘书小姐说出自己的真正目的，因为他顾虑到，一旦向秘书小姐说出自己的目的，再经由秘书小姐转达，难免会产生误解。

秘书："请等一下。"

麦克的坚定语气，使秘书小姐不再难为麦克。她把麦克的电话转给董事长。

比尔："喂!"

麦克："比尔，我是温彻斯特公司的麦克·贝柯。温彻斯特公司是专门为企业经理定制西装的公司。请问你知道温彻斯特公司吗?"

麦克以介绍自己和公司作开场白，然后说明公司的业务，简洁扼要。麦克以一句问话结束，这能使对方有接着回答的机会，使彼此的谈话一来一往，增加交谈的气氛。

比尔："不知道。贵公司卖的是什么产品?"

麦克："我们是专门为经理定做西服的公司。有许多企业对我们颇为赞赏。这些企业包括城市国民银行、西方动态公司、国际食品公司、环球实业机器公司等等。我希望下个星期能拜访你，当面向你作详尽的介绍。我想在下星期二上午8点15分或星期三下午2点45分拜访你，你觉得方便吗?"

麦克提到了几家就在附近的大公司，希望借此能引起比尔的兴趣。麦克不问比尔："是否愿意见面?”而问比尔“什么时候见面?”这样会使比尔在无意之中忽略“愿不愿见麦克”的问题。麦克还自己先挑选了两个时间让比尔选择,两个时间都在下星期,这使比尔不会感到窘迫而断然回绝麦克的请求。

比尔:“嗯,让我想……就安排到下星期二上午7点钟好了。”

麦克的电话交谈非常简明扼要。如果对方问问题,麦克总以简洁的话语答复,然后继续向“目标”迈进。“获得对方的邀约”是麦克此时唯一的目标。麦克是一位有专业素养的推销员,他认为在没有获得对方的邀约之前,任何推销的说服行动都是没有必要的。先和对方敲定见面的时间,在见面时展开缜密的说服行动还不迟。电话是成本最低的与顾客联系的工具,所以推销员常常利用电话与客户联系,尤其对于未曾谋面的客户,更要以电话约定拜访的时间。用电话联系顾客必定会遇到的一个困扰:即要经过“守门人”在电话里问长问短,如果被问出什么破绽,必定遭到挂断电话的厄运。对方的职位越高,这种困扰的程度就越大。

[分析思考]

所谓“守门人”指的是电话接线员,秘书或助理。他们会过滤打进来的电话。如何使自己打出的电话被认定为:“值得接听的电话”是一项值得探讨的推销技巧。

## 拓展训练

电话约见顾客模拟练习:

1.将学生分成若干个小组。

2.小组内学生以上文拓展案例为背景,分别扮演打电话的麦克、秘书、比尔,进行模拟表演。

3.不同的角色,每位学生都要扮演一次,旁观者要做出观察后的评判。

# 任务三 接近顾客

## 学习目标

了解接近顾客的步骤,掌握接近顾客的方法。

## 案例导入

李明与南山美连锁超市有限公司的李宏经理通过电话后,确认在星期四下午3点见面。李明非常希望能与南山美连锁超市有限公司合作,将产品推广到南山美连锁超市的各个分店。为了争取这一客户,李明一直在考虑:初次拜访李宏经理,该如何接近他呢?用什么样的方式接近才能打动他?用什么样的方法接近他才能引起他对产品的注意和兴趣?

## 任务分析

本任务要学生了解接近顾客的步骤,并掌握接近顾客的技能,最终掌握接近顾客的方法。

首先通过案例与介绍让学生理解接近顾客时容易出现的问题,然后带着问题帮助学生梳理接近顾客的步骤，接下来是通过训练让学生掌握接近顾客的方法。最后通过扩展训练巩固技能。

## ◉任务实施

接近顾客是指推销员在完成约见顾客以后就推销洽谈的实质性内容开始直接与顾客正式接触的过程。这时的推销员可以按照“约见时间”、在“约见地点”同“约见对象”(顾客)、讨论“约见事由”，在此过程中，推销人员不仅要在地理位置上接近顾客，更要在心理上靠近顾客，与顾客实现真正的沟通。

心理学研究表明：人们在见面的10秒钟后就会对对方做出许多判断。因此，推销人员要在这一刻，充分地运用接近顾客的策略和技巧，给顾客留下美好的第一印象。这样才能营造一个良好的推销气氛，使推销活动得以顺利地进行。

美国华裔寿险推销典范，号称寿险女皇的林国庆在她的名著《平凡中的不平凡》中写道：“一个优秀的销售人员，就像个出色的节目主持人一样，他不仅能引导受访者进入主题，还能营造轻松和谐的气氛，鼓励受访者说话，良性互助才能控制局面，让节目顺利地进行。”

林国庆1974年从台湾到美国求学，获教育硕士。1982年加入美国纽约人寿保险公司，她每天工作16小时，经过不懈的努力拼搏，当年就获得了美国百万圆桌协会(MDRT-Million Dollar Round Table)会员资格，1983年成为纽约人寿首席顾问，连续十多年取得顶尖会员的荣誉，而成为全世界华人中第一位MDRT的终身会员，在她20年的寿险职业生涯中，取得了惊人的成就。她还在美国创办了名人专访的电视节目——林国庆时间，时常采访世界各地名人，她身兼制作人和主持人。1991年，《平凡中的不平凡》发行，使她跻身于《美国名人录》。

在讨论爱德帕模式时，就曾举例：常常会遭遇商场中在服装柜的促销员，在你刚刚留步、眼光停留时，她上来就说：这件衣服卖得蛮好，今天走了几十件。大多顾客一定掉头就走，其一，在还没有了解顾客需求和心理时，不能代替顾客决策；其二，没有说明原因，为什么卖得好；其三，有欺诈顾客之嫌。可见推销用语要规范、推销人员要培训。

再例如：小陈和小李两口子到商场家电柜购洗衣机，同一楼层还卖家庭影院，家庭影院专柜为了兜揽顾客正在播放一部恐怖片，音量调得很大。小两口看中一款某品牌的洗衣机，正在低声商量、对比，以便作决策。这时突然从背后传来一声大叫“欢迎光临!”，把两人吓了一大跳，回头一看原来是一位厂家的促销少爷，小李没有任何心理准备，心脏有心动过速的毛病，被这么一叫，吓得她半天缓不过劲来，任凭促销少爷如何推销(这款洗衣机卖得很好，今天就卖了5台，要吗？给你们开票吧！这种完全封闭式的问题，顾客无法回答，只能说“NO”)，两人再也打不起精神继续去购洗衣机了。

没有经过培训的推销人员常会在开场白时犯一些“没头没脑”的低级错误，为了规避此类事件的发生，推销人员要学习和培训。

[案例]

### 衣服能装俩

在一服装店，一对老年顾客挑选了一件肥大的上衣，售货员见老人挑的这件衣服过于肥大，就说：“这件衣服您不能穿。”老人感到奇怪，就随口问道：“怎么不能穿?”售货员说：“这件衣服能装你们俩。”老人一听就不高兴了，怒气冲冲地质问道：“什么叫装俩？你这是卖衣服，还是卖棺材？”其实，售货员并无恶意，只是由于说话不得体，不仅生意没有做成，反而招致不愉快。

[分析思考]

服装售货员为何没能将衣服销出去？

下面将介绍一些接近顾客的技巧：

## 一、接近顾客的步骤

1. 微笑

微笑代表友善、亲切、礼貌和关怀，是人际关系中最重要的润滑剂，微笑可以在推销过程中产生重要作用，是推销的基本技能之一，推销人员如果能在顾客面前表现出真诚友好的微笑，可以缩短双方的距离，使顾客有一种亲切感，减少顾客抗拒和防范的心理。

例如，沃尔玛的创始人山姆·沃尔顿生前用一句话概括了他成为亿万富翁的秘诀：低买低卖，微笑攻势。日本推销之神原一平也练就一副号称“价值百万美金的笑容”。成功的商家都注重对顾客的友善和微笑。

[案例]

### 游艇的价值

全球汽艇展在底特律举行，展会上从小帆船到豪华巡洋游艇应有尽有。一位中东酋长及石油大亨来到一艘陈列的豪华大型游艇前，向一位推销人员说：“我要买价值 2 000 万元的游艇。”本来这应该是任何推销人员都求之不得的事情，可是，该推销人员心想：我们的游艇价值 300 多万美元，已经很豪华了呀，再说哪有这样买东西的人，看来他的脑子是有点问题，不能把宝贵时间让这个疯子给耽搁了。于是草草地将这位穿“睡袍”的人打发了，自然这位推销人员脸上唯一缺少的东西就是微笑。这位中东石油大亨看着这张苦瓜脸，无奈地走开了，接下来来到另一个展位陈列的游艇前，当他再一次同样向推销人员说出：“我要买价值 2 000 万元的游艇。”时，却受到了完全不同的热情接待，推销人员脸上挂满了欢迎的微笑，犹如阿拉伯神话故事中的太阳一样灿烂，这微笑使酋长有宾至如归的感觉和享受。这位酋长当场就签了合约，第二天还专程来到展会送来一张 400 万美元的支票，支付了 20%的定金。

[分析思考]

微笑有价值，能带来价值的回报。

2. 注视

推销人员要正视顾客（的眼睛），用眼神传递正直、诚恳、自信、热情等情感。绝不能上下打量、左顾右盼、凝视不放（如头发、手腕、脖子、胸部、肩膀、大腿、鞋子），这会使顾客感到推销人员心不在焉、不诚实、不热情，甚至不怀好意、精神不正常。一般先看对方眼睛三秒钟，再将目光移到两眉目的中心点，在此中心点和鼻尖间看着对方，面带微笑。

3. 问候

见面时一句简单的问候语是打开话语的最好题材，推销人员应该根据不同的人、不同的时间、不同的环境来选择问候的方式。如“你好！……”是一般的问候语言。

4. 握手

握手是常见的礼仪之一，正确的握手姿势、握力、摆幅（只能上下、不能左右）能表达个人的自信和对顾客的敬意。如果顾客愿意（特别是对女性），推销人员应热情地与之相握。握手时要握住对方的整个手掌（女性除外），短暂（2～5 秒）而有力（不能太紧）。

5. 自我介绍

在握手的同时可以互道姓名、自我介绍（短、少）、互相介绍（次序是：先主后次、先高后低、先长后幼、先女后男、先生后熟）、说明来意。

自我介绍的第一句话一定不能太长，可能还有第三者或更多宾客，时间还要分配给他人；否则会有喧宾夺主的嫌疑；初次会面说多了顾客也未必能够全部记住。

如：您好！我是××公司××分公司的推销人员×××。这句话就太长，不如分开："您好！幸会，我是××公司的。"在引起顾客注意后，再接下来说："我叫×××，××分公司的推销员。"如果必要适时地递上自己的名片，以便对方记住自己的企业、产品、姓名。

6. 赞美

俗话说："良言一句三冬暖，恶语伤人六月寒。"最好在自我介绍和说明来意后，在适当的机会，加一句恰当的赞美往往可以很快地拉近双方间的距离。但是要注意不能假、不能过、不能用词不当。赞美的内容可以是对方的服饰、化妆、香水、皮包、办公环境、工作效率等。

如：对一位女士说："您今天穿的服装显得非常高雅漂亮，非常适合您这样的高雅女性。"这后半句就显得有些过。对一位中年人说："您工作如此忙碌，真是年轻有为（老当益壮）。"对一位企业主说："久闻您的大名，社会上人人称赞您是奉献公益、服务大众的企业家，令人敬佩，定当刮目相看。"

如："经过××介绍，今天专程前来拜访您。"或者"××厂的推销员说您生意做得好、做得大，今天专程拜访您，果然百闻不如一见，有机会还望您传授一些生意经！"这样的赞美就比较恰当，不会给人假和过的感觉。

7. 话题

适当的话题能够营造轻松友好的推销气氛，促使顾客认同推销人员。话题的内容可以是：对方的孩子、籍贯、母校、学历、爱好、健康、工作、服饰、美容、健身，时事新闻、影视节目、体育比赛、气候、理财（股票、基金、期货、彩票、麻将）、趣闻（不能低俗）等。

**[案例]**

### 断线

林经理常碰到业务新手满面春风地跑回来对他说："经理，我掌握到一个好顾客，这顾客对我介绍的保险相当满意，既没有反对问题，也不挑剔我是个新人，我只花了 20 分钟。"

"恭喜啊！"林经理笑着对新业务员说，并问道："那你什么时候去收保费？"

业务员说："客户说他会再联络，重要的是客户直说保险不错，八九不离十，这一定是个准客户。"

事实上，顾客是在敷衍他。"再联络"就是"再研究"，"不错"并不代表"可以"。果真，往后的发展这位顾客就像断了线的风筝，无影无踪。

［分析思考］

这个案例的启示和经验教训就是那位保险推销员自始至终都是一个人在唱独角戏，根本没有给顾客说话的机会。害怕万一顾客发问，不知道如何回答。甚至不知道顾客最后的答案是“YES”或“NO”。在以后的推销中，推销员介绍完推销品后，要接着问为什么，找出聊天的话题，这样就可以进一步去了解顾客的真实需求，也才有机会对症下药。

## 二、接近顾客的方法

接近顾客的方法较多，不必刻板、一成不变，完全可以灵活选用、组合运用。

### （一）介绍接近法

介绍接近法是指推销人员通过自我介绍或他人推荐介绍，从而接近顾客并转入推销洽谈的一种方法。通常有两种形式。

(1)自我介绍是指推销人员通过自我口头表述，并用书面形式(名片、身份证、营业执照副本的复印件(注明推销人员专业并加公章)、单位介绍信、工作证、授权书、委托书)来辅佐说明和证实自己的身份，以便达到进一步向顾客推销商品的目的。自我口头表述和书面形式要注意互补和相辅相成。

(2)他人介绍是指推销员通过与顾客熟悉的第三者的介绍来接近顾客的一种方法。他人介绍与托约一样，可以缩短双方的心理距离，容易引起顾客的注意和信任，利于促成交易。他人介绍可以通过：介绍人电话、介绍人便条、介绍人名片、介绍人当面举荐等方式，便可轻而易举地接近顾客。一般地，介绍人与顾客之间的关系越密切，所起到的作用也就越大，也就越容易接近顾客，也就越容易促成交易。

使用名片是推销人员常用的方式，上面有公司名称、地址、电话、传真、电邮、网址、姓名、部门、职务、职称、社会头衔等内容，可以弥补口头介绍的不足，也便于对方进一步了解和长期保存。建议职务高的人员在名片上将自己的职务降半级，以便与对手周旋，因为职务越高谈判越被动。名片交换时，应当双手呈上，方向以对方阅读方向为准。在拿到对方回赠的名片时，特别是对方人员较多时，要仔细地阅读，加以分辨，并加以语言辅助，如：哦，张经理。

### （二）产品接近法

产品接近法是指推销人员利用所推销的产品引起顾客注意和兴趣，从而接近顾客并转入推销洽谈的一种方法。

该方法主要通过产品所具有的功能、特征、包装、色彩、外观、价格、知识产权保护等来刺激顾客的感官(如视觉、听觉、嗅觉、触觉等)，吸引顾客的注意和兴趣，为顺利地转入推销洽谈作好铺垫。该方法的运用存在一定的局限性，如无形商品(服务)、不便携带的有形商品(易损、体积重量大、冷藏品)、同质化商品、差异化小的商品等就不适用。如 fresh dough 就要使用保温箱。

### （三）利益接近法

利益接近法是指推销人员利用顾客对于利益需求的满足，从而接近顾客并转入推销洽谈的一种方法。

顾客之所以购买商品，是因为它能满足自己的利益需求，如增加收入、降低成本、提高效率、解决温饱、方便生活、精神享受、延年益寿等。推销品的利益一般都具有可比性，推销人员就是要证实推销品能够帮助顾客实现这些利益需求，而且的确比市场上同类产品具有明显的优势，给自己带来更多、更好、更实际的利益，这样就能引起顾客的注意和兴趣，达到接近顾客的目的，并增强顾客的购买欲望，完成推销任务，实现成交的愿望。

在运用该方法时，推销人员要实事求是地陈述推销品的利益，不可夸大编造、无中生有，否则会失去顾客的信任，带来不良的后果。

例如，fresh dough 产品。特点是一开即发，安全方便卫生营养，品种多达几十种，对于不同的顾客宣传：

(1)不必家庭主妇揉面、发面，打开包装就可直接进行加工，无论蒸炸煎烤，前后不到 10 分钟。

(2)有了它，一个月的早餐也可以不重样。

(3)小孩子在家吃早餐，免去家长的担心。

(4)三口之家的早餐主食才花费不足 4 元，即便天天早餐食用一个月还不到 120 元。

(5)对于经销商，一般食品经销商的利润率在 3%～5%，而 fresh dough 产品是新产品，有专利保护，有定价的话语权，可以保障食品经销商的利润率高达 20%。

### (四)问题接近法

问题接近法是指推销员通过向顾客提出问题而引起顾客的注意和兴趣，从而接近顾客并转入推销洽谈的一种方法。一般都是推销人员自问自答，而且要通过问题的问答把顾客需求与所推销的产品联系起来。

例如：一位保险推销员向顾客推销一种少儿险时问道："您知道目前一个小孩从出生到上大学要花费多少钱吗？"一下子引起了顾客的注意。

例如：一位食品加工设备的推销员问我："您知道使用全自动生产线的设备后给您的公司带来的直接好处和间接好处吗？"

运用该方法要注意的是：切忌对顾客产生故弄玄虚、为难对方的感觉；提问应该是顾客最关心、最感兴趣的问题；提问要简单明确，切忌提一些漫无边际、容易引起分歧、封闭式的问题。否则，顾客只能不置可否、无以对答。

### (五)好奇接近法

好奇接近法是指推销员通过激发顾客的好奇心，从而接近顾客并转入推销洽谈的一种方法。人们普遍都具有好奇心理，只是好奇的强弱不同、好奇的方面不同而已。许多顾客的购买决策有时仅仅来自于对产品的好奇心，只要对顾客的好奇心善加运用和诱导，就可能创造出良好的推销效果。

例如："您知道××公司(顾客的竞争对手)上一季度的销售业绩为什么会增加吗？"

在首次推销时往往容易遭到顾客的拒绝，即便是这样推销员也不必灰心，销售人员往往可以利用语言、动作或其他方式激发顾客的好奇心，往往能够产生戏剧性的变化，重新唤起顾客的注意和兴趣，促使顾客再次考虑对产品的需求，继而接近顾客。

运用好奇接近法时，推销人员不能故弄玄虚，避免引起顾客的反感。

### (六)表演接近法

表演接近法是指推销员利用各种表演活动引起顾客的注意和兴趣，从而接近顾客并转入推销洽谈的一种方法。

使用该方法应该选择有利时机、表演自然、操作小心、不出现失误，尤其不能是产品质量的差错和失误，如果难以避免，就应该事先准备好应急措施，否则，表演的效果适得其反。如果能让顾客直接参与表演则效果会更为显著。

例如：在 AIDA 模式中介绍诱导顾客兴趣时，香港首富李嘉诚年轻时曾做过塑胶花、塑胶洒水器的推销人员。一天，他走访了几家客户都没有兴趣，后来他借故对一位采购经理说洒水器可能出了点问题，想借露台的水管试一下，在征得对方同意后，他便接好洒水器，当着客户的面演示起了洒水的效果，结果吸引了该公司的好多人围观。李嘉诚通过这次演示取得了意外的效果，拿到了客户的长期订单。

如一位消防用品推销员与顾客见面时并不急于推销商品，只是从提包里拿出一套防火服，浇上一些汽油然后用火点燃，待汽油燃尽后防火服仍然完好如初。这一夸张的演示，使顾客产生了极大的兴趣，没费多少口舌，这位推销人员便拿到了订单。

例如 fresh dough 产品，可以演示开启、加工、让顾客品尝食品。

### (七)求教接近法

请教接近法是指推销员利用慕名拜访顾客或向顾客请教问题的机会，从而接近顾客并转入推销洽谈的一种方法。请教可以是经营方面的问题，也可以是人品修养、个人情趣等方面的问题，但无论如何推销员都应本着谦虚诚恳、多听少说、赞美在前请教在后、请教在前推销在后的宗旨。

该方法极大地体现了敬重顾客、满足顾客自尊心和虚荣心的要求，尤其是对那些个性强、有学识、有身份、有地位的顾客，这种方法尤为奏效。

### (八)赞美接近法

赞美接近法是指推销员通过赞美顾客以获得其好感，从而接近顾客并转入推销洽谈的一种方法。

卡耐基曾说过："人性的弱点之一，就是喜欢被别人赞美。"

戴尔·卡耐基是美国著名的企业家、教育家、演讲口才艺术家，被誉为 20 世纪最伟大的成功学大师、成人教育之父。他运用心理学和社会学知识，对人类共同的心理特点，进行了探索和分析，开创并发展出一套独特的集演讲、推销、为人处世、智能开发于一体的成人教育方式，数千万人从卡耐基教育中获益匪浅，爱迪生、爱因斯坦、甘地、迪士尼、希尔顿、王永庆、克洛克、洛克菲勒等都深受卡耐基思想和观点的影响，接受卡耐基教育的不乏明星巨商、各界领袖、军政要员、内阁成员，甚至还有几位美国总统，今天卡耐基教育机构遍及世界各地。

喜欢被人接纳、承认、赞美是人的天性，在他人的称赞中可以建立起自尊和自信，并获得一定的满足感。在现实生活中的每一个人都有值得他人羡慕和称赞的地方，推销人员应善于发现顾客的"闪光点"，若能适时、巧妙地利用赞扬、恭维的话真诚地赞美顾客，就可以使对方打开心扉，达到缩短双方心理距离、调动顾客的积极心态、融洽面谈气氛、成功地接近顾客的目的。

推销人员对顾客的赞美可以是顾客周围的环境，如工作状况、办公环境、居住环境等，也可以是顾客的外表、知识、修养、品质、健康、外貌、事业、孩子等。但不论赞美顾客的哪一个方面，都应本着尊重顾客的原则，讲究赞美的方式和方法，真心实意、态度诚恳地对顾客值得赞美的方面加以赞美，使顾客在一种自然亲切的气氛中接受赞美，切勿将赞美歪曲为巴结、卖弄、溜须拍马，否则会起到相反的作用。

赞美时需要注意的是：赞美内在胜于外表、赞美行为胜于言辞、寻找被他人忽略的赞美点、寻找对方引以为自豪的赞美点。

如遇到顾客穿了一套新西服，懂赞美技巧的推销人员会夸对方穿这身衣服很有气质，不懂赞美技巧的推销人员则会夸对方这套新衣买得好。虽然顾客对后者不会反感，但是谁都喜欢听前者的赞美。

### （九）馈赠接近法

馈赠接近法是指推销人员通过赠送礼品来引起顾客的注意，从而接近顾客并转入推销洽谈的一种方法。

在推销人员和顾客之间，礼品往往可以作为传递感情、沟通思想的媒介，对于拉近彼此的距离，形成融洽的商谈气氛具有重要的作用。赠送礼品一定与要生意分开，推销人员向顾客赠送适当的礼品，是为了表示祝贺、慰问、感激之情，既不是为了满足对方的欲望，也不是为了显示自己的富有。在选择礼品时，应挑选一些纪念意义强，具有一定特色又经久耐用的礼品，不能长久保存的一次性使用的物品不适合作为礼品，最好能投其所好，并尽量与推销的产品有关。切记注意：送礼要正当合法不能变相贿赂、不能送伪劣商品。

如江苏宝胜电缆集团委托五粮液酒厂加工宝胜缘白酒，其推销人员在外推销产品时专送这种酒，可以保证绝无假酒。这一举措既是联络感情、增进友谊，又是在做广告。

### （十）震惊接近法

震惊接近法是指推销员设计一个令人吃惊或震撼人心的事物来引起顾客的兴趣，进而转入正式洽谈的接近方法。在现代推销中，推销人员的一句话，一个动作，都可能令人震惊，引起顾客的注意和兴趣。

利用震惊接近法的关键在于推销员要收集大量的事实资料，并且对材料进行分析，提炼出一些具有危害性、严重性的问题，并且刚好自身产品可以采取防范措施或者杜绝或减小上述危害问题的发生。

例如：一个家庭防盗报警系统，推销员这样开始他们的推销接近："您知道家庭被盗问题吗？根据公安机关的公布数据，今年家庭被盗比率比去年上升了了 15 个百分点。"

再如：一位年轻的总经理一直不买个人保险，一天，推销员突然闯进他的办公室，把一张相片放在他面前，对他说："您不应该为这位老人做点什么吗？"他一看，原来是一位耄耋老人的照片。再仔细一看，原来那位老人就是他自己。推销员告诉他："您 70 岁的时候就是这样（有些夸大）！"于是他购买了大额人寿保险，因为那个相片使他震惊了。

推销员使用的方法别出心裁，既起到了震撼的效果，又不令人反感。

推销员在使用这种方法时，应该特别注意以下几个问题：

（1）推销员利用有关客观事实、统计分析资料或其他手段来震撼顾客，应该与该项推销活动有关。

（2）推销员无论利用何种手段震惊顾客，必须先使自己震惊，确保奏效，以取得一鸣惊人的效果。

（3）推销员震惊顾客，应该适可而止，令人震惊而不引起恐惧。

（4）必须讲究科学，尊重客观事实。切不可为震惊顾客而过分夸大事实真相，更不应信口开河。

除了以上几种常见的接近顾客的方法以外，还有多种方法，如调查接近法、多次接近法、多项询问接近法、讨论接近法、搭讪聊天接近法等(大同小异)，甚至可以采用自创的方法接近顾客。

在各种接近顾客的方法中，既没有严格的区分，也没有固定的模式，推销人员可以通过推销实践，不断地积累和创新，并加以灵活地运用(根据实际情况或单独使用或组合使用)。

## ◉任务总结

接近顾客的目的主要有验证事先所获取的信息，补充新信息；引起顾客的注意，激发顾客的兴趣；赢得顾客的认同与参与，顺利地转入实质性洽谈。

接近顾客的沟通原则主要有关爱顾客原则 、因人而异原则、承受拒绝原则、把握时机原则。

接近顾客的技巧、方法主要有介绍接近法、推销品接近法、利益接近法、赞美接近法、问题接近法、馈赠接近法、求教接近法、搭讪与聊天接近法、好奇接近法、表演接近法、震惊接近法等。在各种接近顾客的方法中，既没有严格的区分，也没有固定的模式，推销人员可以通过推销实践，不断地积累和创新，并加以灵活地运用。

## ◉拓展案例

### 请教

亚伯特·安塞尔是铅管和暖气材料的推销商，多年以来一直想跟布洛克林的某一位铅管包商做生意。那位铅管包商业务量极大，信誉也出奇的好。但是安塞尔一开始就吃足了苦头。那位铅管包商是一位喜欢使人窘迫的人，以粗线条、无情、刻薄而感到骄傲。他坐在办公桌的后面，嘴里衔着雪茄，每次安塞尔打开他办公室的门时，他就咆哮着说："今天什么也不要！不要浪费你我的时间！走开吧！"

亚伯特·安塞尔再次拜访铅管包商时就说："先生，我今天不是来推销什么东西的。我是来请你帮忙的。不知道你能不能拨出一点时间和我谈一谈？""嗯……好吧，"那位铅管包商说，嘴巴把雪茄转了一个方向。"什么事？快点说。"安塞尔先生说："我们的公司想在皇后新社区开一家公司，""你对那个地方了解的程度和住在那里的人一样，因此我来请教你对这里的看法。这是好呢还是不好呢？"

闻听此言，那位铅管包商是如何反应呢？一家大公司的推销员居然跑来请教他，使他觉得自己很重要。他用一个多小时，详细地解说了皇后新社区铅管市场的特性和优点并提出了良好的建议。从此建立了生意上的关系，交上了一个朋友，并得到可观的订单。

**[分析思考]**

该案例中亚伯特·安塞尔使用了虚心向顾客请教的方法，巧妙地接近了目标顾客，并最终取得了成功。

### 价格的对话

一位顾客看中了一辆新的Ford汽车，在最后是否决策购买时，顾客想再压低价格，他对推销员说："昨天有家车行愿意出价17 200美元，我都没有决定是否购买。"这位精明的推销人员马上回答说："这台车的全市统一价是17 600美元！那家车行我不想知道是谁，既然他给你少报了400美元，你真的应该抢在他们发现自己弄错了价格，换标签之前赶紧把那辆车买下来。我倒愿意替你仔仔细细地检查一下那辆车，看看是否缺什么标准配置。上帝才知道它要的什么鬼花招？据我所知，这是全市唯一一台宝蓝色的Ford汽车。如果您实在喜欢这台车，我只好成全你，我把自己的销售提成让给你好了，就当今天我休假了。那就17 500美元吧，如何？你如果还犹豫，可以去昨天那家车行看看，不过我可不敢保证下午你来时，这台车还会在这里。"最后，顾客被销售人员打动了。

[分析思考]

汽车推销员是如何说服顾客的？

## ◈拓展训练

假如你是某锅具公司推销员，推销高科技聚能环型的、新型不锈钢不粘锅套锅大小两个。该锅可搭配组合使用：满足煎、煮、炒、炸、蒸、焖、炖、烤等各种烹饪需求；特有的低温免水煮食(用极少的水和油，就能烹煮出美味的菜肴)，具有高效更节能，更营养、更健康，坚固耐用、容易清洗及保养等特点。

1. 请你设计10句接近顾客的见面语句。要求：语言精练，吸引顾客，重点突出。
2. 请若干学生展示自己设计的接近顾客语句，同学们互相评议。
3. 教师点评。

## ◈思考与练习

1. 什么是接近准备？进行接近准备工作有什么重要的意义？
2. 接近准备工作主要的工作内容有哪些？
3. 推销员获取接近准备相关信息的途径有哪些？用哪些方法来完成接近准备工作？
4. 约见顾客有哪些方式，各种方式有何特点？
5. 接近顾客有哪些方法？

# 项目四　推销洽谈

## 任务一　明确推销洽谈的目标、原则及内容

### ◈学习目标

要求学生能够理解和掌握推销洽谈的目标、原则及内容。

### ◈案例导入

南山利民科技有限公司的推销员李明与南山美连锁超市有限公司采购部李宏经理的见面十分顺利，由于他仪表整洁得体、言谈举止有礼，对王经理个人和公司的情况事先都有一定的了解，加上他使用了适当的接近方法，所以，李明在短短的时间里给王经理留下了不错的印象。李明走的时候留下了产品样品，王经理说等他们研究之后再答复他是否经销他们的产品。几天之后，王经理那里一直没有消息，李明决定再次去拜访。第二次拜访之前，李明一直在考虑：我此次拜访王经理，洽谈的原则是什么？应该达到怎样的目标呢？

### ◈任务分析

通过本任务的学习，掌握推销洽谈的鼓动性、参与性、针对性、诚实性和倾听性5个主要原则。明确推销洽谈的目标包括了寻找顾客的需要、介绍产品信息、处理顾客异议、促使顾客采取购买行为这四个步骤。了解推销洽谈的内容涉及商品、价格、服务、结算条件、保证条款5个部分。

### ◈任务实施

所谓推销洽谈，也称推销面谈。它是指推销人员运用各种方式、方法和手段，向顾客传递推销信息，协调双方的利益，说服顾客购买推销品的过程。

### 一、推销洽谈的原则

推销洽谈的原则是指推销员具体从事推销洽谈的准则。为了达到推销目的，实现洽谈的目标，推销员可采用灵活多样的方法和技巧说服顾客。但无论推销员采取何种方法，在推销洽谈中都必须遵循以下原则。

#### (一)鼓动性原则

所谓鼓动性原则，是指推销人员在推销洽谈中用自己的信心、热心和诚心，以自己的丰富知识有效地感染顾客，说服和鼓动顾客采取的购买行动。坚持鼓动性原则，要求推销人员必须以自己的信心鼓励顾客，以自己的推销热情感染顾客，以自己丰富的知识说服顾客。为此，推

销员应以自己对本职工作、对顾客、对推销品的信心和热爱，以自己丰富的知识，使顾客确认自己的需求，相信推销品及推销员，相信购买推销品会获得满意，最终实施购买行为。

### （二）参与性原则

参与性原则，是指推销人员在推销洽谈过程中，积极地设法引导顾客参与推销洽谈，促进信息的双向沟通。坚持参与性原则，有助于顾客进一步了解推销品的功能、特点，熟悉推销品的使用方法，有利于顾客加深对推销品的印象，诱发顾客的购买动机。因此，它要求推销员必须掌握推销洽谈的主动权，在控制推销洽谈的局势和发展进程的前提下，充分地调动顾客的积极性和主动性。引导顾客发表意见，请顾客回答问题或试用推销品等方式，都可以使顾客参与到洽谈中来。这些活动会使顾客产生认同感、归属感和满意感，创造有利的洽谈气氛，促使顾客做出购买决策，以提高推销洽谈的成功率。

### （三）针对性原则

所谓针对性原则是指推销洽谈应该服从推销目的，具有针对性。一般包括以下几个方面：

（1）针对顾客的动机特点开展洽谈。推销洽谈应该从顾客的动机出发，加以引导。顾客需要什么，推销员就推销什么。按照顾客的渠道分类：有些是中间商顾客，他们购买的动机是寻找市场上畅销对路、价廉物美的东西；而有些是最终消费者，他们的动机是多种多样的，如有求实、求廉、求新、求美、求异、满足其嗜好等等，因此，推销人员应该以此为基础，组织好洽谈的内容。

（2）针对顾客的心理特征开展洽谈。不同的顾客具有不同的个性心理特征。例如有的内向，有的外向；有的随和，有的顽固；有的自卑，有的自傲；有的慎重，有的草率；有的冷淡，有的热情。推销人员只有针对不同个性心理的顾客，采取不同的洽谈策略才能取得实效。

（3）针对顾客的敏感程度开展洽谈。不同的顾客对产品的敏感程度不一样，比如，有的顾客对价格特别敏感，尤其是一些中间商；有的顾客对产品的质量非常敏感。推销人员在组织洽谈的过程中，就必须根据顾客的特点，设计合理的洽谈方案，增强产品的竞争能力，从而取得成功。

### （四）诚实性原则

诚实性原则，是指推销员在推销洽谈过程中切实地对顾客负责，真心诚意地与顾客进行推销洽谈，这是推销员最基本的行为准则。推销员在推销中失去诚实，就意味着失去顾客，甚至会永远地失去顾客。诚实性原则包括以下三方面内容：

（1）讲真话，实事求是地向顾客传递推销品的信息，努力争取到顾客的信任。推销员推销的推销品必须是与企业的产品完全一致，有时为了达到推销的目的，有的推销人员故意将质量不同于原产品的样品带去跟顾客洽谈，这种做法完全是一种欺骗行为。

（2）出示真实可靠的身份证明和推销品证明，打消顾客的疑虑，坚定顾客的购买决心。推销员在出示有关证明文件时，不能伪造证明，欺骗顾客。特别是推销员的身份证明和推销品的有关证明。目前，少数企业为了扩大产品的影响力，经常号称自己公司产品是经过××级别认证，销量排行第×位，国家××部门认定的合格产品等，但有少数企业这样的光辉头衔缺乏真实性，是一种误导顾客的行为。

（3）货真价实，树立良好的推销信誉。推销人员在介绍产品时，要诚实守信，不能用假话欺骗顾客。

### (五)倾听性原则

倾听性原则是指推销员在推销洽谈过程中,不要只向顾客传递推销品信息,而是要注意倾听顾客的意见与要求。

为了达到推销的目标,推销员切忌滔滔不绝从企业自身的角度去介绍产品,有时推销员说得越多反而越会使顾客产生反感情绪。许多成功的推销经验告诉我们,要善于倾听,善于观察顾客的需求,尽量让顾客去表达自己的意愿。倾听,会使顾客感到推销人员对自己的尊重,没有给他施加压力;倾听,会使顾客感到推销人员在尽心地了解自己目前要解决的问题,以便为自己提供真正有效的服务。这些都会增强顾客对推销员的信任,有助于有针对性地进行推销洽谈,少说多听有时会取得意想不到的效果。

## 二、推销洽谈的目标

推销洽谈是接近顾客的后续阶段,从现代推销学理论上讲,洽谈的目标既取决于顾客购买活动的一般心理过程,又取决于推销活动的发展过程。它是一项较为复杂的推销业务工作,它受多种因素的影响,局面更加错综复杂。因此,推销洽谈各方要有效地去应对这种局面,必须进行充分的准备,才有可能实现推销洽谈的预期目的。推销洽谈前必须首先制定一个可行的目标。洽谈者只有明确了洽谈目标以后,才能弄清自己努力的方向,才能在洽谈中把握分寸,保证洽谈的顺利完成。具体来说,洽谈的目标包括:

### (一)寻找顾客的需要

从市场营销的角度去考虑,企业的根本目的是实现最大的利润,而实现利润的途径是满足消费者物质和精神上的需求。从营销学的角度讲,只要能够发现人们的购买需求和动机,就可以预测和引导人们的购买行为。购买行为是受购买动机支配的,而动机又源于人的基本需要。

推销是市场营销中促销的一种手段,推销员在洽谈之初就必须找到此时此刻顾客的心理需要,并投其所好地开展推销洽谈的工作。有的推销员赢得了洽谈的机会后,只是从自身企业的角度去介绍自己产品的特点、自己的价格政策或对顾客的优惠措施,唯独不去思考、判断此刻顾客在考虑什么,顾客最关心的是什么。往往说了半天后,顾客会不耐烦地说:“如果我需要你的产品,我会跟你联系的,再见。”推销员要善于让顾客发表见解,从他们的话语中了解他们真正的需要,这样才能增加成功的机会。

同时,在推销洽谈中针对顾客的需求展示推销品的功能,满足顾客的需求,只有当顾客真正地认识到推销品的功能和利益,感受其所带来的满足感,才能产生购买动机。一种推销品往往有多种功能和利益,但不同的顾客对该产品有不同的需求。例如,手机是一种通信工具,但不同的顾客,由于性格、职业、经济情况、年龄、性别等方面的不同,决定了顾客对手机的需求是不同的。推销员要善于发现顾客的需求,并紧紧地围绕着这个需求来展示推销品的功能和利益。否则,即使推销员向顾客传递的信息面面俱到,而顾客想要了解的功能却一带而过,就不能起到诱发顾客的购买动机,刺激顾客的购买需求的作用。因此,只有针对顾客的需求传递推销品的信息,展示推销品为顾客带来的利益,才能真正地激发顾客的购买欲望,最终达成交易。

### (二)介绍产品信息

推销的一个重要目的之一是让顾客了解自己的产品,最终实现购买行为。这时,推销员就要根据不同顾客的需求,适宜地将产品的信息传递给对方,比方说企业规模、现代化生产水平的情况、产品功能、商标、质量、价格、服务、销售量等等，只有在顾客对相关各信息了解的情况下，才能做出购买决策。在洽谈之初，推销员要将自己所掌握的有关信息迅速地传递给顾客，以帮助客户尽快地认识和了解推销品的特性及其所能带来的利益，增强顾客对推销品以及生产企业的好感，诱发顾客的购买兴趣，为顾客进行购买决策提供信息依据。一般来讲，顾客所面对的推销员不止一个，市场上肯定存在竞争关系，传递那些最能满足顾客需求的信息，或者是企业产品优于其他同类产品的信息才能有机会成功。同时，推销员在向顾客传递信息时必须客观、恰当、实事求是，才能赢得顾客的充分信任。

### （三）处理顾客异议

在推销洽谈中，顾客接收到推销人员传递的有关推销品的信息后，经过分析会提出一系列的看法和意见，这就是我们常说的顾客异议。产生顾客异议的根源有两个方面：一是推销员所发出的信息本身不全面，顾客因信息不全面而提出异议；二是顾客对推销品知识的不了解或欠缺。顾客异议处理不好或不排除，就很难说服顾客达成交易。所以，处理顾客异议是推销洽谈的关键任务。

要恰当地处理顾客的异议，首先要求推销员必须掌握尽可能多的与推销品相关的知识。例如，电脑推销员必须是一位熟悉基本的电脑制造技术和使用技术的技术人员，化妆品推销员最好是一位业余化妆师。只有这样，才能圆满地解答顾客提出的各种问题，妥善地处理顾客异议，并帮助顾客加深对推销品的认识，取得顾客的信任，顺利地达成交易。

另外，在推销过程中，切忌为了推销心切掩盖产品不好的信息而欺骗顾客。只有客观真实的解释说明，巧妙地把产品的优点突出出来，才能解决顾客的诸多疑虑，比方说顾客认为产品的样式不好，此时推销员如果明知道这确实是问题而却说："不会啊，我觉得我们公司的产品样式是最齐全，最完美的了"。这样一来，只能增加顾客对推销员的反感，甚至对这家公司的不信任。相反，如果推销员此时换一个角度去回答可能效果会不同。比如，他可以这样回答："哦，的确我们公司产品样式单一，我也发现了这个问题，但由于这种产品的核心技术跟其他同类公司不一样，所用的材料不同，这样做的优点在于……因此样式只能是这样了"。这样的回答才能消除顾客心中的疑虑。因此，推销员在诚实守信的基础上掌握适当的语言技巧，才能消除顾客的异议。

### （四）促使顾客采取购买行为

推销活动的最终目的是要说服顾客采取购买行为。顾客购买活动的心理过程，历经认识阶段之后，还要经过情绪变化和意志决定这两个发展阶段。在认识明确，动机诱发之后，有时由于顾客选择的机会很多，难免会犹豫不决，顾客会产生相应的情绪反应和意志行为，甚至会产生错综复杂的心理冲突。经过一番激烈的冲动之后，顾客就会做出购买或不购买的决策。在洽谈过程中，推销员必须准确地把握顾客购买决策的心理冲突，利用各种理智的和情感的手段去刺激顾客的购买欲望，引导顾客做出购买决定，促成交易。所以，推销员可以采用各种方式说服顾客，强调顾客购买推销品所能得到的利益，满足顾客的特殊要求，给予顾客一些优惠，提供优质的服务，强化顾客的购买欲望，为顾客最终做出购买决定而努力。

总之，推销洽谈的目标在于沟通推销信息，诱发顾客的购买动机，刺激顾客的购买欲望，催促顾客采取购买行为，最终目的还在于达成交易、推销产品。

## 三、推销洽谈的内容

在洽谈方案中，必须事先确定洽谈可能涉及的内容。洽谈的内容也应围绕顾客所关心的问题来确定。一般包括以下几个方面：

### （一）商品

包括商品本身及其规格、性能、款式、质量等，这是顾客最关心的内容。对于个体顾客和生产者顾客来说，购买商品的目的就是要得到一定的使用价值，满足其生活消费和生产消费的需要。对于中间商来说，购买商品的目的是为了转卖，满足其实现盈利的需要。不管是中间商还是终端的顾客，他们每个人所关心的产品的侧重点和要求各有不同。就拿产品的质量来说，商品是否符合同类商品的质量标准，如国家标准、行业标准、地方标准。不同顾客对质量的要求也是不同的，质量高的商品能引起顾客的购买欲望，有时候质量低的商品也会引起一部分顾客购买。因为顾客的收入不同，购买力就不同了。对于个体顾客和生产者顾客而言，推销员介绍和洽谈应以商品的适用性为重点；对中间商来说，推销员应着重介绍商品的市场前景和未来的利益。

### （二）价格

价格是推销洽谈中最敏感的问题，因为它涉及买卖双方的利益。成交价格的高低，直接影响到交易双方的经济利益，所以价格是推销洽谈中最重要的内容。买卖双方能否成交，关键在于价格是否适宜。在洽谈中，买卖双方要考虑与价格相关的成本、付款条件、通货膨胀状况、彼此信任与合作程度等有关因素，商定一个双方都满意的价格。

但是，推销员应该认识到，价格并非越低越好，价格低的商品不一定畅销，价格高的商品也不一定没有销路。因为任何顾客对商品价格都有自己的理解，顾客对价格有时斤斤计较，有时又不十分敏感，主要取决于顾客需求的迫切程度、需求层次、支付能力和消费心理等。在价格洽谈中，推销员要在不违反公司制定政策的基础上，灵活地运用价格这一敏感的洽谈焦点，针对顾客的不同要求，巧妙地定价。比如，对价格比较敏感的顾客，推销员可以根据情况适当地降价，或者提供性能、款式、价格略低于洽谈商品的策略供顾客选择；而对于价格不是很敏感的顾客，推销员可以适当地提高价格，同时完善产品相关的维修保养、售后服务等，让顾客有超值的感觉。

在商品交易中，货款的支付也是一个关系到双方利益的重要内容。在洽谈中，双方应确定货款结算方式及结算使用的货币、结算的时间等具体事项。

### （三）服务

销售服务是营销中不可或缺的一个环节，也是顾客极为关心的内容之一。推销人员要将自己公司所承诺的服务范围准确、真实地传递给顾客。告知消费者彼此之间的权责范围，以免发生不必要的麻烦。

销售服务所涉及的服务项目一般包括以下几点：

（1）按时交货是顾客的基本要求。推销员能否按时交货，则受生产和经营能力、运输能力、供应能力等因素的制约，顾客提出了特定的交货时间后，推销员要汇集各种综合因素，加以考虑并且办到。如顾客要在婚礼上放飞蝴蝶，你没有及时地送到，对顾客来说是丢面子的大事，因为婚礼程序上有，实际上没有放。

(2)送货、运输方式、地点等方面的服务。

(3)推销员应该提供售后维修、养护、保管等方面的服务。

(4)推销员要提供在技术指导、操作使用、消费需求等方面的服务。

(5)提供零配件、工具、供应等方面的服务。

在洽谈过程中,推销人员和企业应尽量地满足顾客的正当要求,以解除顾客的后顾之忧。

### (四)结算条件

在洽谈方案中,结算问题都必须先明确,包括结算的方式和时间。双方应本着互利互惠、互相谅解、讲求信誉的原则进行磋商。洽谈中要确定的主要内容是:采用现款还是采用本票、汇票、支票方式结算;是钱货当面两清,延期一次付清,还是分几期付清以及每次付款的时间、方式和数额;在付款时间方面,是提前预付,还是货到即付清或其他方式,都要写清楚,免得以后麻烦。

### (五)保证条款

保证条款是指在交易过程中,买卖双方对买进、售出的商品要承担某种义务、责任,以保证双方的利益的担保手段。这种协议实质上也是为了进一步明确双方在交易中的权利和义务、它是一种担保措施,也是解决纠纷的办法。通常情况下,为了避免纠纷,双方都要严格、谨慎地签订一份协议来保证交易的顺利进行。一般地,比较大宗的交易,为了降低风险,谨慎的双方往往会就双方履行约定和违约责任等有关权利、义务、纠纷诉讼、处理办法等都事先进行协商、行文、签字盖章,有法律效力,以免在履行约定中引起不必要的麻烦。

总之,推销洽谈是买卖双方达成交易,以维护各自利益,满足各自的需要,就共同关注的问题进行沟通与磋商的活动。在现代推销环境里,推销洽谈的方式和方法在不断地发生着变化,人们可以利用一切可以沟通的形式进行,除了传统意义上的面对面的洽谈外,还有电话、邮件、微信、网络视频、电子邮件等形式。因此,学习现代推销洽谈技术,有助于我们借助不同的洽谈形式,高效地完成推销工作。

## ◈任务总结

推销洽谈的目标、原则和内容是洽谈的基础。洽谈者首先要明确洽谈目标,弄清方向,才能开始推销洽谈的工作。为了达到推销目的,实现洽谈的目标,推销人员需要制定洽谈的方案,只有事先确定洽谈可能涉及的内容,确定了顾客所关心的问题,才能为接下来的洽谈工作做好准备。可采用灵活多样的方法和技巧说服顾客,在这个过程中,推销员必须遵循推销洽谈的原则。

## ◈拓展案例

### 刘迪销房

某房地产公司的刘迪听说××公司的王科长近日有购房的打算,立刻去王科长的家里进行拜访。

“王科长,听说您打算购置一栋住宅,不知是真是假?”

“是有这个打算。现在住房太挤,住着一点也不舒服。因此,我想另找住处!”

“我们公司现在有几栋房子,正准备出售,不知您有没有兴趣?质量和样式保准能让你称心如意！”

然后，刘迪带王科长去了公司房子的所在地。他边走边介绍，“这栋房子总价才××万元，这在市区内已经十分便宜了，您认为怎么样！”

“太贵了，太贵了！”

“您等一下，我再和主管商量商量。”

隔一段时间，刘迪又回来对王科长说：“刚才，我和主管商量了一下。主管说，我们在××地也有一处类似的房子，样式和这也差不多，周围环境也不差，而价格适合于你的要求，您觉得怎样？”

“那去看看吧！”

当王科长看了××地的房子以后，感觉还可以，于是就和刘迪签了订购单。签单之后，刘迪顺便又适宜地补充了一句：“我们公司设计的房子有配套的装修服务，如果需要请联系我们。”不知后来王科长是否又购买刘迪的装修材料，但不管怎样，刘迪的推销是成功的。

**[分析思考]**

刘迪的推销为什么能够成功？

# 任务二　推销洽谈的步骤和方法

## ◈学习目标

1. 要求学生能够理解和掌握推销洽谈的步骤和方法。
2. 能在推销洽谈的过程中选择恰当的方法，顺利地完成洽谈工作。

## ◈案例导入

李明在明确了推销洽谈目标和内容之后，于双方约定的时间，又一次来到了南山美连锁超市有限公司，与采购部经理李宏就“纳米空气净化器”产品的事宜进行洽谈。这次洽谈能否顺利？能否达到预期的目标？李明应该采取什么样的方法和技巧来说服王经理最终采取购买行动呢？

## ◈任务分析

在确认顾客对产品的需求后，做好各项准备工作，合理地运用所掌握的各种推销洽谈的方法，遵循推销洽谈的步骤以达到预定的目的。推销洽谈的前期工作要细致全面、准备充分。推销洽谈方法不是单一的，是灵活多变的。仅依靠理论知识是无法掌握推销洽谈的方法的，还需在实践中不断地锻炼学习，积累经验。

## ◈任务实施

### 一、推销洽谈的步骤

推销人员在实际推销活动中，总是要面对各种各样、形形色色的顾客。为了推销的成功，推销员使用的推销方法、方式也要因人而异，不能千篇一律。这就要求推销人员在推销洽谈前，认真地准备有关推销洽谈的各种资料和知识，针对不同的顾客，拟订具体的推销洽谈计划，制定解决顾客异议的方案。只有这样，推销员才能将不同的推销洽谈的内容分清主次，突出重点，采用不同的方式、方法，有的放矢地进行洽谈。

推销洽谈的步骤大体如下。

#### (一)制定洽谈计划

1.洽谈的预期评价

对洽谈取得的成绩，作一个预期评价，对洽谈将要出现的结果进行预先安排。洽谈可能取得的成绩，可分为以下两个层次：

一是本次洽谈的最低界限。例如，让顾客确认自己对推销品有需求，顾客能认同推销品给其带来的利益等。

二是本次洽谈要取得的成绩。例如，有效处理顾客异议等。

在推销洽谈之前，推销员必须对预期值有一个清楚的认识，并科学地确定。

2.确定推销洽谈的时间和地点

推销洽谈时间、地点的确定，是影响推销洽谈的一个不可忽视的因素。确定在什么时间、什么地点与顾客进行推销洽谈，是制订推销洽谈计划的主要内容之一。通常，推销洽谈的时间、地点的确定，先要方便顾客后方便自己；既要考虑自身的利益，更要考虑到顾客的利益。

3.进一步核实顾客的基本情况

顾客的基本情况包括：姓名、年龄、职务、性格、偏好、工作作风、顾客本人及其所在部门和公司的状况、愿望、要求等；顾客是否有权购买，是否有支付能力，其购买动机、态度、阻力、需求变化是什么等。只有掌握了这些基本情况，才能制订相应的策略和方法，才能在推销洽谈中灵活、有针对性地进行推销。

4.提供产品和服务

制订洽谈计划时，对产品的性质、类别、功能、特色以及它能为顾客带来什么好处等都要明确。这样才能把顾客的需要与所推销的产品联系起来，促使顾客接受。随着市场经济的发展，各种产品彼此间的差异越来越小，众多的产品和服务相互竞争。当人们由于选择太多而感到困惑时，能够帮助顾客解决问题，协助他们得到其想要的产品和服务的推销员，才能赢得顾客的信赖，才能顺利地达成协议。

5.选择推销洽谈的方法和策略

推销洽谈的方法是一门技术，更是一门艺术。它需要推销员在推销洽谈中针对不同的推销品、不同的顾客，灵活地采用不同的方法和策略。因此，推销洽谈前，推销员必须准备好洽谈的方法和策略。关于方法和策略，在后面的内容中将有专门的论述，在此就不多做讲解了。

6.做好洽谈的心理准备

在整个推销过程中，推销员心中的态度跟想法占了整个推销工作的80%。其他有关产品的知识，训练，教育，时间管理等技巧则是占了20%。而心中的态度跟想法，就是推销员在推销工作前所做的心理准备。主要指推销人员要充满自信、要诚恳、要有锲而不舍的精神。

(1)自信　顾客是不会向一个没有主见，态度冷淡，对失败抱有恐惧心理的推销员购买产品的。推销员必须具备两方面的自信：首先，是对自己的推销品有信心。确信该产品质量优良，能使顾客得到真正的利益，能满足顾客的需求；其次，是对自己的推销能力有信心。

(2)诚恳　作为推销员，若能与顾客坦诚相见，有帮助其解决问题和困难的一片诚意，顾客是会了解和愿意接受的，同时也会对推销员表示积极的态度。

(3)坚强的意志　推销员在推销过程中往往会遇到很多困难，但不要灰心，不要放弃，要有坚强的意志和勇往直前的精神，只有这样才能做好推销工作，最终实现推销的目标。推销必须有耐心，不断地拜访，以免操之过急，亦不可掉以轻心，必须从容不迫，察言观色，并在适当的时机促成交易。

### (二)推销洽谈的准备

推销前的准备、计划工作，决不可疏忽轻视，有备而来才能胜券在握。接近客户一定不可千篇一律公式化，必须事先有充分的准备，针对各类型的客户，采取最适合的接近方式及开场白。准备好推销工具、开场白、该问的问题、该说的话以及可能是最好的回答。事前的充分准备与现场的灵感所综合出来的力量，往往很容易瓦解坚强对手的意志而获得成功。

1. 物品准备

推销员在推销过程中不能单纯地说话，还需要利用各种推销工具。如产品样品(推销品或其模型)、公司及产品资料、报价单、合同书、名片、小礼品等等。这些物品内容可以统称为拜访包(保险行业叫展业包或者是展业夹)，访前必须对拜访包进行仔细检查，以防遗漏必用的物品。

(1)推销品　推销员应尽可能地随身携带一些推销品，在推销过程中可以直接展示给顾客，有助于激发顾客的购买欲望。

(2)推销品模型　在推销品难以携带的情况下，推销员可以利用推销模型来替代，让顾客亲自看一看，试一试。这也能起到刺激顾客的购买欲望、增强顾客购买信心的作用。

(3)文字资料　推销员应携带一些文字资料，包括产品种类介绍及说明书、产品价目表、企业简介等。利用文字资料辅助推销，一是成本低廉，简便易行；二是它对推销品的介绍要比语言详尽、全面、系统，有较强的说服力。但是，文字资料难以做到因人而异地介绍产品，故应配合其他推销工具一起进行推销。

(4)图片资料　图片资料主要有图表、图形、照片等。在推销品或推销模型难以携带的情况下，生动、形象的图片资料能对顾客产生较强的说服力和感染力，使顾客通过视觉加深印象，直接引发顾客的购买欲望。

(5)推销证明资料　在推销洽谈之前，推销员应尽量地收集和准备各种有说服力的推销证明资料，来增加产品的可靠性，有利于顾客在心理上产生安全感。

(6)其他物品　包括推销员的名片、介绍信、订购单、合同书、笔记用具等。

2. 信息准备

(1)客户信息　客户公司名称，地址，行业；客户个人的姓名、电话、职位、性别、QQ号等。

(2)相关信息　客户公司在行业中的地位、客户在公司的职位、客户的家庭情况、客户的喜好、客户对我们项目和产品的评价等。

主要为客户方面的信息，同时还包括竞争产品方面的信息，知己知彼，才能有的放矢。对于公司产品有关的资料、说明书、广告等，均必须努力研讨、熟记，同时要收集竞争对手的广告、宣传资料、说明书等，加以研究、分析，以便做到“知己知彼”，采取相应的对策。

3. 礼仪准备

拜访前一定要检查和调整自身的形象与心态，形象和心态是拜访质量的重要因素。礼节，仪表，谈吐，举止是人与人相处的好坏印象的来源，销售必须多在这方面下功夫。所谓的首因效应是指由于第一印象的作用而对后续交往所发生的影响现象。

首先应面带微笑，这样可能获得热情、善良、友好、诚挚的印象；其次应使自己显得整洁，整洁容易留下严谨、自爱、有修养的第一印象，服装不能造就完人，但是初次见面给人的印象，90%产生于服装，强烈的第一印象的重要规则是帮助人们感到自己的重要，尽管这种印象并不准确，可对我们的销售总有益处；第三使自己显得可爱可敬，这一切必须由我们的言谈、举止、礼仪等来完成；最后，尽量地发挥我们的聪明才智，在对方的心中留下深刻的第一印象，这种印象会左右对方未来长时间对你的判断。第一印象最深刻，也最顽固。一旦留下了不好的第一印象，是十分不幸的，一分钟留下不好的印象，花一个小时也难以矫正。

4. 计划准备

在推销之前，要制定一份销售计划。制定计划会使你胸有成竹，但是面对不同的顾客时只用同一份计划是不行的，而是要因人而异。准备好推销工具，开场白，该问的问题，该说的话，以及可能是最好的回答。有计划且自然地接近客户，并使客户觉得有益处，进而能进行洽谈。

所以在制定计划之时，要注意以下几个方面：

(1)要有某些特别的方案。你要想把商品顺利地推销出去，就得在每次访问的时候准备好特别的销售计划。换句话说，你面对准顾客的时候，必须有个“针对他而计划好的某些特别的方案”。

(2)你不能光靠普通的商品说明。你打算向准顾客施展的说明，必须是因人而异的说明，完全符合各个准顾客特性的说明。即你必须具备访问那个顾客的特殊理由。即要清楚以下问题：①我要向他说（诉求）什么？②我要说服他做什么？③我打算采取什么方法促其实现？④怎样准备“访问的理由”，这些“访问理由”的内容都必须不一样。

5. 话术准备

使推销说法精准的第一步是：事先拟出一套“说法纲要”，有数年推销经验的推销员，通常在不知不觉中已把洽谈中的一部分加以标准化。即在与不同对象的顾客洽谈的时候，他就背熟了其中的一部分，且在任何洽谈中都习惯地使用它。把推销时自己要说的话标准化，它的好处颇多。例如，有了不必靠死记，却能灵活运用的“标准说法”，你在推销的时候，就能成竹在胸，从容应答。在不断地重复使用同样的话术时，多余的部分就渐渐地被删减，最后成为精简有序的推销说法。你在推销的时候，每一句话都会变得自然而且条理分明，这样，就不会发生搪塞一时或是信口胡言的情况了。

另外要注意的是，对客户的异议自己无法回答时，绝不可敷衍、欺瞒或故意乱讲。必须尽可能地答复，若不得要领，就必须尽快地请示领导，给客户最简捷、满意、正确的答案。

### (三)摸底阶段

双方洽谈人员从见面入座到洽谈的实质内容之前，为摸底阶段。旨在建立推销洽谈气氛、交换意见、开场陈述。

首先，要努力建立合作、诚挚、轻松愉快的洽谈气氛。为此，要把洽谈场地布置得赏心悦目，要使推销洽谈者的举止行为给人留下热情、诚挚、轻松、美好的印象。

其次，要及时地交换意见和看法，就推销目的、计划、人员情况等方面取得一致意见，即使双方早已联系，也应在正式洽谈中重新明确一下。

再次，为了进一步地摸清对方的原则、态度，可以从主要问题、期望目标、主要原则、变通措施等开始陈述或提出倡议。

### (四)报价阶段

开盘报价是洽谈过程中十分重要的阶段。洽谈的核心和实质问题是报价，要开门见山，直接报价。

报价，亦称发盘。在推销洽谈中，不论谁先报价，都需要综合考虑价值和风险两种因素。价格条件的洽谈是推销洽谈的中心内容，它涉及买卖双方的利益，是买卖双方最为关心的敏感问题。推销员可按企业所定的上下限价幅度，适当地报价。报价时力求报价果断、明确、清楚、无保留、不犹豫。不解释也不说明，尽量留有充分的磋商余地，便于对方还价。经过一轮或多轮的讨价还价，彼此都能接受某一价格时，即可转入到其他问题的洽谈。

### (五)总结阶段

对上述摸底和报价两个阶段的推销洽谈情况进行回顾、分析，即为总结阶段，主要有三种情况：

(1)销售条件被顾客接受。买卖分歧很小，即可跨越磋商阶段，直接转入签字成交阶段，以减少不必要的讨价还价，缩短洽谈时间，提高推销洽谈的效率。推销人员不应过分地表现急于求成的心理状态，以免顾客采取拖延战术。

(2)销售条件顾客可能接受，但是还需要磋商。这时推销人员应对洽谈涉及的问题及其自身的经济效益进行全面的分析，做出坚持还是让步的决策。在推销洽谈中，推销员应对买方分歧最大的部分认真分析，并对此确定三个目标：最理想的接受目标、可接受的一般目标、可接受的最低限度目标。如果分歧意见在可接受的一般目标左右，则应努力达成协议。

(3)无法预见销售交易的可能性。即买卖双方分歧意见很大，差距悬殊，在买方表示困难时，推销人员则很难按原定计划成交。此时可有三种选择。一是终止推销洽谈。这是最不愿意采取的对策，即使采取这个对策，也必须慎重。只有达到以退为进这个目标时，才终止洽谈。具体地说，市场对推销人员有利，推销人员处于强有力地位，退出反而会刺激买方要求重新洽谈；或者说，推销人员已充分肯定终止或退出推销洽谈会使买方改变原来的想法和条件。二是继续洽谈。在按原计划无法达到销售交易时，推销人员可以继续与顾客就一些次要的问题进行磋商，并与上级主管部门联系，修改既定交易条件，力求局部突破。三是请求顾客相应地改变其原定的洽谈计划。

### (六)实质性磋商阶段

实质性磋商，是指对可能达成的交易，在不断地调整意见中，从分歧较大到协调一致，最终成交的过程。实质性磋商是交易成败的关键时刻，只有善于运用磋商诀窍，才能获得成效。

(1)分析分歧的原因，弄清楚原委。推销洽谈难免会有分歧，这是正常现象。总结起来不外乎有以下几个原因:一是想象的分歧。这是因为没有很好地理解对方意图所致,或者是因缺乏沟通而发生的误解;二是人为的分歧,是洽谈人员故意制造障碍所致(以上两种分歧,通过洽谈、沟通、解释,可以消除);三是真正的分歧,即由双方经济利益得失而引起的分歧。

(2)正确地施加压力,善于抵御压力。在磋商中,推销员会对顾客施加压力,如保持对交易的竞争优势,制造顾客之间竞争的事实和气氛,逐步地削弱其期望水平,暂时中断推销洽谈等。但是在实施过程中务必注意分寸,适可而止,防止感情冲动和心理外露。同时,在抵御顾客压力时,可以采取先发制人的策略,主动地提出对方可能提出的问题,减弱其锋芒;采取以逸待劳、耐心等待的策略,寻找对方的漏洞,抓住时机进攻;避重就轻,把问题引入自己设想的境地,拖延或请第三者干预。

(3)提出要求和适当地让步。推销员提出要求的目的在于让对方愿意听下去,并为自己提出更高的目标铺平道路。做出某些让步的目的在于吸引对方。但是,让步是有原则的,不是无限的,不能轻易地让步,只有认为需要让步时才让步;不能单方面地让步,要以自己的让步换取对方的让步;不能大于对方的让步幅度,一次让步幅度要适中;让步速度不能太快,要注意让步的次数和程度;要注意在较小的问题上先让步,在重要的问题上不先让步。

(4)打破僵局。当双方分歧较大,互不相让,可能会出现僵持局面时,可以采取对事不对人的办法,把人与问题分开,尊重对方,避开矛盾,另找出路。实在无法打破僵局时可暂停洽谈。

### (七)达成交易阶段

这是推销洽谈的最后阶段。经过上述几个阶段的洽谈,情况逐渐明朗,洽谈已经接近尾声。这时推销人员务必善终,正确地处理有关问题。

(1)要向对方发出正确地成交的信号。推销人员要阐明立场,就对方所提出的条件,表明肯定的态度;或以特定的方式表明成交意愿,或告诉对方洽谈时间已到,可以结束了。

(2)要及时地进行总结。明确交易内容是否谈妥,是否有遗留问题,如有遗留问题要提出处理意见。明确推销洽谈结果是否达到原先期望的交易目标,明确最后让步项目及让步幅度,着手安排交易的记录事宜。

(3)确定最后报价。在交易达成阶段,双方都要做最后一次的报价。推销人员应该选择好时机,既不要过于匆忙,也不要过晚。最后报价应分两步走,不要一步到位,否则使自己处于被动的局面。让步幅度应因人而异,并成为最后成交的标志。让步应与向对方提出成交的要求同时进行。

(4)整理洽谈记录,起草书面协议。在最后阶段,应将整理出的洽谈记录,从头到尾地检查一遍,双方确定记录无误后,所记内容便是起草书面协议的主要依据。起草书面协议应谨慎和全面。推销洽谈双方必须对所同意的条款,认识一致,使协议名副其实。对敏感性的问题,应特别细致,诸如价格、合同完成、规格要求、索赔处理、违约责任等方面协议条款要力求明确,不能含糊。

## 二、推销洽谈方法

推销洽谈的方法很多,主要分为提示洽谈法、演示洽谈法和介绍洽谈法三类,合理选择不同的洽谈方法会促使洽谈达到预定的目标。

## (一)提示洽谈法

提示洽谈法是指推销人员在推销洽谈中利用语言的形式启发，诱导顾客购买推销品的方法。提示法又可细分为直接提示法、间接提示法、明星提示法、鼓动提示法、积极提示法、联想提示法、逻辑提示法等。

1. 直接提示法

直接提示法是指推销员直接向顾客呈现推销品的利益，劝说顾客购买推销品的洽谈方法。是一种被广泛地运用的推销洽谈提示方法。这种方法的特征是，推销员接近顾客后立即向顾客介绍产品，陈述产品的优点与特征，然后建议顾客购买。因而这种方法简单明快，能节省时间，加快洽谈速度，符合现代人的生活节奏，所以很有优越性。

请看一位推销员在推销一种试剂时对顾客的提示："听说你们在寻找一种反应速度更快的试剂。我们公司新近开发了一种新的试剂产品，它能将反应的速度提高5～6倍，这是这种试剂的实验报告。您看看，一定会达到你们的要求。如果你们满意，请快点订货。不然的话，因为订货太多，就难以保证交货期。"

2. 间接提示法

间接提示法是指推销人员间接地劝说顾客购买推销品的洽谈方法。这种方法可以有效地排除面谈压力，避重就轻，制造有利的面谈气氛。应用间接提示法可以虚构一个顾客，可以一般化的泛指。使用间接提示法的好处在于可以避免一些不太好直接提出的动机与原因，因而可以使顾客感到轻松、合理，从而容易接受推销人员的购买建议。

一位推销成套设备的推销员，指着某商报上的一篇关于一些企业进行设备更新的新闻报道对顾客说："你听说了吗？一个企业购买了这种产品之后，取得了很好的效益，其他一些企业都在考虑购买呢！连报纸都刊登了，看来不买是有点赶不上形势了。"推销员既陈述了推销主题，又以关怀的口吻间接地提示顾客购买推销品，使顾客没有了来自推销本身的压力，却有了来自满足自己需求的迫切感。

3. 明星提示法

明星提示法也叫名人提示法或威望提示法，是指推销员利用顾客对名人的崇拜心理，借助名人的声望来说服顾客购买推销品的洽谈方法。明星提示法迎合了人们的求名的情感购买动机，另外由于明星提示法充分地利用了一些名人、名家、名厂等的声望，可以消除顾客的疑虑，使推销人员和推销产品在顾客的心目中产生明星效应，有力地影响了顾客的态度，因此，推销效果比较理想。但使用这一方法时应该注意提示中的明星应该是顾客普遍喜欢的对象，明星本身确实使用了企业的产品并且效果不错，这样才有说服力。

4. 鼓动提示法

鼓动提示法是指推销员通过传递推销信心、刺激顾客购买欲望的方式迫使顾客立即采取购买行为的洽谈方法。例如限时限产品鼓动法，"今天是优惠期的最后一天"、"只剩这最后一批产品了"等等。使用这种提示方法时要注意以下几点：

(1)要有针对性地采取这种提示策略，避免大范围地使用，否则会给顾客留下虚伪的印象。

(2)所鼓动的信息必须是真实准确的，一旦有意欺骗顾客，会带来非常坏的恶劣影响。

(3)采用这种策略时应考虑顾客的个性，一般情况下对那些个性较强、偏内向、沉稳的顾客不宜采用。

5. 积极提示法

积极提示法是推销员用积极的语言或其他积极方式劝说顾客购买所推销产品的方法。所谓积极的语言与积极的方式可以理解为肯定的正面的提示、热情的语言、赞美的语言等会产生正向效应的语言。例如,“欢迎参加我们社的旅游团,又安全又实惠,所看景点又多又好”;“你看,这是摩托车手参加比赛的照片,小伙子们多神气!他们戴的是我们公司生产的头盔。”在运用此种方法的同时,可先与顾客一起讨论,再给予正面的、肯定的答复,从而克服正面语言过于平坦的缺陷。此外,所用的语言与词句都应是实事求是的,是可以证实的。

6. 联想提示法

联想提示法是指推销员通过提示事实,描述某些情景,使顾客产生某种联想,刺激顾客购买欲望的推销洽谈的方法。联想提示法要求推销员善于运用语言的艺术去表达、描绘,避免刻板、教条的语言,也不能采用过分夸张、华丽的辞藻。这样,提示的语言方能打动顾客,感染顾客,让顾客觉得贴切可信。

一位推销瓷砖的推销员的一句话打动了顾客:“你把这种天蓝色的瓷砖铺在淋浴室里,每当你洗澡的时候,就有种置身大海的感觉。”这一方法中,推销人员向顾客勾画出梦幻般的情景,让顾客去想象,使产品更具有吸引人的魅力,从而达到强化顾客购买欲望的良好效果。

一位推销灯光设备的推销员对顾客说:“这些光彩夺目的灯光设备,在白天您可能感觉不到它的好处,但当夜幕降临时,可以使所有的行人都看到贵店的橱窗。如果不安装这些灯光设备,即使人们从您的橱窗外面经过,也注意不到您橱窗里的展品。反之,安装了这些灯光设备之后,会使贵店的外观比对面的商店显得更舒适、温馨。耀眼的灯光照射在橱窗内的展品上,行人都会清楚地看到。您想,要是这些灯光设备能为您吸引成千上万的顾客,那您就会多做多少生意啊!”

7. 逻辑提示法

所谓逻辑提示法,是指推销员使用逻辑推理来劝说顾客购买推销品的一种洽谈方法。它通过逻辑的力量,促使顾客进行理智思考,从而明确购买的利益与好处,并最终做出理智的购买抉择。逻辑提示法符合购买者的理智购买动机。例如,“所有企业都希望降低成本,我公司生产的这种产品可以降低生产成本,提高经济效益。所以,贵厂可以考虑使用这种产品。”在运用逻辑提示法时应注意以下几点:

(1)逻辑提示法适合有较强的理智购买动机的顾客。按照个性可以将顾客的购买动机分为理智型、情感型、惠顾型。通常情况下那些文化层次较高、财力较薄弱、意志力较强的顾客才可能具有理智性动机,因而可以对他们运用逻辑推理提示法。而倾向情感型购买动机与惠顾型购买动机的顾客,则不适用此法。

(2)要以理服人。推销员先要了解产品的科学原理,然后再运用严密的逻辑推理,做到以理服人。避免强词夺理,让对方找到你的种种漏洞,贻笑大方。

(3)应做到情理并重。人都是有情有义有欲望的,因此,推销员应该把科学的却显得有点干巴巴的逻辑推理与说服艺术结合起来,对顾客既晓之以理,又动之以情,促使顾客的购买行为合理化,从而使顾客较快地采取购买行为。例如,下面两段逻辑提示就很有说服力:

“现在市场竞争激烈,各企业都希望降低生产成本,我们这种材料能降低生产成本,提高贵厂产品的市场竞争力,贵厂应该采用这种新型材料。”

“目前市场不景气,各企业都在努力地开拓市场,找一家有实力、有水平的广告公司协助策划宣传是应该的、有利的。”

### (二)演示洽谈法

演示洽谈法又称直观示范法，是推销员运用非语言的形式，通过实际操作推销品或辅助物品，让顾客通过视觉、听觉、味觉、嗅觉和触觉直接地感受推销品的信息，最终促使顾客购买推销品的洽谈方法。而演示法可细分为产品演示法、文字图片演示法、证明演示法、影视演示法等。

1. 产品演示法

产品演示法，是指推销员通过直接演示推销品本身来劝说顾客购买推销品的洽谈方法。推销员通过对产品的现场展示、操作表演等方式，把产品的性能、特色、优点表现出来，使顾客对产品有直观的了解。从现代推销学原理上讲，推销品本身就是一个沉默的推销员，是一个最准确、最可靠的产品信息来源，再生动的描述与说明，都不能比产品自身留给消费者的印象更深刻，可谓百闻不如一见。

产品演示法的作用有两个方面：一是形象地介绍产品，因为现代推销品众多，推销员无法完全利用口头语言来传递全部推销信息，千言万语不如让顾客通过感官直接地与推销品见面；二是起证实作用。产品演示法可以制造一个真实可信的推销情景，直观了解，胜于雄辩。运用产品演示法时应注意：应根据产品的特点选择演示的内容、方法、时间、地点等，比如：对于一些过大、过长、过重的产品可以采用产品模型或样本演示的方式；应根据推销洽谈进展的需要，选择适当的时机进行演示；应注意演示的步骤与艺术，最好是边演示边讲解，并注意演示的气氛与情景效应；应鼓动顾客一起参与，使顾客亲身体验产品的优点，从而产生认同感与占有欲望。

郑州柴油机厂为打开该厂“金牛”牌柴油机在内蒙古的市场，举行了一场别开生面的“拔河赛”。一台装有“金牛”牌柴油机的拖拉机，与十几台装有相同马力、不同牌号柴油机的拖拉机轮番较量，无不取胜。该厂通过这种方式向顾客展示了“金牛”牌柴油机马力大的特点。

2. 文字、图片演示法

文字、图片演示法是指推销人员通过展示有关推销品的文字、图片资料来劝说顾客购买的洽谈方法。在不能或不便直接展示或用语言难以说明的产品的情况下，推销员通过向顾客展示推销品的文字、图片、图表、音像等资料，能更加生动、形象、真实可靠地向顾客介绍产品。比如一些产品工作原理、相关的数据、价目表等，通过文字、图片可以做到动静结合，图文并茂，收到良好的推销效果。

小李是一家家庭装饰公司的销售员，在接待顾客时，小李总是首先询问顾客对房间装饰的总体想法，了解各房间尺寸，然后通过电脑软件将装饰后的效果显示在电脑屏幕上让顾客看。由于顾客能够在房屋未完成装饰前就看到装饰后的效果，因此顾客很容易接受小张的建议，往往在与小张的洽谈中就签订了装饰协议。

3. 音响、影视演示法

音响、影视演示法是指推销员利用录音、录像、光盘等现代工具进行演示，来劝说顾客购买推销品的洽谈方法。这种方法具有很强的说服力和感染力，是一种非常有效的演示方法，可以使顾客有身临其境的感觉，例如，某旅行社推出的旅游线路电视介绍短片、产品生产流程片等等。

4. 证明演示法

证明演示法是指推销员通过演示有关的证明资料或进行破坏性的表演，来劝说顾客购买推销品的洽谈方法。这是现代推销洽谈经常用到的方法。比如生产许可证、产品质量鉴定书等等。推销人员在运用中应注意以下几点：

(1)准备很充分的证明资料。

(2)演示的推销证明资料必须真实可靠，网上能查得到。

(3)选择恰当的时机和方法进行证明演示，令人信服。

### (三)介绍洽谈法

介绍洽谈法是指通过全面系统地介绍公司的产品，让顾客了解产品，促成顾客购买的方法。推销人员利用生动、形象的语言，介绍推销产品，说服顾客购买，是推销洽谈中最常用的方法。介绍洽谈法包括：

(1)直接介绍法　即推销员直接介绍产品性能、特点、价格、服务，以及能够带给顾客的好处等，以劝说顾客购买的方法。这种介绍法的特点在于直接、开门见山，节省了推销的时间。需要引起注意的是，在介绍的过程中要抓住顾客容易感兴趣的明显特征或优点进行介绍，针对顾客不同的购买心理，有针对性地介绍，才能收到良好的效果。

(2)简介介绍法　即推销员不直接地介绍产品功能、特点等，而是通过介绍与其密切相关的其他事物，达到间接介绍推销产品、说服顾客购买的方法。

例如，“这是今年卖得最好的款式……”

“这套服装采用的是法国面料、进口生产线缝制的……”

## ◈任务总结

有不同的推销目标，就会有不同的产品需求。有不同的顾客，就会有不同的性格特征。根据推销目标和顾客特点，充分地利用各种资料和技术手段，选择恰当的方法进行推销洽谈，以达到成功推销产品的目的。

## ◈拓展案例

### 正反思考

小王是一家大游览巴士公司的销售代表，专门提供游览巴士和个人接送的服务。小王与××夫人——一位准新娘的母亲在洽谈生意，她想请小王的公司派游览巴士，去送参加婚礼的外地宾客来参加婚礼，最后再送回旅馆休息。

小王的前期工作做得很好，可夫人还是拿不定主意，总是能想出这样那样的反对意见来。

夫人：“我不知道怎么回事，就是下不了决心。”

小王：“这的确很难做决定。让我来帮你吧。”

这时，小王从公事包内拿出一张纸来一面写上“正面”的考虑，另一面则是“反面”的考虑。

小王：“我们把赞成和反对的理由写下来，应该有助于做决定吧。”

夫人(点头)：“嗯，很好。”

小王：“好，就这样。合约上规定，我们为你接送参加婚礼的客人。在这种欢乐的场合，多喝几杯很正常，不过你不希望有人酒醉驾车吧?”

夫人：“对。”

小王：“很好。”

小王将这个安全的考虑及其他相关事项，全部写在“正面”的那一面。

小王："我们也谈到，整个婚礼过程的圆满，由于我们的接送，不至于在婚礼结束之后，还有人要赶着离开。最后，你也不希望所有的亲友都乘出租车前往，增加喜宴的麻烦。这些就是你投资我们服务的好处，对不对？"

夫人："没错。"

小王："好极了，你看，上面我们谈到有关正面的考虑(这时你将纸递过去给她看)包括安全性、便利性以及对婚礼掌控性强等。现在你可以告诉我，反对的理由是什么？"

到此，小王已经帮客户找出这项产品的优点。小王并不想再节外生枝，帮对方思考反对的理由。当然。小王的客户也可能会说："我实在找不出什么反对的理由。"此时小王就不再犹豫，准备成交！

但假如客户看了那张对照表，发觉不对劲，又有其他意见呢？至少她已经花工夫再仔细地思考了一遍，接下来所提的理由都是比较具体实在的，小王也比较好理解。与顾客一起讨论，对顾客的提问给予正面的、肯定的答复，从而克服了正面语言过于平坦的缺陷，最终达成交易。

[分析思考]

帮助客户思考、判断，有助于促成交易。

### ◈拓展训练

要求：掌握推销洽谈的方法。

实施：

1. 根据各小组搜集到的某一顾客的背景资料，以小组为单位进行推销洽谈的模拟训练。

2. 写出情景模拟对话的内容。

3. 两人一组首先在小组中进行模拟演示，然后，每个小组推荐两位同学在全班进行展示。其他小组可以提出异议，最后由教师点评。

## 任务三 推销洽谈的技巧运用

### ◈学习目标

1. 要求学生能够掌握并运用推销洽谈的技巧。

2. 能与顾客进行有效的洽谈。

3. 最终说服顾客购买推销品。

### ◈案例导入

一个过去从事推销各种家庭日用品的推销员现在改行推销真空吸尘器。自他参加推销工作以来，他总是成功地引用一句话就可以引起顾客的注意。这句话就是："我能向您介绍一下怎样才能减轻家务劳动吗？"那接着这位推销员应该如何洽谈呢？

◈任务分析

我们要根据顾客的特点，灵活地因人因时因地地运用推销洽谈的各种技巧，选择恰当的方法进行推销和洽谈，以说服顾客成功地购买推销品或服务。

◈任务实施

## 一、洽谈中的倾听技巧

所谓的倾听技巧就是在推销洽谈的过程中，推销员不要一味地口若悬河、滔滔不绝，不给顾客表达自己思想的机会，要善于听他人说话的一种策略。在推销谈判中，倾听能发掘事实真相，探索顾客的真实想法，并且通过倾听能够赢得顾客的好感，容易判断顾客的意图，减少和避免推销中的失误。所以，听往往比说还重要。推销人员在倾听顾客谈话时要做到以下几点：

1. 听时要专注

一般来说，思维的速度比说话要快4倍。因此，人们往往容易在听的时候思考别人的问题，找到顾客的需求，从而寻找洽谈的方法策略。

2. 听时要鉴别

要善于听出顾客言语中所蕴含的观念和用意，若顾客故意含糊其辞，则可以要求对方解释清楚。

3. 要容忍听进一些可能触犯你的讲话

在推销洽谈的过程中，对方可能会有一些触犯你的讲话，这个时候要让对方讲完，不要中途打断或驳斥。

4. 倾听要积极回应

对方阐述的观点，在听的同时，推销人员要做出积极的回应，此时不需要长篇大论、喧宾夺主。可用少量是非判断词语或语气词即可。如啊、是、对等。

## 二、洽谈中的语言技巧

推销洽谈是推销员与顾客双方在洽谈中不断地磋商、互相妥协、解决分歧，以求最终达成双方均可接受，彼此获益的协议的过程。为此，推销员应当熟练地掌握一定的语言技巧，以保证推销洽谈的顺利进行。这种语言技巧具体地可以分为阐述技巧、提问技巧、回答技巧、僵局技巧、说服技巧等。

### (一)阐述的技巧

在洽谈中，阐述是说明自己一方的观点。但有时为了争取主动，切不可过早地表明己方的立场、观点和目标。因此往往先请对方先做阐述，通过倾听了解对方的意图后，己方再根据对方的立场有针对性地阐明观点。此时需要注意阐述时可以有针对性地叙述说明对方关心的问题、力求做到言语准确、翔实，不可用好像、大概、差不多等含混词语。有时涉及一些机密问题，若对方问到也要做到滴水不漏。比如，该公司产品的成本价是多少？据说贵公司产品是从××地区进货的等。

### (二)提问的技巧

推销人员在洽谈中，为了摸清对方的意图，表达己方的意愿，往往需要向顾客提出问题。

在提问时，要做到：

(1)提出的问题最好是范围界限比较清楚的，使顾客的回答能有具体内容。

(2)提问应该是促进洽谈成功的关键性问题。

(3)提问时切忌提出令人难堪和不快，甚至有敌意的问题，以免伤害顾客感情，使洽谈陷入僵局。

(4)提问态度要谦和、友好，用词要恰当、婉转，注意提问的时间性，不要随便地打断顾客的讲话，要耐心地听完对方的讲话再提问。

在推销实践中，提问是一种非常有用的面谈方式。推销员应特别注意提问的表述，因为不同的表述会带来不同的结果。在推销洽谈中，妙用提问可能有助于引起顾客的注意和兴趣、探求顾客的需求、获得或传递所需的信息、赢得洽谈的时间、顺利表达观点、圆满地化解矛盾、减少与顾客间的误会和争执等。

推销人员设计提问时要注意：所提问题与其观点要有内在逻辑性，从而使对方在思考回答问题时转而赞同你的观点；所提问题最好具有选择性，使对方感到是他自己在拿主意，而不是被你牵着鼻子走。洽谈过程中，一般可以采用以下几种提问方式：

正问：开门见山，直接提出你想要了解的问题或需要对方回答的问题。

反问：从相反的方面提出问题，令其不得不回答。

侧问：从侧面入手，旁敲侧击，迂回到正题。

设问：假设一个结论，启发对方思考，诱使对方回答。

追问：循着对方的谈话，打破砂锅问到底。

推销人员必须审慎地、有选择地运用提问，恰当的提问，往往能驾驭洽谈的进展和方向。

以下的提问就具有一定的诱导性，诱导顾客在推销人员所限定的范围内加以选择，引导顾客进入你要谈的主题，缩小主题的范围。例如，对于这两种款式，您更喜欢哪一种？您的预算是否控制在 1 000 元左右？您要的是稳健型的车，还是轻快型的车？您选择房子的地点是以您上班方便，还是小孩上学方便为优先考虑？

切忌向顾客提出不恰当的、类似于通牒的提问，容易使顾客感到尴尬甚至反感。例如，您还不作购买决定？您是否接受我的建议？您到底买不买这种产品呢？你还在犹豫什么呢？你还要和谁商量吗？你再不买我就走了啊！……

听了以上提问，顾客会毫不留情地拒绝推销人员的建议。

### (三)回答的技巧

在推销洽谈中，巧妙、得体地答复顾客，会赢得顾客的信任和好感。答复时应先搞清楚对方提问的真实目的和真正含义，经过考虑后再做出恰当的答复。对于顾客的提问，推销人员首先要坚持诚实的原则，给予客观真实的回答。但是，有时顾客为了自己的利益，提出一些难题或者是涉及企业秘密的问题，推销人员就应该使用一些技巧来回答。回答顾客提问时有以下技巧：

(1)回答时要有条有理，言简意赅，通俗易懂。

(2)答复要有分寸，要掌握什么该说，什么不该说，有的问题可以不必作全面答复，对于一些不便回答的问题，应使用模糊语言，向对方透露一些不太确切的信息或者回避问话中的关键问题，转移话题，偷换主题，也可采取反攻法，要求对方先回答自己的问题，或者找借口，找些客观理由表示无法或暂时无法回答对方的问题。答复切不可信口开河，不要言过其实，更不能弄虚作假。

(3)倘若对方明确反对己方的观点，甚至言辞过于激动、情绪激昂。为了避免直接的冲突，推销人员要用幽默的语言，委婉含蓄地表达。避免出现僵局，迫使洽谈破裂。

### (四)处理僵局的技巧

在推销洽谈中，经常会出现推销人员与顾客双方的利益相互不肯让步，会出现各抒己见，互不相让的僵持局面，使洽谈无法进行下去，甚至导致洽谈不欢而散，无法取得交易的成功。形成僵局的原因很多，在洽谈中，僵局随时都可能发生。只要我们掌握一些处理僵局的技巧，问题就会迎刃而解。

(1)要尽量地避免出现僵局。推销员是卖家，在现代是买方市场环境中，卖家更应积极主动地设法避免出现僵局，有时需要暂时放下既定目标，在原则允许的范围内，小范围地妥协退让，这也是一种高姿态的表现，这样做可以避免僵局的出现；此外，一旦推销人员发现现场气氛不对或者对方略有不满时，应该尽量地寻找轻松和谐的话语，对于实在不能让步的条件，可以先肯定顾客的部分意见，大量引用事实证据的基础上谦虚、客气地列出问题的客观性来反驳对方，使其知难而退。

(2)要设法绕过僵局。在洽谈中，若僵局已形成，一时无法解决，可采用下列方法绕过僵局：暂时放下此问题，避而不谈，待时机成熟之后再商定；在发生分歧，出现僵局时，推心置腹地交换意见，化解冲突；邀请有影响力的第三者作为公立方调解。

(3)打破僵局。在僵局形成之后，绕过僵局只是权宜之策，最终要想办法打破僵局。打破僵局的方法有：其一，扩展洽谈领域。单一的交易条件不能达成协议，把洽谈的领域扩展，如价格上出现僵局时，可将交货期、付款方式方面适当地让步；其二，更换洽谈人员。在洽谈陷入僵局时，人们为了顾全自己的面子和尊严，谁也不愿先让步，这时可以换一个推销员参与洽谈，这时，聪明的推销团队会暂时停止洽谈，更换另外的推销人员再次进行洽谈；其三，让步。在不过分损害己方利益时，可以考虑以高姿态首先做一些小的让步。

### (五)说服的技巧

推销洽谈的实质终究是一个说服顾客购买推销商品的过程。说服是一种高超的技巧，极难掌握分寸与火候。

(1)关系融洽，气氛和谐。说服顾客前必须先与之建立良好的人际关系，只有当对方对你有了基本的信任后，才有可能愿意倾听和接受你的说服意见。因此，在推销洽谈中，双方之间融洽的关系与和谐的气氛极为重要，在此基础之上才容易说服对方，使推销洽谈的成功率提高。

有经验的推销人员即便是与顾客第一次见面，往往也像老朋友那样真心诚意，落落大方，使对方感到一见如故，消除戒备心理。双方见面之后，并不是急于进入推销洽谈的正题，而是有一个适当的过渡期，涉及的内容可以是谈一些轻松的话题、对方有兴趣的话题(个人爱好、小孩、家庭)、向对方的问候、向对方领导及熟人的问候、回顾从前愉快的合作经历等，以沟通双方间的情感。在洽谈的空闲时间，邀请对方参观游览，参加一些娱乐活动等。这些都能对建立良好的人际关系起到积极的作用。

(2)由易到难，循序渐进。人们不论做什么事，如果一开始就遇到困难，就会失去信心而放弃。如果开始比较容易，成功了，就会受到鼓舞，树立起信心，即使后面遇到了困难，也会因为不至于前功尽弃而努力地克服困难。而且，人们对任何事物的理解和认识也习惯于由浅入深，由易到难。

推销洽谈也不例外，要想说服顾客必须先易后难，循序渐进。所以，在洽谈时双方往往先求同存异，把容易解决的问题逐一解决，然后再去讨论有争议的问题。此前，双方已经取得了一定的成果，如果不能解决争议，必将功亏一篑，这是双方都不愿看到的结果。因此，双方都会做出适当的让步，从而能较顺利地解决纠纷，保证交易的顺利达成。

(3)投其所好，适当让步。一般情况下，顾客往往不会轻易地接受推销人员的说服观点，而是提出某一些要求作为接受说服的条件，倘若得不到满足，前面的说服将付之东流。因此，推销员在说服顾客时，要在深入了解顾客要求和意图的基础上，在不影响自身目标的前提下，投其所好，适当让步，使对方得到心理和利益上的满足。这种以满足顾客利益为出发点而达到自己目的的投其所好的让步技巧，通常都能起到较好的推销效果。

采用该技巧时要讲究策略：不能作无谓的让步。每次让步都是为了换取对方在其他方面的相应让步，即你的让步必须是为了说服对方接受你的其他意见，决不能把让步作为赢得对方好感的手段。不要过快地做出让步的决策，让步的频率不能太快，幅度不能太大，否则，对方会得寸进尺，步步紧逼，提出更高的要求，使你处于被动地位。让步的时机必须选择得当，重大让步应在洽谈接近结束时才做出，并与达成最后的协议挂钩。

(4)旁敲侧击，迂回作战。当对方提出异议时，不与他直接冲撞，而是采取迂回的方法向对方表示自己的观点，这样做既可以避免僵局的出现，又可以比较容易地劝说对方改变观点和立场。

例如，当顾客压价很低时，若与其争论，不但不能说服对方，反而可能导致洽谈破裂。你若能给他举例，某公司只图价钱便宜买回一批质量低劣的货物，导致顾客纷纷要求退赔，最后致使生意亏损了一大笔钱。这样，对方也许更加容易接受你的建议。

## 三、洽谈的策略技巧

推销洽谈的策略多种多样，巧妙地运用推销洽谈的策略可以起到事半功倍的效果，能够顺利地化解僵局，最终使双方达成一致。在推销洽谈过程中，人们根据经验总结出一些策略，主要的策略介绍如下：

### (一)最后通牒策略

在推销洽谈的过程中，富有经验的洽谈人员常常体验到，通常约有 90%的时间花费在讨论一些无关紧要的事情上，而关键性的问题和实质性的问题却是在最后剩下的不到 10%的时间里谈成的。因此，洽谈者必须认真安排好谈判的全部时间与最后时间的关系。首先，要安排好谈判时间表，合理地估计每个问题使用的谈判时间；其次，把开始的大部分时间用在讨论外围问题或枝节性的小问题上，而将剩下的一点“最后十分钟”的时间花在洽谈实质性的问题或关键性的大问题上。这样的时间安排顺序的好处是：避免谈判一开始，就在讨论实质问题上发生“触礁”、“翻船”。同时，在推销的准备阶段上，要有全面了解考察对手的时间安排。

### (二)自我发难策略

自我发难策略是在洽谈中针对对方可能提出的问题，先自行摆出，再加以解释并阐明立场的洽谈策略。这种策略必须建立在深入调查、知己知彼的基础上，问题必须选得恰当，理由必须令人信服。否则不但达不到预定的目的，还会使自己处于被动的局面。

例如,由于己方的报价比其他企业同类产品高20%,估计对方一定会对这一问题心存疑惑,并且会怀疑己方洽谈的诚意,进而影响到他们对洽谈的态度和信心。因此,在洽谈的一开始就应予以介绍:与同类产品的报价相比,本企业的价格要高20%,看起来似乎价格过高,但是实际并不高。首先,本企业采用的是进口优质原料,质量绝对可靠,而其他企业产品则采的是国产原料。第二,本企业完全按ISO 9000标准进行生产和管理,产品合格率比其他同类产品高30%;第三,本产品获得国家专利,有独特的性能;第四,在一年内,对不合格的产品一律给予退换;第五,本企业是该行业最大的供应商,货源充足,能够保证长期稳定的供应。通过这种自我发难,解释疑难,使对方感到己方是以诚相见,从而解除疑虑,顺利地达到洽谈的目的。

### (三)步步为营策略

步步为营策略是指在洽谈中,不是一次就提出总目标,而是先从某一具体目标入手,步步为营,最后完成整个目标的洽谈策略。该洽谈方法有利于取得阶段性的胜利,可以一步一步地掌握主动权,相反,如果一揽子将己方目标一下子说出来,会令对手难以接受。例如,先就订货数量、产品规格、型号、质量标准等进行洽谈,待达成一致意见后再就产品价格进行洽谈,然后,再就付款方式、交货时间等进行洽谈,在每个具体问题上都取得了成果,也就完成了总的洽谈任务。

### (四)折中调和策略

折中调和策略是指在洽谈处于僵持局面时,由一方提出折中调和方案的前提是对方也必须做出一些让步以达成协议的策略。例如,我同意降价10%,但你也得同意将订货数量再增加30%;这种折中调和貌似公平,但实际上并不一定,对付这种策略必须权衡得失,要经过仔细的计算,用数字说明问题。有时在关键问题坚持自己的立场是可以使对方妥协,达成交易的,这需要具体问题具体分析。有时,对方提出采用这种策略是想取得更好的交易效果,满足对方更大利益,实质上也是试探性的考察己方的态度,从另一种程度上来讲,对方已经默许了己方的条件。

### (五)参与说服策略

在推销洽谈中,如果推销员把意见说成是自己的,可能顾客会有异议,因此往往聪明的推销员先倾听顾客的意见,在顾客提出自己能够接受的意见后,推销人员在承认顾客意见的前提下,结合实际情况做出适当的补充和修改。这就是参与说服策略,这种策略减少了顾客反对的概率。因为,如果他们反对这个意见就是反对他自己。

### (六)寻找共同点策略

推销洽谈几乎都是从寻找共同点开始的,因为大家彼此都不愿意接受不同意见,从部分意见相同点开始入手谈判,可以形成良好的气氛,缩短双方与顾客之间的感情距离,为进一步洽谈打下良好的基础。

## ◈任务总结

推销洽谈过程中,倾听顾客的需求是非常重要的,通过倾听可以了解顾客的需求,获取顾客的信任。在了解了顾客的需求后,运用恰当的语言和表达方式来推销产品,运用推销洽谈的策略来实现推销产品的目标。

## ◈拓展案例

### 上当

一名叫安古斯·麦克塔维希的生意人想换一艘游艇，正好他所在的游艇俱乐部的主席想把自己的游艇出售，再买更大的，他表示有兴趣买下主席先生的游艇，两人谈得很投机。“你出个价吧！”主席先生说。安古斯·麦克塔维希小心翼翼地报了一个价格：“我凑到手的钱只有14.3万镑，你看怎么样？”其实，他有14.5万镑，他留了余地以准备讨价还价。没想到对方很爽快：“14.3万镑就14.3万镑，成交了！”可是安古斯·麦克塔维希的高兴仅仅维持了几分钟，他就开始怀疑自己上当了，那艘游艇他横看竖看总觉得有问题。十多年来，每当他提起这笔交易时，总认为是自己上当了。

[分析思考]

安古斯·麦克塔维希为什么会后悔呢？安古斯·麦克塔维希之所以仅仅高兴了几分钟就开始后悔，一方面是对方让步太快，以致使他有自己是否开价太高了的感觉；另一方面是在没有真正把握对方意图和想法的时候，就做出价格让步，让他感到利益受损了。

## ◈拓展训练

要求：推销洽谈技巧的运用。

实施：

1. 根据各小组搜集到的某一顾客背景资料，以小组为单位进行推销洽谈模拟训练。
2. 其他小组进行评价。

## ◈思考与练习

1. 在推销洽谈过程中，推销人员必须遵循的推销洽谈原则有哪些？
2. 推销洽谈的策略、方法各有哪些？
3. 推销洽谈的技巧主要体现在哪些方面？
4. 推销人员在洽谈阶段必须完成的主要任务有哪些？
5. 何谓推销洽谈提示法？它包括哪些具体方法？在使用时分别应注意什么？
6. 何谓推销洽谈的演示法？它包括哪些具体方法？在使用演示法时要注意什么？

# 项目五　处理顾客异议

## 任务一　分析顾客异议的类型与成因

### ◈学习目标

1. 学生要能了解顾客异议的类型。

2. 认识顾客异议产生的原因。

### ◈案例导入

由于李明在洽谈之前做好了相应的准备，在洽谈中坚持了一定的原则，明确了洽谈的目标，并且选择了正确的洽谈方法，所以，刚开始的洽谈比较顺利，但随后王经理就有关产品的价格、质量等问题提出了异议。李明究竟该如何看待这些异议？分析这些异议是如何产生的？

### ◈任务分析

了解顾客异议的类型，认识顾客异议产生的原因。

### ◈任务实施

#### 一、什么是顾客异议

顾客异议又叫推销障碍，是指在推销洽谈中被顾客用来作为拒绝购买理由的各种问题、意见和看法。它是顾客针对推销员及其在推销中的各种活动所做出的一种反应，是顾客对推销品、推销人员、推销方式和交易条件发出的怀疑、抱怨，提出的否定或反对意见。在实际推销过程中，推销人员会经常遇到："对不起，我很忙"、"对不起，我没时间"、"对不起，我没兴趣"、"价格太贵了"、"质量能保证吗？"等被顾客用来作为拒绝购买推销品的问题，这就是顾客异议。

#### 二、如何看待异议

顾客对购买产品产生异议，是在购买行为中必然会发生的事情。面对如何处理顾客的异议有几个重要的方法和心态。

首先当顾客提出异议的时候，你要把每一个异议转换成顾客的一个问题。比如当顾客对你说："你的产品太贵了。"听到这一句话，你要将其转换成顾客在问你："请你告诉我为什么你的产品值这么多钱？"或是："请你告诉我，为什么我花这么多钱购买你的产品是值得的？"

其次导购员要有一个正确的心态：推销过程中出现的异议是很正常的，其表现形式也是多种多样的，它们既有真实的，也有虚假的；既有公开的，也有隐藏的。它需要推销员善于识别、冷静地分析,机智地处置,巧妙地化解。顾客的异议并没有什么可怕的,顾客的每一个异议都是让你攀向成功的阶梯,每当你解除了顾客的一个异议,你就向成功的目标迈进了一步。据销售统计:当顾客有异议时的成功率比无异议时高出10%。

## 三、顾客异议的种类

### (一)真实的异议

客户表达目前没有需要或对您的产品不满意或对您的产品抱有偏见,例如,从朋友处听说您的产品容易出故障。面对真实的异议,必须视状况采取立即处理或延后处理的策略。对异议最好立刻处理的状况有:

(1)当客户提出的异议是属于他关心的重要事项时。

(2)必须处理后才能继续进行推销说明时。

(3)当处理异议后,能立刻要求签订订单时。

对异议最好延后处理的状况:

(1)对推销员权限外或确实不确定的事情,可承认无法立刻回答,但保证会迅速地找到答案告诉他。

(2)当客户在还没有完全了解产品的特性及利益前,提出价格问题时,最好将这个异议延后处理。

### (二)虚假的异议

(1)指客户用借口、敷衍的方式应付,目的是不想真心介入销售活动。

(2)客户提出很多异议,但这些异议并不是他们真正在乎的地方。

如“你们公司的宣传资料没有某公司的漂亮”、“你们公司的包装袋颜色不好看”等。

### (三)隐藏的异议

客户并不把真正的异议提出来,而是提出各种真的异议或假的异议,目的是要达成隐藏异议解决的有利环境。例如,客户希望降价,但却提出其他如品质、外观、颜色等异议,以降低产品的价值,而达成降价的目的。

## 四、顾客异议的几种类型

顾客异议的类型有:产品异议、价格异议、利益异议、政策异议、制度异议、购买时间异议等。

### (一)产品异议

产品异议是指顾客认为产品本身不能满足自己的需要而形成的一种反对意见。例如,“我不喜欢这种颜色。”“这个产品造型太古板。”“新产品质量都不太稳定。”还有对产品的设计、功能、结构、样式、型号等等提出异议。产品异议表明顾客对产品有一定的认识,但了解还不够,担心这种产品能否真正地满足自己的需要。因此,虽然有比较充分的购买条件,就是不愿意购买。为此,营销员一定要充分地掌握产品知识,能够准确、详细地向顾客介绍产品的使用价值及其利益,从而消除顾客的异议。

### (二)价格异议

价格异议是指顾客以推销产品价格过高而拒绝购买的异议。无论产品的价格怎样,总有些人会说价格太高、不合理或者比竞争者的价格高。例如，“太贵了，我买不起。”“我想买一种便宜点的产品。”“我不打算投资那么多，我只使用很短的时间。”“在这些方面你们的价格不合理。”以及“我想等降价了再买。”当顾客提出价格异议，表明他对推销产品有购买意向，只是对产品价格不满意，而进行讨价还价。当然，也不排除以价格高为拒绝营销的借口。在实际营销工作中，价格异议是最常见的，营销员如果无法处理这类异议，销售就难以实现。

### (三)利益异议

利益异议是指顾客认为产品本身不能满足自己某个方面利益的需要，而形成的一种反对意见。例如，“这种颜色不好卖，利润小。”“这个产品买得起用不起。”“这个产品税收高了。”可以说利益异议是顾客向推销员发出的请求帮助的信号，是顾客在探询推销人员并寻找应对措施的一种方法。可见，推销人员熟悉推销品的相关购买利益是非常重要的，以便在实际推销活动中能有效地解决顾客的利益异议方面的问题。如告诉他你要的颜色下周有货到；这个产品因为你将来卖的时候收入高，所以税收高了点，那是合理的。

### (四)政策异议

政策异议是指顾客对自己的购买行为是否符合有关政策的规定而有所担忧，进而提出的一种异议，也称为责任异议。提出政策异议的顾客大多属于组织购买者。在现实生活中，购买政策多属于向社会公开的信息，在顾客看来，推销员理应熟悉和掌握推销品的有关购买政策。可以说政策异议是顾客向推销员发出的请求帮助的信号，是顾客在试探推销人员。可见，推销人员熟悉推销品的相关购买政策是非常重要的，以便在实际推销活动中能有的放矢地解决顾客的政策异议方面的问题。

### (五)制度异议

制度异议是指顾客认为消费该产品要等到国家出台了更为有利的制度支持时再购买，而形成的一种反对意见。例如，“我等国家对它多补贴时再买。”如房屋销售中顾客不买房，说，等奖金制度再好些才买。分析其原因是销售时出现的推销员自我意识膨胀，不注意团队合作；企业奖金制度不合理；销售现场管理有误。

解决的办法是强调团队合作，鼓励共同进步；征求各方意见，制定合理的奖金制度；加强现场管理，避免人为不公；个别害群之马，坚决予以清除。

### (六)购买时间异议

购买时间异议是指顾客自己认为值得购买的时机还没有成熟而形成的异议。即他不在你推销产品的时间里购买你的产品。如“让我再想一想，过几天答复你。”“我们需要研究研究，有消息再通知你。”这些拒绝很明显意味着顾客还没有完全下定决心，拖延的真正原因，可能是因为价格、产品或其他方面不合适。有些顾客还利用购买时间异议来拒绝营销人员的接近和面谈。因此，营销人员要具体分析，有的放矢，认真处理。

由于营销的环境、客户及营销方法等不同，导致顾客表示异议的时间也不相同。一般来说，顾客表示异议的时间有以下几种：

(1)首次会面　营销员应预料到顾客开始就有可能拒绝安排见面时间。如果这个顾客非常具备潜在顾客的条件，营销人员应事先做好心理准备，想办法说服顾客。

(2)产品介绍阶段　在这一阶段，顾客很可能提出各种各样的质疑和问题。事实上，营销人员正是通过顾客的提问去了解顾客的兴趣和需求所在。如果顾客在营销介绍的整个过程中一言不发、毫无反应，营销人员反而很难判断介绍的效果了。中国有句古话：说好是看客，挑剔是买主。提出疑问，往往是购买的前兆。

(3)营销结束(试图成交)阶段 顾客的异议最有可能在营销人员试图成交时提出。在这一阶段，如何有效地处理顾客的异议显得尤为重要。如果营销人员只在前面两个阶段圆满地消除了顾客的异议，而在最后关头却不能说服顾客，那一切的努力都将付诸东流。

为了避免在成交阶段出现过多的异议，营销人员应该在准备营销介绍时，就主动回答顾客有可能提出的异议，为成交打下基础。如果在试图成交阶段顾客还有很多的异议，就说明在前面营销介绍阶段存在的漏洞太大。

## 五、顾客产生异议的原因

购买时间异议产生的原因是：顾客对产品没有信心，怕上当；或者最近手头没钱；或者顾客是没有主见的人，不敢做购买的决定。

### (一)顾客方面的原因

当今社会，人的社会心理及社会关系存在着必然冲突，推销活动必定是在这种冲突中进行的。但是现在推销学对此主张的是一种积极的思维方式，即我们不指望冲突更少，而是努力地去把握和化解冲突。

在推销过程中，顾客异议的成因是多种多样的。既有必然因素，又有偶然因素；既有可控因素，又有不可控因素；既有主观因素，又有客观因素。但归纳起来主要有以下几个方面的原因。

1.顾客的观念与偏见

大多数人对改变都会产生抵抗，推销员的工作，具有带给客户改变的含意。例如，从目前使用的A品牌转成B品牌，从目前可用的所得收入中，拿出一部分钱购买未来的保障等，都要让客户改变目前的状况。所以因为顾客的观念与偏见而带来的拒绝改变，也就不买其推销的产品。

2.顾客的知识结构与认识水平

现代科学技术的发展，使产品的市场寿命周期越来越短，新产品层出不穷，产品的科技含量大大提高。一些新产品，尤其是科技含量较高的产品特点与优势并不能立即被认识和接受，从而导致了顾客异议的产生。一般来说，顾客的文化程度越低，所懂得的购买与消费方面的知识越少，往往在新技术产品的购买、消费方面知之甚少，甚至无知，容易导致异议。因此推销员应从关心与服务顾客的角度出发，以各种有效的展示与演讲方式深入浅出地向顾客推荐商品，进行启蒙和普及宣传工作，使顾客正确地认知商品，以便有效地消除顾客异议。

3.顾客的习惯与购买经验

顾客在日常购买活动中形成的习惯一般不容易改变，有的是方便，有时是不自觉地走到了他常去的店。而他的购买经验往往用以指导后续的购买行为，如果顾客在以往购买实践中有过较大的经验教训，顾客可能会牢记心间并形成对某个或某类推销品或推销员的成见。成见是顾客认知中一个错误的知觉，在文化水平较低、购买经历较多而思想狭隘的顾客中较为常见。在高新技术产品日新月异、层出不穷的当今社会，经验与成见是导致推销失败的一种障碍，尤其对一些新产品与高新技术产品而言。

4.顾客的情况发生了变化

顾客原来有准备购买的意思,但是后来因为家里或者组织单位或者国家政策发生了一些改变,情况发生了变化,顾客无能力或者没有必要或者无心情购买。

5.顾客不需要推销品

即需求异议是指顾客认为不需要该产品而形成的一种反对意见。它往往是在营销人员向顾客介绍产品之后,顾客当面拒绝的反应。例如,一位女顾客提出:“我的面部皮肤很好,就像小孩一样,不需要用护肤品。”“我们根本不需要它。”“这种产品我们用不上。”“我们已经有了”等等。这类异议有真有假。真实的需求异议是成交的直接障碍。营销人员如果发现顾客真的不需要产品,那就应该立即停止营销。虚假的需求异议既可表现为顾客拒绝的一种借口,也可表现为顾客没有认识或不能认识自己的需求。营销人员应认真地判断顾客需求异议的真伪性,对虚假需求异议的顾客,设法让他觉得推销产品提供的利益和服务,符合顾客的需求,使之动心,再进行营销。

6.顾客经济困难

顾客的购买力是指在一定的时期内,顾客具有购买商品的货币支付能力。它是顾客满足需求、实现购买的物质基础。如果顾客缺乏购买力,就会拒绝购买,或者希望得到一定的优惠。有时顾客也会以此作为借口来拒绝推销员,有时也会利用其他异议来掩饰缺乏购买力的真正原因。因此,推销员要认真地分析顾客缺乏购买力的原因,以便做出适宜的处理。不能因为顾客缺乏购买力而为难他。他可是潜在的顾客。

7.顾客没有购买权

即权力异议是指顾客以缺乏购买决策权为理由而提出的一种反对意见。例如,顾客说:“做不了主。”“领导不在。”等等。权力异议也有真实或虚假之分。营销人员在进行寻找目标顾客时,就已经对顾客的购买资格和决策权力状况进行过认真的分析,也已经找准了决策人。面对没有购买权力的顾客极力推销商品是营销工作的严重失误,是无效营销。营销人员必须根据自己掌握的有关情况对权力异议进行认真分析和妥善处理。

在实际的推销洽谈过程中,推销员会遇到顾客说:“对不起,这个我说了不算”、“等我家里人回来再说吧”“我们再商量一下”等托词,这可能说明顾客确实决策权力不足,或顾客有权但不想承担责任,或者是找借口。推销员要仔细地分析,针对不同的情况,区别对待。

8.顾客谨小慎微,顾虑重重

人有本能的自我保护意识,在没弄清楚事情之前,会对陌生人心存恐惧,自然会心存警戒,摆出排斥的态度,以自我保护。当推销人员向顾客推销时,对于顾客来说推销员就是一位不速之客,推销品也是陌生之物。即使顾客明白推销品的功能、作用,而且是自己所需要的物品,但他也会表示出一种本能的拒绝,或者提出这样那样的问题乃至反对意见。绝大多数的顾客所提出的异议都是在进行自我保护,也就是自我利益的保护。他们总是把得到的与付出的做比较。因此,推销人员要注意唤起顾客的兴趣,提醒顾客购买推销品所能带来的利益,才能消除顾客的不安,排除障碍,进而达成交易。

9.顾客心境不佳

顾客的情绪不好,心情欠佳。人的行为有时会受到情绪的影响。推销人员和顾客约好见面的,但是顾客临时遇到了不开心的事情时,就很可能提出各种异议,甚至恶意反对,借题大发牢骚,肆意埋怨。此时,推销员需要理智和冷静,正视这类异议,做到以柔克刚,缓和气氛。或者让他说出来，他的心里痛快些，你只要听着就好。反之，就可能陷入尴尬的境地。

10. 顾客与其他卖主有良好的关系

大多数顾客在长期的生产、经营中，往往与某些推销员及其所代表的企业形成了比较稳定的购销合作关系，组织购买者尤其如此。即货源异议。当新的推销人员及其企业不能使顾客确信可以从推销方得到更多的利益和更可靠的合作时，顾客是不愿意冒险随便丢掉长期以来建立的固定的业务合作关系的，因而对陌生的推销员和推销品怀有疑惑、排斥的心理。例如："我用的是某公司的产品""我们有固定的进货渠道。""买国有企业的商品才放心"等等。顾客提出了货源异议，表明顾客愿意购买产品，只是不愿向眼下这位营销员及其所代表的公司购买。当然，有些顾客是利用货源异议来与营销人员讨价还价，甚至利用货源异议来拒绝营销人员的接近。因此，营销员应认真地分析货源异议的真正原因，利用恰当的方法来处理货源异议。

### (二)推销品方面的原因

推销品自身的问题使顾客对推销品产生异议的原因也有很多，大致可归纳为以下几方面。

1. 推销品的质量

推销品的质量包括：推销品的性能(适用性、有效性、可靠性、方便性等)、规格、颜色、型号、外观包装等。如果顾客对推销品的上述某一方面存在疑虑、不满，便会产生异议。当然，有些异议确实是推销品本身有质量问题，有的却是顾客对推销品的质量存在认识上的误区或成见，有的是顾客想获得价格或其他方面优惠的借口。所以，推销员要耐心地听取顾客的异议，去伪存真，发掘其真实的原因，对症下药，设法消除异议。

2. 推销品的价格

美国的一项调查显示：有 75.1%的推销员在推销过程中会遇到有价格异议的顾客。顾客产生价格异议的原因主要有：顾客主观上认为推销品价格太高，物非所值；顾客希望通过价格异议达到其他目的；顾客无购买能力等等。要解决价格异议，推销人员必须加强学习，掌握丰富的商品知识、市场知识和一定的推销技巧，提高自身的业务素质。

3. 推销品的品牌及包装

商品的品牌一定程度上可以代表商品的质量和特色。在市场中，同类同质的商品就因为品牌不同，售价、销售量、美誉度都不同。一般来说，顾客为了保险起见，即顾客为了获得较高的心理安全度，通常在购买商品时都会挑选名牌产品。

商品的包装是商品的重要组成部分，具有保护和美化商品、利于消费者识别、促进产品销售的功能，是商品竞争的重要手段之一。一般顾客都喜欢购买包装精巧、大方、美观、环保的商品。

可见，无论是品牌还是包装，它们都是商品的有机组成部分。如果顾客对它们有什么不满，也可能引起顾客的异议。推销员要能灵活地处理异议，企业也应该重视商品的品牌创建和商品的包装。

4. 推销品的销售服务

商品的销售服务包括商品的售前、售中和售后服务。在日益激烈的市场竞争中，顾客对销售服务的要求越来越高。销售服务的好坏直接影响到顾客的购买行为。在实际推销过程中，顾客对推销品的服务异议主要有：推销员未能向顾客提供足够的产品信息和企业信息；没能提供顾客满意的服务；对产品的售后服务不能提供一个明确的信息或不能得到顾客的认同等。

对企业来讲，商品的销售服务是现在乃至将来市场竞争中的最有效的手段，推销人员为减少顾客的异议，应尽其所能，为顾客提供一流的、全方位的服务，以赢得顾客，扩大销售。

### (三)推销人员方面的原因

即营销人员异议，是指顾客认为不应该向某个营销人员购买推销产品的异议。有些顾客不肯买推销产品，只是因为对某个营销人员有异议，他不喜欢这个营销人员，不愿让其接近，也排斥此营销人员的建议。但顾客肯接受他认为合适的其他营销人员。比如："我要买老王的产品。""对不起，请贵公司另派一名营销人员来"等等。营销人员对顾客应以诚相待，与顾客多进行感情交流，做顾客的知心朋友，消除异议，争取顾客的谅解和合作。

顾客的异议可能是由于推销员素质低、能力差等造成的。例如，推销员的推销礼仪不当；不注重自己的仪表；对推销品的知识一知半解，缺乏信心；推销技巧不熟练；推销员无法赢得客户的好感，其举止态度让客户产生反感；做了夸大不实的陈述，为了说服客户，往往以夸大不实的说辞哄骗客户，结果带来了更多的异议。如商人夸了矛，又说他的盾如何如何得好，顾客说"以子之矛攻子之盾，何如？"推销员在说明产品时，使用了过于高深的专业知识、专门术语，会让客户觉得自己无法胜任使用，而提出异议。推销员不当的沟通，说得太多或听得太少都无法确实把握住客户的问题点，而产生许多的异议。或者推销员展示失败，这会立刻遭到客户的质疑。姿态过高，处处让客户词穷。推销员处处说赢客户，让客户感觉不愉快，而提出许多主观的异议。例如，不喜欢这种颜色、不喜欢这个式样等。因此，推销人员能力、素质的高低，直接关系到推销洽谈的成功与否，推销人员一定要重视自身修养，提高业务能力及水平。顾客买商品的同时还要有精神上的满足感。谁愿意花钱买气受？

### (四)企业方面的原因

在推销洽谈中，顾客的异议有时还会来源于企业。例如，企业经营管理水平低，产品质量不好，不守信用，企业知名度不高等。这些都会影响到顾客的购买行为，顾客对企业没有好的印象，自然对企业所生产的产品就不会有好的评价，也就不会去购买。

## ◈任务总结

客户异议是指顾客就推销的产品、推销人员、推销活动及交易条件等提出的否定或反对意见。在推销过程中面对客户异议是不可避免的，推销人员要正确地认识客户异议，积极、诚恳、认真、巧妙地处理客户异议。客户异议产生的原因有很多，表现形式也千差万别，作为推销人员要仔细地观察、认真分析，找到客户提出异议的根本动机，再有针对性地掌握适宜的时机、运用适当的方式予以处理。本内容对客户异议的含义、类型、成因进行了详细的讲解和分析。掌握的难点在于如何确定客户异议的性质和动机。这需要学生从大量的案例分析、模拟训练中慢慢体会。

## ◈拓展案例

### 一位"吃过亏"的顾客的回答

一位汽车推销员正在电话里同顾客进行交谈。顾客虽然很有礼貌，但声音显得很强硬。"不，谢谢你啦！我现在不需要购买新汽车，如果需要的话，我自己会找汽车经销商的。记得一年前，我经不起一个推销员的百般劝说，就向他买了一辆小汽车，可是还没用多长时间，那辆汽车就坏了。老实对你说吧，吃亏上当只有一次，我再也不会听你们那套销售经了。”

（资料来源：《最成功的推销经验》，陈企华编著，中国纺织出版社 2003 年版）

[分析思考]

由于其他推销人员使用了对顾客不负责任的推销方法，使这位“吃过亏”的、有过经验教训的顾客，面对其他的推销人员自然心生反感，给其他推销人员的推销工作带来了不利的影响，增加了推销阻力。推销人员对于固守购买经验与成见的顾客，应从认知的角度进行科学的分析，做好转化与耐心的解释工作，以达到有效地处理顾客异议的目的。

在推销洽谈过程中，来自顾客方面的异议是多方面的，也是复杂的。推销人员要想处理好这一环节，就应始终站在顾客的立场上，处处为顾客着想，方能达成交易。

## ◈拓展训练

王经理：“A 公司的 BC 牌空气净化器和你们的这种产品是同一类型的产品，可是它耗电比你们低，价格也比你们的便宜。为什么？”

请分析异议原因。

## ◈思考与练习

1. 什么是顾客异议，这类现象在实践中普遍存在吗？

2. 情景中顾客所提到的是关于哪一方面的异议？除了这类异议，在现实中还存在哪些类型的异议？

3. 假如你是推销员碰到这类异议，你会如何处理？

4. 顾客异议的两面性是什么？

# 任务二　顾客异议处理的策略选择

## ◈学习目标

学习本内容后，学生应该掌握顾客异议处理的原则和处理策略。

## ◈案例导入

李明：“王经理，对于我们的产品，您还有什么地方需要我解释的吗？”

王经理：“你们公司的这款产品比××公司的价格要高一些，我还要考虑考虑。”

李明：“您说的那家公司我知道，那么您能告诉我从产品的质量和性能上看，我们公司的产品和那家公司的产品相比，哪一个更好些吗？”

王经理：“这个嘛，好像他们公司的那款功能更齐全些。”

李明：“其实，我们公司的另外一款产品也具备刚才您说的那几种功能。但是对于一般家庭的使用来说，这款功能就足够用了。”

试分析李明采取了何种策略，遵循了何种原则来处理异议？

## ◆任务分析

1. 顾客异议的处理原则。

2. 顾客异议的处理策略。

## ◆任务实施

### 一、推销员要把握顾客异议处理的原则

顾客异议无论何时产生，都是潜在的顾客拒绝推销品的理由。推销员必须妥善地处理顾客异议才有望取得推销的成功。为了高效而顺利地完成这一任务，推销员在处理顾客异议时必须遵循一些基本原则，并灵活地运用一些基本的策略。在处理异议大原则的范围内，我们不能激怒顾客甚至得罪顾客。在销售过程中，客户异议是客观存在、不可避免的，它是成交的障碍，也是客户对产品产生兴趣的信号。若推销员处理得当，反而能使推销工作进一步地深入下去。可以说，任何销售几乎都是从客户异议开始的，推销员只要遵循客户处理异议的原则，就不必惧怕它。那么，推销员处理客户异议时应遵循哪些原则呢？一般应遵循以下几种原则：

#### (一)坚持证实原则

由于买卖双方的价值观、态度、利益、角度及其需要的不同，异议自然而然地产生了，并且异议是循序渐进的，在销售过程中必不可少的环节。推销障碍既然是一种客观的存在，推销人员就需要正确地理解、正确地对待并且去证实它。

当顾客提出异议时，推销人员要认真地听取，并表现出极大的关心和兴趣，这本身就是赢得顾客好感的有效方法，必要时还可以重述顾客异议，但要注意不要曲解顾客异议的内容。这一方面可以为自己明确异议的内容和根源，寻找有效的解决方法赢得时间；另一方面也会使顾客觉得受到了尊重。只有正确地对待顾客异议，才能促进推销成功。

#### (二)坚持真实原则

找不到真实的顾客异议，就不能解决顾客心中最大的顾虑，就像医生看病一样，只有找出病根，才能对症下药，所以，医生让你先检查后看病。回答顾客的异议应简明扼要，不要偏离正题，应该客观、真实。在回答问题时也不要过于集中地讨论某一方面的异议，要学会适当地转换话题，分散顾客对某一方面异议的注意力。在回答顾客异议时，要尽量地避免用你个人的看法去影响顾客，少说“如果我是你的话，我将……”，“我有过亲身体验……”之类的话，因为顾客并不那么相信你或试图征求你的意见，这样回答更容易引起顾客的疑虑或反感。要巧妙、正确地、真实地回答顾客异议，还必须对你的产品有全面的了解，特别是对产品的使用说明更要熟悉。要掌握顾客的情况和真实的感受，并对一切做好充分的准备。这样，对顾客提出的异议才能对答如流，提高回答问题的可信度和准确性；同时还应该注意你的回答对顾客可能产生的影响，要经常地向顾客询问是否满意，不搪塞顾客的要求和异议，否则你的回答将达不到好的效果。

#### (三)坚持认真分析原则

顾客既然提出异议，一定有他的理由。所以，对持有异议的顾客，要尊重、理解、体谅他，并找出异议的真正原因，然后帮助他、说服他。另外，推销人员还要学会洞察顾客的心理，认真地分析顾客的各种异议，把握住到底有哪些是真实的异议，哪些是顾客拒绝购买的托词，并探寻

其异议背后的“隐藏动机”。要弄清“隐藏动机”,需要推销人员向顾客提出问题,并细致地观察。只有认真、准确地分析各种顾客异议,才能从中了解顾客的真实意图,才能在此基础上有针对性地处理各种异议,从而提高推销的成功率。

### (四)坚持和气原则

顾客对推销活动产生了疑问、抱怨和否定态度,总是有一定原因的,即使是顾客对物美价廉的产品和优惠的交易条件缺乏了解而提出异议,也正说明了推销活动还存在着不足之处。同时,能否和气地处理顾客异议,也是推销人员是否具有良好素质与修养的一个体现。只有和气地处理顾客异议,才能在此基础上做好转化工作。要知道,顾客之所以购买推销品,并非完全是出于理智,在许多情况下是出于感情。和气地处理顾客异议应具体地体现在推销人员的言谈举止中。

[案例]

## 客户的抱怨

美国纽约电话公司曾遇到一个蛮不讲理的客户,他拒不付电话费,声称电信公司的记录是错的。对此,他暴跳如雷,破口大骂,甚至威胁要砸碎电话机,同时写信给各大报社,向公共服务委员会抱怨。为此,与电话公司打了好几场官司。公司派出好几个人去处理此事都失败了。后来,公司派了最有耐心的乔治去处理此事。在乔治面前,那位客户没完没了地大发脾气。第一次,乔治静静地听了3小时,对客户所讲的每一点都表示同情。后来又去了3次,静听客户的抱怨。在第四次时,客户的态度渐渐地变得友好起来。最后,乔治说服了这位客户加入了他的“电话用户保持协会”,与此同时,客户付清了全部电话欠费账单,结束了他的投诉。

(资料来源:《现代实用推销学》,姚书元、沈玉良编著,复旦大学出版社2004年版)

[分析思考]

美国心理学家马斯洛认为,每个人都有受尊重的需求,都希望得到别人的尊重。身为推销人员,当顾客提出异议乃至抱怨时,应学会认真地倾听并表示理解与同情,不要随便打断顾客的话,更不要与顾客发生争吵,因为争吵说服不了顾客,即使争吵“得胜”,也会因此而失掉成交的机会。正所谓:“口头争论占上风,得罪买主一场空。”本案例中乔治的成功充分地证明了这一点。

### (五)坚持情感原则

坚持情感原则就是要求销售人员多站在客户的立场上想问题,多替客户想想,处理各种异议时应该表现出对顾客是有感情的。当客户提出异议时,可以想象假如自己是客户,提出这些异议时,自己的真实想法会是什么样的,千万不要从内心上将自己和客户对立起来,认为客户提出异议就是想和自己作对。其实,在推销过程中,你买我卖本是互惠互利的事情,没有什么尖锐的矛盾,要以情感人。

### (六)坚持彻底消除原则

对于顾客提出的异议,推销员要坚持彻底消除异议,应选择适当的时机。有的异议的是推销人员必须答复的,而且能够给消费者一个圆满答复的,应立即处理,称为“热处理”;有的异议是推销人员不能自圆其说或是异议偏离主题,可不必马上答复,甚至不予理睬,称为“冷处理”;

有的异议已在预料之中，推销员应做好准备，先发制人，在顾客提出异议之前及时地解答，消除顾客的疑虑，争取顾客的信任。每个销售员都有自己独特的处理异议的方法，不同的方法适用于不同的客户、产品和场合。一名优秀的销售员，只有掌握了多种多样的消除异议的方法，才能在处理客户异议过程中取胜，使销售工作顺利地进入下一个阶段。

以上各种原则都是推销员处理客户异议的一般原则，依据这些原则，推销员可以更好地把握和处理各种异议的界限和分寸。当然，在实际运用中，销售员还应注意具体情况具体对待。处理客户异议，既要讲究原则，更要讲究方法，只有灵活地运用最恰当、最有效的处理方法，才能成功地处理好各类客户异议。

## 二、顾客异议处理策略

### (一)事前做好准备

有句话说得好：机会总是留给那些有准备的人。“不打无准备之仗”，这是销售人员面对顾客拒绝时应遵循的一个基本原则。销售前，销售人员要充分地估计顾客可能提出的异议，做到心中有数。这样，即使遇到难题，到时候也能从容地应对。事前无准备，就可能不知所措，顾客得不到满意答复，自然无法成交。可以说，良好的准备工作有助于消除顾客异议的负面性。所以我们要做的准备内容就是：熟悉产品知识，掌握产品的特点、优点、利益点，甚至产品的缺点，产品的订制方案；了解公司的企业文化，对公司的发展情况了如指掌，企业的品牌定位，如何塑造公司的品牌形象；导购人员自身的素质修养，沟通能力和销售技巧运用都需要做好准备；服务方面一定要清楚服务的流程、服务的礼仪、售后服务的原则；清楚公司的价格体系，懂得价格转化的技巧，引导顾客关注除了价格以外的企业更多其他方面的信息；适时地引导顾客，帮助顾客下决心购买的技巧。这些内容不但是我们在销售之前必备的常识，同时也是顾客可能会产生异议的问题根源，事先想到顾客可能有的异议，然后清楚怎么回答，将回答内容形成统一处理异议的话术，我们就可以做到兵来将挡，水来土掩，处理异议就显得游刃有余。

### (二)选择适当的时机

根据美国对几千名销售人员的研究，优秀销售员所遇到的顾客严重反对的机会只是其他人的1/10，原因就在于优秀的销售员往往能选择恰当的时机对顾客的异议提供满意的答复。在恰当时机回答顾客异议，便是在消除异议负面性的基础上发挥了其积极的一面。

分析顾客异议产生的6个方面因素，我们发现产品因素与品牌因素这两方面，一般而言是顾客急于需要得到解释的，所以我们遇到了这两类异议就必须立即做出处理。如果遇到人员因素和服务因素的话，我们就需要做出比较权衡，如相关异议对顾客的影响很大，就必须立即处理，如无伤大雅我们就尽量延后处理，否则可能会节外生枝导致失败。时间因素我们需要先判断顾客的购买紧急程度，如果时间已经很紧急，就要立即处理，否则视具体时间程度做出必要的回应，但不一定要做彻底的处理。价格因素方面的异议是最常见的顾客异议，也是我们感觉较为棘手的异议因素，因为此异议的处理跟成交的关系非常密切，因此在处理这样的异议时，我们必须先判断顾客的购物心理过程(注意、兴趣、联想、欲望、比较、信赖、行动、满足)，如果第一次进店且刚刚进店就提价格问题，显然还不到成交的时候，我们一定不能立即处理，否则会离成交越来越远，所以只能转移到其他方面，而对价格异议推后处理是为上策；如果对顾客对产品已经非常了解，没有其他问题了，此时若提出价格异议，我们就应马上处理了，处理好了自然也就成交了。

[知识链接]

转化法亦称利用处理法、反戈处理法,是指推销人员利用顾客异议中有利于推销成功的因素,并对此进行加工处理,转化为自己观点的一部分去消除顾客异议,说服其接受推销。转化法是一种有效的处理顾客异议的方法。这种方法是"以子之矛,攻子之盾",推销人员改变了顾客异议的性质和作用,把顾客拒绝购买的理由转化为说服顾客购买推销品的理由,把顾客异议转化为推销提示,把成交的障碍转化为成交的动力,不仅有针对性地转变了顾客在最关键问题上的看法,而且使之不再提出新的异议。并且,在这一方法里,推销人员直接承认、肯定了顾客意见,在此基础上转化顾客异议,这样可以保持良好的人际关系和洽谈气氛。但是,如果这种方法使用得不当,反而会给推销工作带来麻烦。因为,推销人员是直接利用顾客的异议进行转化处理的,会使顾客感到有损自尊,产生一种被人利用、愚弄的感觉,可能会引起顾客的反感甚至恼怒,也可能会使顾客失望而提出更难解决的异议。

### (三)永远不要与顾客争辩

"顾客是上帝"。不管顾客如何批评,销售人员永远不要与顾客争辩,"占争论的便宜越多,吃销售的亏越大"。与顾客争辩,失败的永远是销售员。一定要尊重顾客,顾客有问题、有想法提出来的目的,是需要得到正确的说法,这都属于正常的顾客异议。所谓的争辩其实总结一下无非是就这些方面来讨论:好与不好、快与慢、贵与不贵、对与不对等等,有的朋友总认为一定要争出个结果来才能善罢甘休,其实最终的结果一定是赢得了争辩却输掉了生意。因此我们一定谨记不能与顾客争辩,哪怕是出于顾客的无知、无赖甚至挑衅,我们也必须迎合他,委婉地解释,不作正面交锋,心平气和地谈问题,真心诚意地解决问题,这样,最后处理顾客的异议定会顺风顺水。

### (四)站在顾客的角度换位思考

要给顾客留"面子"。顾客的意见无论是对是错、是深刻还是幼稚,销售员都不能给对方留下轻视的感觉,要尊重顾客的意见,讲话时面带微笑、正视顾客,听对方讲话时要全神贯注,回答顾客问话时语气不能生硬。"你错了"、"连这你都不懂","你没明白我说的意思,我是说……","不买就一边去玩。"这样的表达方式抬高了自己,贬低了顾客,挫伤了顾客的自尊心。每个人都喜欢被别人给面子,每个人都喜欢被别人赞美,这样做让人感觉就是舒服。所以在处理顾客的异议时,我们要利用人性的这个特点,保持热情的态度,正确地运用赞美技巧,尽可能地和顾客套近乎,缩短相互之间的距离,消除相互间的陌生感,减弱顾客的戒备心理,增进相互间的理解,这样就一定能让我们在还未帮助顾客处理异议时,就已经建立了良好的第一印象,因此也容易博得顾客的良好印象。反之,顾客就到下一家店去了。

## ◈任务总结

为了高效而顺利地完成这一任务,推销员在处理顾客异议时必须遵循坚持证实原则、坚持真实原则、坚持认真分析的原则、坚持和气原则、坚持情感原则、坚持彻底消除原则等,并灵活地运用事前做好准备,选择适当的时机,永远不要与顾客争辩,站在顾客的角度换位思考等基本策略。

### ◆拓展案例

**如何处理异议**

一位中年女士来到化妆品柜台前,欲购护肤品,售货员向她推荐一种高级护肤霜。顾客异议:“我这个年纪买这么高档的化妆品干什么,我只是想保护皮肤,可不像年轻人那样要漂亮。”售货员回答:“这种护肤霜的作用就是保护皮肤的。年轻人皮肤嫩,且生命力旺盛,用一些一般的护肤品即可。人上了年纪皮肤不如年轻时,正需要这种高级一点的护肤霜。”

(资料来源:《现代推销技术》,李海琼主编,浙江大学出版社 2004 年版)

[分析思考]

阅读案例,请指出顾客异议的类型,并简析转化法在化解顾客异议过程中的具体运用。假如你是售货员,该怎样处理?

### ◆拓展训练

[案例]

王经理:“我前几天听说你们的产品质量好像出现了一点问题,情况属实吗?”

王经理:“我还听说你们的这个新产品的销售不是很好啊。”

作为推销员,你如何处理该异议?

## 任务三　顾客异议处理方法选择

### ◆学习目标

1. 学生应该掌握处理异议的方法。
2. 能根据情况选择恰当的方法去推销产品或者服务。

### ◆案例导入

张经理:“A 公司的××牌空调和你们的这种产品是同一类型的产品,可是它耗电比你们低,噪声小,价格也比你们的便宜。”李明该如何处理王经理的异议?

### ◆任务分析

1. 掌握处理异议的方法。
2. 能根据具体的情况选择恰当的方法处理异议。

◆任务实施

## 一、处理异议的方法

### (一)补偿法

补偿法又称抵销处理法、平衡处理法，是推销员在坦率地承认顾客所指出的问题时，的确存在的问题，指出顾客可以从推销品及其购买条件中得到其他的好处，使异议所提问题造成的损失得到了充分的补偿。

如果顾客的反对意见的确切中了产品或公司所提供的服务中的缺陷，千万不可以回避或直接否定。明智的方法是肯定有关缺点，然后淡化处理，利用产品的优点来补偿甚至抵销这些缺点。这样有利于使顾客的心理达到一定程度的平衡，有利于顾客做出购买的决策，增强购买的信心。

当推销的产品质量确实有些问题，而顾客恰恰提出："这东西质量不好。"营业员可以从容地告诉他："这种产品的质量的确有问题，所以我们才削价处理。不但价格优惠很多，而且公司还确保这种产品的质量不会影响您的使用效果。"这样一来，既打消了顾客的疑虑，又以价格优势激励顾客购买。这种方法侧重于心理上对顾客的补偿，以便使顾客获得心理平衡感。

[案例]

**冰箱的优点**

在一次冰箱展销会上，一位打算购买冰箱的顾客指着不远处的一台冰箱，对身旁的推销员说："那种 AE 牌的冰箱和你们的这种冰箱同一类型，同一规格，同一星级，可是它的制冷速度要比你们的快，噪声也小一些，而且冷冻室比你们的大 12 升。看来你们的冰箱不如 AE 牌的呀！"推销员回答："是的，你说的不错。我们冰箱噪声是大了点，但仍然在国家标准允许的范围以内，不会影响你家人的生活与健康。我们的冰箱制冷速度慢，可耗电量却比 AE 牌冰箱少得多。我们冰箱的冷冻室小但冷藏室很大，能储藏更多的食物。你一家三口人，每天能有多少东西需要冰冻呢？再说吧，我们的冰箱在价格上要比 AE 牌冰箱便宜 300 元，保修期也要长 6 年，我们还可以上门维修。"顾客听后，脸上露出欣然之色。

(资料来源：《如何成为推销高手》，倪政兴编著，西南财经大学出版社 2003 年版)

[分析思考]

该案例中这位推销员用"省电、冷藏量大、价格便宜、保修期长、维修方便"五种"长处"，弥补了自己冰箱"制冷慢、噪声大、冷冻室小"的"短处"，因而提高了自己冰箱的整体优势，使顾客觉得还是买该推销员推销的冰箱好。这就是补偿法的运用。

### (二)问题引导处理法

问题引导处理法又称询问法或追问法，是指推销员利用顾客提出的异议，直接地以询问的方式向顾客提出问题，引导顾客在回答问题的过程中不知不觉地回答了自己提出的异议，甚至否定自己，同意推销员观点的处理方法。

运用询问法来处理顾客异议，使推销员掌握更多的顾客信息，为进一步推销创造了条件;带有请教意义的询问会让顾客感到受到尊重或重视,从而愿意配合推销员的工作,使推销保持良好的气氛与人际关系;另外,该法还使推销员从被动听顾客申诉异议,变为主动地提出问题与顾客共同探讨。但这种方法如果运用不当,可能会引发顾客的反感与抵触情绪,或在推销员的多次询问,抑或追问下,产生更多的异议,破坏推销气氛,阻碍推销工作的顺利进行。

[案例]

**价格之说**

顾客:"你的产品是不错,不过,现在我还不想买。"推销人员:"经理先生,既然产品很好,您为什么现在不买呢?"顾客:"产品虽然不错,可它不值5万元一件啊!"推销员:"那您说说这样的产品应该卖什么价格?"顾客:"反正太贵了,我们买不起。"推销员:"经理先生,看您说的!如果连您都买不起,还有什么人买得起?您给还个价。"

(资料来源:《专业销售》,牛海鹏、屈小伟编著,企业管理出版社1998年版)

[分析思考]

在上述的案例中,推销员对待顾客异议,没有马上讲事实、摆道理,而是向顾客提出问题,引导顾客自己否定自己,最终达成交易。这种方法在实际推销过程中常常被推销人员所采用,并能取得成效。

### (三)忽视法

忽视法又叫沉默处理法、不理睬法、冷处理法,是推销员判明顾客所提出的异议与推销活动以及实现推销目的无关或无关紧要时避而不答来处理异议的方法。

对于顾客一些不影响成交的反对意见,推销员最好不要反驳,采用不理睬的方法是最佳的。千万不能顾客一有反对意见,就反驳或以其他方法处理,那样就会给顾客造成你总在挑他毛病的印象。当顾客抱怨你的公司或同行时,对于这类无关成交的问题,都不予理睬,转而谈你要说的主要问题。

顾客说:"啊,你原来是××公司的推销员,你们公司周围的环境可真差,交通也不方便呀!"尽管事实未必如此,也不要争辩。你可以说:"先生,请您看看产品……"

国外的推销专家认为,在实际推销过程中80%的反对意见都应该冷处理。但这种方法也存在不足,不理睬顾客的反对意见,会引起某些顾客的注意,使顾客产生反感。且有些反对意见与顾客的购买关系重大,推销员把握不准,不予理睬,有碍成交,甚至失去推销机会。因此,利用这种方法时必须谨慎。

### (四)直接否定法

直接否定法又称反驳处理法。是推销员根据比较明显的事实与充分的理由直接否定顾客异议的方法。从理论上讲,这种办法应尽可能地避免。直接反驳对方容易使气氛僵化而不友好,使顾客产生敌对心理,不利于顾客接纳营业员的意见。但如果顾客的反对意见是产生于对产品的误解,而你手头上的材料能够帮助你说明问题时,你不妨直言不讳。但要留意你的态度一定要友好而温和,最好是引经据典,这样才有说服力,同时又能够让顾客感到你的信心,从而增强顾客对产品的信心。直接否定法也有不足之处,这种办法容易增加顾客的心理压力,弄不好会伤害顾客的自尊心和自信心，不利于推销成交。

### （五）间接否定法

间接否定法是推销员根据有关事实和理由间接地否定顾客异议的方法。

营业员在没考虑好怎么样答复顾客的反对意见时，不妨先用委婉的语气把对方的反对意见重复一遍，或用自己的话复述一遍，这样能够削弱对方的气势。有时转换一种说法会使问题容易回答得多。但只能减弱而不能改变顾客的看法，否则顾客会认为你歪曲他的意见而产生不满。营业员能够在复述之后问一下："你认为这种说法确切吗？"然后再继续下文，以求得顾客的认可。如顾客抱怨"价格比去年高多啦，怎么涨幅这么高。"营业员能够这样说："是啊，价格比起前一年确实高啦。"然后再等顾客的下文再回答。

应用这种办法是首先承认顾客的看法有一定道理，也就向顾客做出一定让步，然后再讲出自己的看法。此法一旦使用不当，可能会使顾客提出更多的意见。在使用进程中要尽可能少地使用"但"一词，而实际交谈中却包括"但"的意见，这样效果会更好。只要灵活地控制这种办法，就会保持良好的洽谈气氛，为自己的谈话留有余地。

如顾客提出营业员推销的服装颜色过时啦，营业员不妨这样回答：

"小姐，您的记忆力的确很好，这种颜色几年前已经流行过啦。我想您是明白的，服装的潮流是轮回的，如今又有了这种颜色回潮的迹象。"这样就轻松地反驳了顾客的意见。

### （六）太极法

太极法取自于太极拳中的借力使力，就是你一出招我就顺势接招再放招的办法。太极法的基本做法是，当顾客提出一些不购买的异议时，这正是推销人员认为您要购买的理由，也就是推销人员能立刻把顾客的反对意见直接转换成他必须购买的理由。例如，一个经销店的老板说："你们这个企业把太多的钱花在广告上，为什么不把钱省下来，作为我们进货的折扣，让我们多一点利润，那该多好呀。"销售员却说："就是因为我们投了大量的广告费用，客户才被吸引来购买我们的产品。这不但能节省您的销售时间，同时也能够顺便销售其他商品，您的总利润还是最大的吧？"

在现实生活中我们经常能碰到类似太极处理法的说辞。例如，在保险业里，客户说："我收入少，没钱买保险。"保险业务员却说："就是因为您收入少才需要购买保险，以便从中获得更多的保障。"服装业有顾客说："我这种身材穿什么都不好看。"推销人员说："正是因为自己感觉身材不是很好的人才更需要加以设计，来修饰不满意的地方。"卖儿童图书时，顾客说："我的小孩连学校的课本都没兴趣，怎么可能会看这种课外读物呢？"推销人员说："我们这套图书就是为激发小朋友的学习兴趣而特别编写的。"

太极法处理的多半是顾客不十分坚定的异议，特别是顾客的一些借口，太极法最大的目的就是让推销人员能够借处理异议之机，迅速地陈述他能带给顾客的利益，以引起顾客购买的意愿。

### （七）预防处理法

预防处理法是指推销员在推销拜访中，确信顾客会提出某种异议，就在顾客尚未提出异议前，自己先把问题说出来，继而适当地解释说明，予以回答。例如，推销员希望顾客在 15 天内付款，"先生，您一眼就可以看出我们公司产品的质量是可靠的，并且价格也比较合理，在操作上也很有特点。您也知道，我们公司要维持合理价格，既凭借可靠的质量、高效率的操作，同时也采用企业界的一般做法，如请求顾客在规定期限内付款。虽然顾客对此方面略有抱怨，但由于我们产品的关系——物美价廉，实质上是增加了顾客的利益。”

由此可见，预防处理法的最大好处就是先发制人，有效地阻止顾客的异议。但采用这种方法，推销员必须在接近顾客之前，将顾客有可能提出的各种异议列出来，并详细地准备好处理方法，在推销中灵活运用。

### (八)定制处理法

定制处理法是指推销人员按照顾客异议的具体要求重新为顾客提供符合要求的产品，从而进行顾客异议的处理。如顾客要求订制一款婚礼服装，必须按照一对新人的身材设计制作等。相似的还有汽车、食品、化妆品、首饰等。

[知识链接]

1. 如何向客户推销自己的产品

以销售建筑材料作为例子，你可以参考以下的意见：

(1)首先要充分地了解建筑材料这种产品(售价、质量、花色、规格大小等)。

(2)你所销售的建筑材料品牌的核心优势(对于价格、式样、科技水平等有什么优势)。

(3)深入了解自身建筑材料品牌的缺点，且知道怎样去克服这些缺点(主要的弊端在哪里)。

(4)说服自己，让自己也相信该产品是最好的(自己向自己提问题，或者平时要收集客户提出的意见)。

(5)了解市场同类建筑材料品牌的优缺点，更重要的是与自己所推销的产品相比，自己的性价比应该是最高的(市场调查工作做得是否到位)。

(6)了解自己所销售的建筑材料品牌面向哪类人群(年轻人呢、中年人、老年人还是儿童，是前卫的还是保守型的人士购买等)。

(7)所面向的市场有哪种特征和需求(你的客户在哪里，他们考虑购买你所销售的建筑材料的目的是什么?)。

(8)你还需要有承受艰苦、失败的毅力，还要有灵活应变的头脑。

2. 销售技巧

(1)欲擒故纵(和客户砍价的时候比较适用)。

(2)装可怜(给客户长时间解释的时候比较适用)。

(3)拍胸口(客户在犹豫的时候比较适用)担保你能做到的事。

(4)先挡后放(客户对购买产品之后有其他要求的时候比较适用)。

(5)以面盖点(客户在针对产品一些小问题的时候，你就用这一招，一句话“我们产品是非常优质的，这点小问题基本上是不会出现的”)。

## 二、客户异议的类别及处理异议的方法选择

在具体处理客户异议过程中，应根据具体情况选择方法，具体见表5-1。

表 5-1　客户异议的类别及处理异议的方法

| 客户异议举例 | 所属类别（根据性质划分） | 所属类别（根据内容划分） | 处理异议 |
|---|---|---|---|
| 客户："这种鞋设计得太古板，颜色也不好看。" | 虚假异议 | 产品异议 | 客服要详细、准确地向客户介绍产品的性能及其使用价值 |
| 客户："算了，连你（推销员）自己都不明白，我不买了。" | 虚假异议 | 需求异议和客服人员异议 | 通过与客户的交流中，了解客户的兴趣与需求，从而再向客户销售。客服要多与客户进行交流，应以诚相待，做客户的知心朋友，争取得到客户的谅解和合作 |
| 客户："如果你给我 10%的折扣，我今天就给你下订单。" | 真实异议 | 价格异议和购买时间异议 | 客服应从产品的质量和款式，及其使用价值方面去取消客户的顾虑 |
| 客户（中年妇女）："我这把年纪买这么高档的化妆品干什么，一般的护肤品就可以了"。 | 真实异议 | 需求异议和支付能力异议 | 从客户的利益角度去看，让客户知道这个产品对她的利益所在；还有让客户了解到物有所值 |
| 客户："××公司是我们的老关系户，我没有理由中断和他们的购销关系，转而向你们公司购买这种产品。" | 真实异议 | 需求异议 | 与客户进行交流，从中了解客户的需求点，然后让客户知道可以从产品中所得到的利益 |
| 客户："嗯，听起来不错，但我店里现在有 7 个品牌、21 种型号的牙膏，没地放你的牙膏。" | 虚假异议 | 需求异议 | 想办法让客户觉得产品所提供的利益和服务，符合客户的需求，使客户动心 |
| 分析结论 | 处理客户异议，首先要分析异议是属于那种类型的（真实异议、虚假异议、隐藏异议中的哪一种），然后再从具体的情况出发，了解客户的兴趣和需要所在等等，再处理异议 | | |

对销售而言，可怕的不是异议而是没有异议，不提任何意见的顾客通常是最令人头疼的顾客。因为顾客的异议具有两面性：既是成交障碍，也是成交信号。我国一句经商格言"褒贬是买主、无声是闲人"，说的就是这个道理。

有异议表明顾客对产品感兴趣，有异议意味着有成交的希望。推销员通过对顾客异议的分析可以了解对方的心理，知道他为何不买，从而按病施方，对症下药，而对顾客异议的满意答复，则有助于交易的成功。日本一位推销专家说得好："从事销售活动的人可以说是与拒绝打交道的人，战胜拒绝的人，才是销售成功的人。"推销人员要时时地做好遭遇挫折的心理准备，学会在适当的时候做"理智的撤退"。

## 任务总结

推销员要清楚顾客异议产生的原因，采取不同的对策来处理顾客异议。具体处理客户异议的方法有：补偿法、问题引导处理法、忽视法、直接否定法、间接否定法、太极法 、预防处理法、定制处理法等方法。在处理过程中，应灵活选取运用。

## 拓展案例

### 有期望才有抱怨

一天，王先生带着儿子逛庙会，在浏览摊位时，儿子吵着要买一辆 35 元的玩具小汽车，王先生当时就不怎么在意地买了一个。可是到了第二天，不知道儿子的玩法太粗野还是玩具车的齿轮没有接合好，车子一动也不动了。王先生非常无奈，只好笑着对一直耿耿于怀的儿子安慰说："没办法，这是地摊货，过几天再买一个好的给你。"

过了两天，王先生在公司附近的一家玩具商店看到了同一款式的小汽车，就花了 40 元钱如约再买了一辆给儿子。儿子很高兴地玩了起来，可是到了第二天，车子又转不动了。王先生得知儿子的使用方法无误后，判断所买的玩具车是有瑕疵的，于是便利用下班的时间前往玩具商店理论。结果，营业员小肖漫不经心地说："是你的小孩使用不当造成的，别找其他的理由。"并以"当场验货，货出店门概不负责"为由不予以调换。王先生很是生气，便与他当场争论起来。当时围观的人不少，这时柜组经理梅佳过来，问清缘由后，便给王先生换了一辆玩具汽车，并双手把小汽车交给王先生，并代表整个柜组向王先生表示道歉。事态得到了平息，围观的群众大都赞叹：看人家负责人，真有水平，给人一种讲道理、重信誉的印象。

（资料来源：《如何成为推销高手》，倪政兴著，西南财经大学出版社 2003 年版）

[分析思考]

引例说明，顾客异议是推销过程中的一种必然现象，作为企业和推销员来说，应鼓励和欢迎顾客提出真实的异议，并认真地分析顾客抱怨的根源所在，从而采取适当的方法与策略来妥善地处理顾客异议，以提高顾客的满意度与忠诚度，树立企业的良好形象。

### 涂料推销

涂料推销人员在向一位公司采购部经理进行推销活动。顾客："你们公司生产的外墙涂料日晒雨淋后会出现褪色的情况吗？"推销人员："经理您请放心，我们公司的产品质量是一流的，中国平安保险公司给我们担保。另外，您是否注意到东方大厦，它采用的就是本公司的产品，已经过去 10 年了，还是那么光彩依旧。"顾客："东方大厦啊，我知道，不过听说你们公司交货不是很及时，如果真是这样的话，我们不能购买你们公司的产品，它会影响我们的工作。"推销人员："经理先生，这是我们公司的产品说明书、国际质检标准复印件、产品价目表，这些是我们曾经合作过的企业以及他们对我们公司、产品的评价。下面我将给您介绍一下我们的企业以及我们的产品情况……"

（资料来源：《最成功的推销实例》，陈企华编著，中国纺织出版社 2003 年版）

[分析思考]

从该案例中，我们知道采用不理不睬法处理顾客异议，就是回避、忽视它，将顾客的注意力转移到其他问题上来。使推销人员避免在一些无关、无效的异议上浪费时间和精力，也避免发生节外生枝的争论，从而可以节省时间，提高工作效率。

不理不睬法不可滥用，在运用时应注意：即使顾客述说的是无效的、虚假的异议，推销人员也要尊重顾客，耐心地聆听，态度要温和谦恭；在不理睬顾客的某一异议时，注意马上找到应该理睬顾客的内容，避免顾客受到冷落。

## ◈拓展训练

### 一、撰写模拟对话

要求：掌握处理顾客异议的方法

实施：如果遇到以下异议，你将如何化解？请写出情景模拟对话。

(1)“没有时间”、“我现在很忙”。

(2)“钱不够”或“预算不够”。

(3)担心产品(或服务)品质不好。

(4)“不要，我已经有了这个产品”。

### 二、撰写观后感

2003 年 9 月上映的电影《双层公寓》，是由丹尼·德维托导演，本·斯蒂勒和德鲁·巴里摩尔主演的喜剧电影。

影片讲述了在纽约这个竞争激烈的城市，一对寻梦的夫妻与房子的故事。一直居无定所的他们，终于租到了心目中最理想的房子，一幢高级住宅区的豪华双层别墅。但是，别墅的二楼住了一个古怪的老太婆康奈利太太，她种种行径严重扰乱了这对夫妻的新居生活。

在影片开场，房屋中介的推销说辞可谓是推销中的经典。请利用课余时间，观看该影片，分析这位推销员如何有步骤、有计划地把握客户的心理，顺其自然地解决客户购买房屋过程中的异议，后成功地“销售”的。

将你的分析和心得形成文字，以便与他人交流。

目的：熟悉推销过程、揣摩客户心理和处理推销异议的技巧。

要求：以个人为单位，完成分析报告。

考核点：客户异议的类型、成因，对客户异议的处理方法。

## ◈思考与练习

1. 案例分析

张先生是一家小家用电器公司的推销员。他在向顾客推荐电饭煲、电熨斗时，强调指出他们公司的产品质量稳定可靠、构造复杂精密，并且列举了产品的七八条突出的优点。张先生在介绍产品时，条理清晰、分析透彻，顾客听后完全同意他的观点。在成交提议设计上，张先生也动了一番脑筋，提问方法巧妙灵活。以下是张先生和顾客的对话：

张先生：您同意我们的产品质量是一流的？

顾客：完全同意。

张先生：据您所知，还有比我们的产品质量更好的电饭煲、电熨斗吗？

顾客：我不了解。

张先生：那么，您能设想还有哪家公司能提供更好的电饭煲、电熨斗吗？

顾客：我想那是不可能的。

张先生：我们的价格和折扣有问题吗？

顾客：没问题。价格公道，折扣合理。

张先生：那您分别需要多少呢？

顾客：我现在还不想买。

张先生的试探成交结束了，但他没有达到促成顾客购买的目的。为什么会出现这种事与愿违的结果？张先生的做法是否有问题？你认为应该怎样做？

2. 什么是顾客异议，这类现象在实践中普遍存在吗？

3. 情景中顾客所提到的是关于哪一方面的异议，除了这类异议，在现实中还存在哪些类型的异议？

4. 假如你是推销员碰到这类异议，你会如何处理？

5. 顾客异议的两面性是什么？

6. 处理顾客异议的原则是什么？

# 项目六　成交及服务跟踪

对于推销员而言，无论寻找与发现、约见与接近、洽谈与解疑等实施推销的过程有多么的艰难或顺利，如果双方没有达成共识，没有成功地进行交易，那么结果都是一样的——失败。推销员要想在推销的过程中获取成功，达到成交的目的，从而获取更多的利益，并因此获得工作上的动力以及自身职业生涯的良性发展，除了要求推销人员具备一定的礼节礼貌外，还需要推销员掌握一定的促成成交的知识与方法，在开展工作过程中能够扬长避短，最终达到成交的目标。

## 任务一　成交及成交策略选择

### ◈学习目标

1. 了解成交与成交信号的含义。
2. 了解成交信号的类别。
3. 掌握促成成交的策略。

### ◈案例导入

南山利民科技有限公司的推销员李明从推销准备、收集客户信息、约见客户、接近客户、推销洽谈的各个阶段，做了大量细致的工作，并且表现很好。现在到了与客户成交的关键阶段，能否拿到南山美连锁超市有限公司的订单，就看这最后的成交阶段了。李明看出了客户王经理的犹豫不决，在这即将达成协议的阶段，李明该如何促成交易呢？

### ◈任务分析

在开展推销工作的过程中，推销员要善于观察顾客的言行举止，做到“眼观六路，耳听八方”发现和识别顾客释放出来的成交信号，通过采取相应的促进成交的方式方法，使推销工作得以顺利地完成。因此，本次任务是：

1. 识别成交信号。判断各种信号的强弱度，以便决定采用何种策略促成交易。

2. 采取策略促成交易。根据不同的信号类型，采用不同的方法，做到有的放矢，才能百发百中。

### ◈任务实施

#### 一、成交的含义

所谓成交，就是推销员帮助购买者做出使买卖双方都受益的购买决策活动的过程。是推销员与购买者对推销产品的各项事宜达成共识，购买者同意购买推销产品的过程。成交也可以理解为顾客对推销人员及其推销建议和推销品的一种积极的或肯定的反应。

成交既是推销洽谈的继续，但并非每次推销洽谈都能成交。成交又是完成推销洽谈的最后环节，更是整个推销工作的终极目标，但并非每一次推销工作都以成交来终止整个推销过程。为了能达成交易，在此过程中，推销人员不仅要采用多种方法，结合多条策略来向顾客传递自己、企业和推销产品的信息，更需要借助语言的魅力，说服顾客从心理上接受自己、接受企业的同时，还接受所推销的产品。在进行沟通洽谈的过程中，要做到耳听八方、眼观六路，捕捉顾客释放出来的各种信息，辨别信息的提示内容，进而灵活地运用促进成交的策略和技巧，最终促成交易，完成推销任务。

[案例]

**一种新颖盒子销路的打开**

日本大阪有一家公司，经过苦心设计，研制了一种可放置茶具、餐具等物品的盒子，这种盒子可以像百叶窗那样上下移动，颇有新意，外形又美观，可投放市场以后，却销售不佳，盒子在仓库里堆积如山。

有一位来自东京的推销人员。在了解了这些情况之后，对该公司的经理说："给我 1 000 只盒子、让我来试试看。"仅仅过了一个月，需要盒子的订单就开始源源不断了。原来这位推销人员拿着盒子到一家家旅馆去推销。"请把这种盒子放在客房的冰箱上面，我们过去是先用白布铺在冰箱上，白布上再放置杯子、开瓶启子等东西，上面再盖上白布，每天每间客房要换洗两块白布。如果把这些用品放在盒子里，就用不着天天换洗白布了，我把盒子留几个在你们旅馆里，过两个星期再来看看。"

就这样，盒子留在了旅馆，试用下来，旅馆的服务人员及旅客都觉得它很不错，于是各旅馆纷纷提出要货的要求，订单开始源源不断地出现在公司经理的办公桌上。

[分析思考]

推销员通过将少量的盒子留在旅馆免费供旅馆服务人员及旅客使用的做法，使用户逐渐认识了这种新型商品的性能与使用好处，从而认同了这种商品，也使商品有了销售和竞争的机会。面对市场，"对症下药"才是营销的精髓。根据客户需求，挖掘客户的需求，灵活地运用促成交易的策略和技巧，建立自己的专业形象才能在竞争中取胜。

## 二、成交信号

成交信号是指顾客通过表情、言语、行动、事态等方式体现出来的一种表示其有可能采取购买行动的暗示信号。成交信号的产生大多是顾客在有意或无意间表露出来的。因此，成交信号一旦出现，就要及时地抓住，促成成交。通常情况下，成交信号主要有以下三种类型：

### （一）语言信号

语言信号是指顾客通过言语表达出来的成交信号，是三种类型中最容易把握、也是最容易发现的信号。所谓言为心声，语言信号的种类繁多，有表示惊奇的、有表示钦佩的、有表示赞赏的，也有表示质疑的。有些是顾客直接告诉推销员他要购买产品，也有的是顾客的暗示性用语给了推销员自己有意购买的提示。推销员需要在与顾客进行沟通洽谈的过程中，通过语气、谈话的内容来辨别顾客的这些信息是否是成交信号。概括起来，顾客发出语言成交信号最主要的表现形式为：提出与推销产品相关的问题。

第一，对推销员及推销产品给予肯定和赞赏。如"这款智能手机看起来很不错哟，屏幕够大、分辨率够高，最主要是价位合理"，"这个自动扫地机虽然从价格上看是有点偏高，但它强大的功能让我觉得值得拥有"等等。

第二，咨询与推销产品有关的细节参数。如产品的规格、质量、使用方法、注意事项等等。比如"这款台灯的灯泡可以换成调色灯泡吗？"

第三，详细咨询产品付款和送货的时间、方式、运费以及售后服务等事项。比如"这里可以刷卡付款吗"、"可以送货上门吗"、"过了保质期后公司还会上门服务吗"等等。

第四，顾客跟推销人员讨价还价，或挑产品的毛病。如"要是我一次买10台的话，价格可以再优惠点吗？"、"这个都是样机了，已经被大伙试来试去的，颜色也有点旧了，就便宜点处理给我好了"等等诸如此类。

## (二)动作信号

动作信号也被称为行为信号，是指通过顾客的行为举止显现出来的成交信号。从心理学的角度来分析，顾客表现出来的某些行为是受其思想支配的，是其心理活动的一种外在反映。如反复触摸产品的同时表达出对产品的赞许；在与推销员交流的过程中，整个身体状态由紧张到完全放松状态转变等微小的动作，都表明顾客有成交的意向。动作信号相较于语言信号，其更为含蓄和内敛，不容易辨别。这就要求推销人员在日常的工作中一定要注意多积累、多观察。虽然顾客的行为信号比较难以把握，但仍然是有一定的规律可循的。

第一，顾客的动作由静变动。顾客由原先安静地聆听推销员的讲解，转为自己亲自动手操作产品，仔细阅读产品说明书或翻动产品的某些零部件等等。

第二，由紧张转为松弛。顾客由一开始的直立的细听推销员介绍产品，到身体前倾并靠近推销人员和产品，整个人的身体处于松弛状态，或者做一些舒展身体的动作，这些情绪化的动作，表露出顾客内心的成交意愿。

第三，由单一动作变为多方动作。大体可以表现为顾客由远到近，由刚一开始单角度了解、观察产品到多方位触摸、翻动产品，对产品说明书中的某些细节的部分加以研读。这些动作表明顾客对产品已产生了极大的兴趣。

第四，做出一些现实焦虑的动作。如用手敲桌子、来回踱步、不断地端起茶杯喝水等。这些表明顾客在做激烈的思想斗争。

## (三)表情信号

表情信号是指顾客通过面部表情的方式显现出来的一种成交信号。心理学的研究表明，人的内心感受最先通过表情表达出来。所以，推销员在捕捉成交信号时，可以先从顾客的表情入手。一般情况下，表情信号主要有两种表现形式：眼部和面部表情。

1. 眼神

所谓眼睛是心灵的窗户，透过眼神我们可以观察到顾客内心世界的活动。通常，当顾客看产品时眼睛由暗变亮，由缓慢转动到快速转动，或由漫不经心到专心致志，这在很大程度上说明产品已引起了顾客的极大关注，此时是推销员表达成交意愿的良好时机。

2.面部表情

人有两种情绪,一种是积极的,一种是消极的。积极的情绪会促使顾客产生购买行为,消极的情绪则会阻碍顾客发生购买行为。当顾客的面部表情由严肃变得和善,由凝重变得轻松,紧皱的眉头分开、上扬,或者嘴唇紧抿,好像在回味什么,或者突然停下交谈,陷入沉思中,表明顾客心中已经有了答案。

顾客所发出的各种表情信号,大多时候都没有我们想象的那么明显,那么一目了然和理想化,这就需要推销人员在平时的工作中,多学习一些有关心理学方面的知识,做到具体情况具体分析,揣摩顾客的心理,明察秋毫。当顾客的表情表露出以上的任何一种情形,推销员都可以不失时机地提出成交意愿,结合使用促进成交的策略,最终达到成交的目的。

在实际的工作中,顾客所发出的成交信号绝不仅仅只有以上罗列出来的几种,还有一些没有在行文中进行详述的,比如事态信号。甚至有时候顾客发出的信息是多变的,存在几种信号交织同时出现的情况。由此,推销人员平时多观察、多积累、多学习、多运用,学以致用则变得尤为重要。

## 三、促成成交的策略

成交的策略是对成交方法的原则性规定,是推销人员在促进成交的过程中必须遵守的活动准则。推销人员正确地掌握并灵活运用成交策略,能极大地帮助推销人员最终实现推销成交的目的。一个积累了丰富经验、掌握了成交策略与方法的推销人员,能够成功完成推销工作的概率更高。

### (一)及时地捕捉成交信号,促成交易

很多推销员不能说服顾客购买产品,并非是个人的努力不够,而是没有真正地领悟瞬间成交的道理。在工作中,每一个推销员,都在等待一个恰当的心理时机来成交,这个时机的核心就是顾客的购买意识已经被调整到最佳状态。

顾客如果遇到自己心仪的产品,就会表现出极大的热情。推销员要洞察顾客的这一反应,在客户最想买的时候促成交易。一旦错过了这个时机,随着顾客热情的减弱,成交也就会变得困难重重。当然,成交机会不止一次,但推销员应尽可能在第一个成交信号发出时就有所收获。所以,当你认为顾客已经做好了成交的心理准备,那就全力推动吧。

[案例]

王红是一个害羞的女孩,从事保险业务以来,每次与客户特别是亲戚、朋友进行业务洽谈时,即使时机已经成熟,她也不好意思开口要求对方把订单签下来,因为她害怕这样会引起他们的反感,好像自己的目的只是为了签单而已,而她的客户则一直等着她开口。所以很多业务就这样一直拖着,迟迟没有结果。

[分析思考]

其实,有许多推销员都有这样的心理,由于害怕遭到客户的拒绝,而不敢诱导客户做出购买决定。他们只是希望在业务洽谈时,客户会突然打断他的谈话,兴高采烈地表示愿意购买,而如果客户不声不响,无所表示,推销员就不知所措,以为时机还不成熟,因此,就直接或间接地把经过努力可以达到的成交的大好时机白白地错过了。

### (二)灵活机动,随时成交

在现代交易中,顾客通常处于优势地位,优越的买方市场使顾客不愿意主动地提出成交,更不愿意主动明确地提示成交。但是,顾客的成交信号总会有意无意地通过各种方式表现出来。因此,推销人员必须善于观察顾客的一言一行,善于捕捉这些稍纵即逝的成交信号,抓住时机,随时做好成交的准备。

[案例]

#### 一次失败的促销对话

电话销售人员:"是的,可以。这一机型体积小,安装方便,非常适合家庭使用。"

客户:"听起来不错,那价格是多少?"

电话销售人员:"1 200 元。这个价格是很合理的。"

客户:"那你们产品的售后服务怎样?"

电话销售人员:"我们的售后服务非常健全,产品在买回家后如果出现问题,一个月内包换,一年内保修。同时,在全国 22 个大中城市都有我们公司的售后服务处,您可以放心地购买。"

客户:"支付方式是怎样的?"

电话销售人员:"您可以把款直接打到我们的账户上,或者是通过邮局汇款,这两种方式您可以随意选择。"

客户(沉默)

电话销售人员:"我们的产品,不论从质量还是价格上来说,在目前市场上都极有优势。"

客户:"我觉得你们的价格还是偏高。"

电话销售人员:"可是……"

[分析思考]

在这个案例中,电话销售人员无疑是非常失败的。客户多次表达了成交兴趣,给出了购买信号,电话销售人员却没有及时地把握。虽然我们要求电话销售人员不要随心所欲地臆测客户的谈话,以赢得客户的信赖。但是,另外一个方面,电话销售人员也要听得懂客户的话。和谐的谈话都是建立在彼此真诚的基础之上的,客户的真诚,我们要懂得把握,这样才能抓住最佳的成交时机。

### (三)在顾客最需要的时候成交

从马斯洛需求层次来看,每个人都有需求需要。顾客在购买商品的时候也不例外。顾客在刚一接触产品,对产品还不了解的情况,不会对产品产生需求,但经过推销人员的介绍后,由于对产品的功能及自身现实生活中的需要,会对产品从感兴趣到需求转变,推销员在推销产品的过程中,要勤于观察,发现机会,促成成交。

### (四)保留一定的成交余地

在进行成交洽谈的过程中,推销员要给自己留有一定的回旋余地,切不可一次和盘托出。所谓欲望无止境,顾客在购买产品时对于商家的优惠也同样持有"得寸"还想"进尺"的心态。因此,只有极少数的交易是一锤定音的,大多数时候都会经历一番讨价还价的过程。因此,推销过程中至少要在两个方面保留余地:一是产品的优惠幅度有所保留;二是与那些暂不能成交的顾客保持联系。

1.保留部分优惠条件

推销活动过程中讨价还价是非常正常的现象,并且许多精明的顾客非常擅于此道,因为他们始终认为推销员给出的产品报价往往不是“干”的,而是“湿”的,如果不讨价,自己吃了大亏。就算推销员一次性地把所有的优惠条件全部给出,顾客心理上也不会满足,因为他们认为只有靠自己艰苦谈判得来的优惠条件才是推销员的最低底线。所以,推销员应先保留部分的优惠条件,不到万不得已之时绝不拿出,这才有利于在最后时刻与顾客达成交易。

2.保持与未成交顾客之间的联系

在推销活动中,推销员被顾客拒绝并不是件新鲜事,但推销员决不能因此而怨恨顾客,反而要尽可能地给顾客留下良好的印象,所谓“买卖不成仁义在”,期望以后与顾客有再次合作的机会。因此,推销员要注重与没有成交交易的顾客保持联系。

但是要注意一点,并不是所有未成交的顾客都是推销员要保持联系的对象,推销员要有重点地选择那些有购买意向,但是由于某种原因暂时没有达成交易的顾客才是推销员培养感情、保持联系的对象。

### (五)诱导顾客主动成交

诱导顾客主动成交是指想方设法地使顾客做出主动购买的行动。一般而言,如果顾客主动提出购买,说明顾客对产品及交易条件十分满意,以致顾客认为没有必要讨价还价,因而成交非常顺利。所以,在推销过程中,推销人员应尽可能地引导顾客主动购买产品,这样可以减少成交的阻力。

在诱导顾客时,推销员千万不能一厢情愿,急于求成,只能因势利导,循循善诱。这有如钓鱼一般,不同的鱼用的诱饵不同,上钩手法也各不相同。人们都喜欢按照自己的意愿行事,对别人的意见总会下意识地产生一种排斥的心理,就算别人的意见是正确的,也不乐意即时接受。因此,推销员要采取适当的方法与技巧来诱导顾客主动成交,并使顾客觉得购买行为完全是个人的主意,而非别人强迫,这样,在成交时,顾客的心情就会十分轻松和愉快。

## ◉任务总结

推销员应及时地捕捉成交信号,采取相应的策略促成交易。

## ◉拓展案例

### 蒸气式挂烫机

在家电商城的活动展台上,一位推销员正在演示一款蒸气式挂烫机的使用方法以及效果,展台下站满了看客。当推销员演示完一遍后,进行与观众互动的环节,她向台下的观众询问道:有哪位顾客有兴趣上来感受一下吗?没有动!再问一次,还是没有人动。但是在整个过程中,她发现站在展台右侧的一位女顾客听得很认真,但对于上台感受没有意向。她走到那个女士的身边。

推销员:女士,您好!我观察到您刚才听得非常认真,非常感谢。我看您今天身上穿的这一套雪纺连衣裙,也是平整飘逸,想必平时一定是特别的注意护理。不知道您家里用的是什么款式的烫衣板。

女士：传统的平板式。但我觉得那款对丝绸或雪纺面料的衣服的时候比较难控制。

推销员：噢，好，那我们这款蒸气式挂烫机在功能上能消除您的这个烦恼，从我刚才的解说中您大概也了解了这款机器的功能，请您上台来亲自感受一下这款机器。

女士：感受就免了，万一把你的衣服给弄坏了，可就麻烦了。

推销员：哦，原来您担心的是这个呀。这个您完全可以放心，有我的指导，第一，我相信您不会损坏衣服，第二，你会发现挂式与传统平板不同的效果。

女士：真的。

推销员：那是当然。

女士缓缓地走上展台，拿起……按照推销员的指示一步一步地操作，动作从生硬到熟练，脸上的表情更是从紧张到绽放微笑，过程中还询问推销员关于这款机子的保养、维修以及价格等问题。

一番交谈下来后，推销员不失时机地向顾客提出购买的请求："您看，这款机子您刚才操作起来简捷顺手，这几天搞活动，优惠力度这么大，价格合适，干脆您就买一台回去换掉那台老式的，也省去你平时再烫真丝衣服的担心。"女顾客思量了一下，拿着样衣在机子上来回试了两下，然后很坚决地说：好，就买新的吧，家里那台也该更新换代了。

[分析思考]

1. 在这个过程中，顾客体现出哪些成交的信号？

2. 推销员如何去捕捉顾客的成交信号？采用了哪些促成成交的策略。

## ◈拓展训练

如果你是中高级住宅的推销员，根据你自己的经验和看法，下面哪些不是推销洽谈中的购买信号？

1. 顾客索取并阅读有关部门推销文件。
2. 顾客提出有关价格异议。
3. 顾客问推销员"你有完没完？"
4. 顾客抱怨住宅的外观设计缺乏品位。
5. 顾客要求推销员留下联系电话。
6. 顾客详细地询问价格和付款条件。

# 任务二　成交的方法选择

## ◈学习目标

1. 掌握常用的成交方法。
2. 了解各种成交方法的优劣。

## ◆案例导入

李明在最后达成交易的过程中，他发现了南山美连锁超市有限公司采购部王经理有购买意向，并传递了有关购买信号。那么，在成交的最后阶段，李明应该如何利用王经理发出的购买信号，采用什么样的成交方法，才能一鼓作气地拿下这个订单，取得最后的胜利呢？

## ◆任务分析

1. 掌握各种成交方法的优缺点和注意的事项。

2. 能够使用不同的成交方法与顾客成交。

## ◆任务实施

### 一、常用促成成交方法

#### （一）请求成交法

请求成交法又称之为直接成交法，这是销售人员向客户主动地提出成交的要求，直接要求客户购买销售的商品的一种方法。这是一种最基本、最常用的成交方法。

1. 使用请求成交法的时机

（1）向老顾客进行推销。对于老顾客，因为买卖双方已建立起较好的人际关系，运用此法，顾客一般不会拒绝。例如“陈姐，您一直信赖的‘依思’香水新出一款清雅香型的新品，要不，您来一瓶试试？”

（2）顾客已发出购买信号时，可采用此法。顾客对商品产生购买欲望，但还没有拿定主意或不愿主动地提出成交时，推销人员应及时地出击，采用请求成交法促成成交。

（3）在解除顾客存在的重大顾虑后，可采用这种方法。当推销人员已尽力地解决了顾客的问题或疑惑后，是顾客感到较为满意的时候，推销人员可趁机采用请求成交法，促成交易。

2. 运用请求成交法的注意事项

（1）推销员对达成利于双方的交易结果充满自信。特别是在其他成交法都未获得成功时，请求成交法也许是促成购买的最后机会。

（2）要求推销员具备较强的观察能力。因为请求成交法要求推销员主动地提出成交要求，所以推销员必须尽量地引导顾客，使洽谈局面朝着成交的结果发展。推销员应时刻观察顾客，适时地开口提出成交的要求。

（3）把握好成交的时机。在成交的过程中，成交时机是推销员最不易把握的因素。选择适当的时机要求成交，会令顾客自然、顺利地接受。反之，在时机不成熟时要求成交，则会导致顾客的回避甚至反感而错过了机会。

#### （二）假定成交法

假定成交法也可以称之为假设成交法，是指销售人员在假定客户已经接受销售建议，同意购买的基础上，通过提出一些具体的成交问题，直接地要求客户购买销售品的一种方法。

采用此种方法来促成交易，要求销售员始终有这样的信念：顾客将要购买，而且也一定会购买，通过接近准备了解到顾客确实有这种购买需要，也有购买能力，既然是对双方都受益的事情，顾客没有理由放弃这样的机会，对自己也充满了必胜的信心。推销员不仅要有这样的念头，而且应通过言谈举止、神态表情显示出来，并密切注意顾客所发出的购买信号，及时地、主动地提出成交的假定，如果顾客不表示反对，交易就可达成。

假定成交法的优点在于节省销售时间，效率高。它可以将销售提示转化为购买提示，适当地减轻顾客的成交压力，促成交易。但具体在使用这种方法时，要注意下列几点：

(1)应适时地使用假定成交法。一般只有在发现成交信号，确信顾客有购买意向时才能使用这种方法，否则会弄巧成拙。

(2)应有针对性地使用假定成交法。使用这种方法时，推销人员要善于分析顾客。一般地说，依赖性强、性格比较随和的顾客以及老顾客，可以采用这种方法。但对那些自我意识强、过于自信的顾客，则不应使用这种方法。

(3)注意制造推销气氛，比较自然地使用假定成交法。

### (三)选择成交法

选择成交法就是直接向客户提出若干购买的方案，并要求客户选择一种购买方法。它是假定成交法的应用和发展，仍然以假定成交理论作为理论依据，即推销人员在假定成交的基础上向顾客提出成交决策的比较方案，先假定成交，后选择成交。

选择成交法在实际销售工作中经常使用，并且具有明显的效果。推销人员把选择权交给顾客，把顾客限定在目标范围内，无论顾客做出什么样的选择，都在目标范围以内，都可以达到推销人员的目的。

选择成交法的优点就在于既调动了顾客决策的积极性，又控制了顾客决策的范围。选择成交法的要点是使顾客避开"要还是不要"的问题，让顾客回答"要 A 还是要 B"的问题。

这种方法能否成功的关键在于，推销人员能否正确地分析和确定顾客的真正需要，提出适当的选择方案。提出了与顾客需要相符的选择方案，有助于顾客购买，有利于顺利地成交。选择方案不宜过多，否则反而会使顾客拿不定主意。在实际工作中，营业员应灵活地运用选择成交法。

[案例]

#### 汽车销售

推销员："以车身的颜色来说，您喜欢灰色的还是黑色的？"

客户："嗯，如果从颜色上来看，我倒是喜欢黑色的。"

推销员："选得不错！现在最流行的是黑色！那么，汽车是在明天还是在后天送来呢？"

客户："既然要买，就越快越好吧！"

经过这样一番话，客户等于说要买了，所以这时推销员就说："那么明天就送货吧。"这样很快就达成了交易。

[分析思考]

案例中推销员采用了选择成交法促成了交易，在实际工作中，推销员应该灵活地运用成交办法促成交易，才能达到事半功倍的效果。

### (四)小点成交法

小点成交法又叫作次要问题成交法，或者叫作避重就轻成交法，是销售人员在利用成交的小点来间接地促成交易的方法。小点是指次要的、较小的成交问题。小点成交法主要利用的是“减压”原理，以若干细小问题的决定来避开是否购买的决定，培养良好的氛围，导向最后的成交。例如电视机推销人员问顾客：“请问您是喜欢等离子的电视机还是液晶的呢?”

[案例]

### 推销纸张粉碎机

一个办公用品推销人员到某局办公室推销一种纸张粉碎机。办公室主任在听完产品介绍后摆弄起这台机器，并自言自语道：“东西倒很适用，只是办公室这些小青年，毛手毛脚，只怕没用两天就坏了。”

推销人员一听，马上接着说：“这样好了，明天我把货送来时，顺便把纸张粉碎机的使用方法和注意事项给大家讲一下。这是我的名片，如果使用中出现故障，请随时与我联系，我们负责修理。主任，如果没有其他问题，我们就这么定了?”

[分析思考]

纸张粉碎机推销员使用何种方法促成成交?

### (五)从众成交法

从众成交法是推销人员利用人们的从众心理来促成准顾客购买推销品的成交方法。例如，手机销售人员说：“这是今年最流行的机型，我们一天就卖100多台，请问你什么时候要货?”

### (六)最后机会成交法

最后机会成交法是指推销人员直接向顾客提示最后成交机会而促使顾客立即购买的一种成交方法。此法主要是抓住了顾客“机不可失，时不再来”、“过了这村没这店”的心理特点，将犹疑不决转变为果断出手。例如，今天是活动的最后一天，过了今天，还不定等到什么时候才会有机会呢? 又如：“这种车型的汽车都非常好卖，这一辆卖出去以后，我们也很难进到同样的车子。”“由于原材料需要进口，这批货卖完后，可能要等很长时间才有货。”

此法的优点在于利用消费者害怕失去某种既得利益的心理，可以激发顾客的购买意愿，从而减少许多不必要的推销劝导工作，最主要是给顾客在心理上产生“机会难得”“出手即是赚到”的心理效应，让顾客在愉悦的心情下完成交易。“双十一”抢货就是此法的最好表现。

### (七)优惠成交法

优惠成交法又称为让步成交法，指的是销售人员通过提供优惠的条件，促使客户立即购买商品的一种决定成交的方法。求利心理动机是顾客的一种基本的购买动机，是促成交易的动力，优惠成交法正是利用了这一心理特点，抓住顾客可能存在的对价格、运费、折扣、付款期限、赠品等交易条件方面种种好处的渴求，直接地向顾客提示成交优惠条件，诱使顾客立即购买商品。例如：“李经理，我们这段时间有一个促销活动，如果您现在购买我们的产品，我们可以给您提供免费培训，还有五年免费维修。”

优惠条件主要是指价格优惠。提供价格优惠的方式也有多种形式，如提供成交时间的优惠，提供成交批量的价格优惠等。如“张经理，这批产品质量不错，你们应多订些，超过2 000箱，我给您打八五折。”

除价格优惠外，还提供试用、赠品、回扣、设备安装、人员培训，或以旧换新以及满足对方的某种特殊需要等优惠条件。如“大姐，如果您在我们这里订购20桶水，我们可以送您一台饮水机。”

### （八）异议成交法

异议成交法指销售人员与顾客之间，通过处理异议来达到一致促成交易的一种方法。

### （九）保证成交法

保证成交法指销售人员直接地向客户提出成交保证，使客户立即成交的一种方法。保证成交法即是营业员针对顾客的主要购买动机，向顾客提供一定的成交保证，消除顾客的成交心理障碍，降低顾客的购物风险，从而增强顾客的成交信心，促使尽快成交。保证成交法是一种大点成交法，直接提供成交保证，直至促成交易。例如，推销员：“您放心，我这儿绝对是全市最低价，如果您发现别家的货比我的便宜，我保证立即给您退货。”

此法的优点在于通过保证，消除了顾客的成交心理疑虑，有利于促成交易，并且还将推销员自身和企业及顾客的利益捆绑在一起，有利于加强与顾客之间的关系。与此同时，此法的经营成本较高，有些时候甚至会透支企业的信誉。

### （十）总结利益成交法

总结利益成交法是指推销人员将顾客关注的产品的主要特色、优点和利益，在成交中以一种积极的方式来成功地加以概括、总结，以得到顾客的认同并最终获取订单的成交方法。

推销员在推销洽谈中记住准顾客关注的主要特色、优点和利益，在成交中以一种积极的方式成功地加以概括总结，以得到准顾客的认同并最终取得订单的成交方法。

例如“我们前面已经讨论过，这种配备高速电机的吸尘器特征比一般吸尘器转速快两倍（优点），可以使清扫时间减少15～30分钟（利益），工作起来轻轻松松，使您免去推动笨重吸尘器的劳累（更多的利益），是这样吧？”（如果得到积极回应就试探成交）。

步骤：确定准顾客关注的利益；总结利益；做出购买提议。适用于直来直去的客户，而不是有特殊个性的顾客。

没有哪种成交方式能够战无不胜，攻无不克，也不是每位顾客都会发出清晰的购买信号，因为我们面对的顾客也是千差万别的，但是只要你能够意识到顾客的购买信号，把握好成交的时机，运用恰当的成交技巧，那么你成功的机会将会大大地增加！

## 二、成交方法选择中应该注意的事项

### （一）用利益诱导说服顾客成交

促销员常犯的错误是特征推销，他们向顾客介绍产品的材料、质量、特性等等，而恰恰没有告诉顾客这些特征能带来什么利益和好处。促销员一定要记住：我们卖的不是产品，而是产品带给顾客的利益——产品能够满足顾客什么样的需要，为顾客带来什么好处。

促销员向顾客介绍产品特点，讲产品利益点。那么，促销员如何向顾客推销利益？

1. 利益分类

（1）产品利益，即产品带给顾客的利益。

（2）企业利益，由企业的技术，实力、信誉、服务等带给顾客的利益。

（3）差别利益，即竞争对手所不能提供的利益，也就是产品的独特卖点。

2. 强调推销要点

一个产品所包含的利益是多方面的，促销员在介绍利益时不能面面俱到，而应抓住顾客最感兴趣、最关心之处重点地介绍。推销的一个基本原则是："与其对一个产品的全部特点进行冗长的讨论，不如把介绍的目标集中到顾客最关心的问题上。"

推销要点，就是把产品的用法，以及在设计、品质、价格中最能激发顾客购买欲望的部分，用简短的话直截了当地表达出来。

### (二)让顾客感到机会难得

人们的购买活动是一个决策过程，决策就是在各种因素中权衡，按最大限度地满足需要原则做出选择，只要条件允许，这种权衡就会继续下去，以至于会变得犹豫不决。基于这种心理，推销员在用户已基本确立购买意向的情况下，为坚定其信念，加快购买过程，可适当地渲染一下紧张气氛，用提示后悔的办法，让顾客意识到购买是一种机会，良机一去不复返，不及时地购买就会产生损失。这样，顾客的购买心理就会紧张起来，由犹豫变为果断，促使其立即做出购买行为。

让顾客感到机会难得有利于提高成交速度和成功概率。但使用时一定要求讲究推销道德，提高推销信誉，开展文明推销，不能蒙骗消费者。另外，使用此法要针对顾客的主要购买动机，合理地选择成交机会，适当地施加机会压力，以充分调动其机会难得，不能坐失良机的心理效应，才能制造成交机会，及时地促成顾客自动地成交，做成这单生意。

### (三)解决顾客的疑虑促成交易

异议并不表明顾客不会购买，促销员如果能正确地处理顾客的异议，消除顾客疑虑，就会促其下定购买的决心。

(1)事前认真准备　企业要对促销员所遇到的顾客异议进行收集整理，制定统一的应对答案；促销员要熟练地掌握，在遇到顾客拒绝时可以按标准答案回答。

(2)"对，但是"处理法　如果顾客的意见是错误的，促销员要首先承认顾客的意见是有道理的，在给顾客留面子后，再提出与顾客不同的意见。这种方法是间接地否定顾客的意见，有利于保持良好的推销气氛，促销员的意见也容易为顾客所接受。

(3)同意和补偿处理法　如果顾客意见是正确的，促销员首先要承认顾客的意见，肯定产品的缺点，然后利用产品的优点来补偿和抵消这些缺点。

(4)利用处理法　将顾客的异议变成顾客购买的理由，如一位暖风机导购员面对顾客提出的"产品太小，使用效果不好"的问题，可以回答："小巧玲珑是我们产品的一大优点，非常适合您孩子做作业时取暖用。"

(5)询问处理法　用对顾客的异议进行反问或质问的方法答复顾客异议。如顾客说："你的东西很好，不过我现在不想买"，促销员可以追问："既然东西很好，为什么您现在不买呢？"这样找出了顾客不买的真正原因，有助于说服顾客。

在处理顾客异议时，促销员一定要记住"顾客永远是对的"。促销员是要把产品卖给顾客，而不是与顾客进行辩论，与顾客争论之时，就是推销失败的开始。

## ◈任务总结

根据产品和顾客的实际情况，选择恰当的方法促成交易。

## ◈拓展案例

### 车展上的促销

在某品牌汽车展销会，展位上香车配美女，一台崭新的汽车停放在展台中间，推销人员在热情洋溢地介绍着汽车的各种新增功能，以及新款与旧款之间的区别。一番解说下来，推销员突然停下来，接着用更为高昂的声调说道："在今天的展销会上，除了这款新增的各项人性化，操控性更强，无论驾驶和坐都非常舒适外，厂家高达3万元的大让利、购车即送万元大礼包，以及整车保修年限从原来的5年10万公里，增加到8年15万公里的一个优惠，平时需要15万元才买到的车，今天12万元就可以把它开回家。"话音一落，观众席立刻沸腾起来，有的交头接耳地讨论着，有的拿起车子的信息表研究起来，不一会儿，开始有观众走到预定席，填写新车购买的预定单。

[分析思考]

推销员采用的是哪些促成成交的方法？

## ◈拓展训练

要求：掌握推销成交的各种方法。

实施：

1. 每个小组使用选择成交法、从众成交法、小点成交法、体验成交法、保证成交法与王经理成交。

2. 写出情景模拟对话的内容。

3. 在小组中，两人一组首先进行模拟演示，然后，每个小组推荐两位同学在全班进行展示。其他小组可以提出异议，最后由教师点评。

# 任务三　买卖合同的订立与履行

## ◈学习目标

1. 掌握买卖合同的内容。

2. 了解合同订立过程中的注意事项。

## ◈案例导入

李明在最后达成销售协议的这一阶段，运用了总结利益法，他基本上总结了两个方面的利益：一是南山美连锁超市有限公司最关心的利益，如产品销路问题、售后服务问题、价格问题，付款问题等；二是总结了销售过程中已成功处理过的反对意见，如销售支持等问题，最后及时地建议成交。王经理终于同意与南山利民科技有限公司签下这份合同。在签订合同的时候，李明要注意哪些问题呢？

◆任务分析

1. 要熟悉买卖合同的内容和基本格式。

2. 清楚买卖合同签订时应注意的问题。

3. 能够审查合同的条款，避免买卖合同的漏洞和欺诈。

◆任务实施

## 一、买卖合同的特征

买卖合同是指出卖人转移标的物的所有权于买受人，由买受人支付价款的合同。

(1)买卖合同是转移标的物所有权的合同。所谓转移标的物的所有权，是指出卖人在收取一定价款后失去对标的物的占有、使用、处分、收益的权利，而买受人在支付一定的价款后取得对标的物的占有、使用、处分和收益的权利。

(2)买卖合同是双方有偿合同。买卖合同中一方的权利是另一方的义务，其中出卖人负有交付标的物并转移其所有权给买受人的义务，买受人负有支付价款的义务。

(3)买卖合同是诺成合同。买卖合同自双方关于出卖标的物的意思表达成一致即成立生效，而不以标的物的现实交付为生效要件，因此，买卖合同是诺成合同。

## 二、买卖合同的内容和形式

买卖合同形式有两类：一为口头形式，二为书面形式。

合同内容包括：

(1)当事人的名称或者姓名、住所(或者地址)　出卖人、买受人是单位的，应当写明单位的全称(以营业执照名称为准)、地址和法定代表人的姓名；是个人的，应当写明个人姓名(以居民身份证上的名字为准)、住所。此外，有联系电话的，还应写明电话号码。在涉外买卖合同中，还应当写明当事人的国籍。

(2)买卖标的物(货物)的基本情况　主要是标的物的名称、种类或者品种、规格、型号、等级、花色等，这些是一种物品与其他物品区别的标志，应具体写出全称、品种、规格、型号、花色等。只有在某项买卖合同中，将买卖标的物的具体名称、品种、规格、等级、花色等写清楚，才不会引起误解，产生分歧。如果不在合同中将买卖标的物的基本情况规定清楚，要正确地履行合同就难以得到保证，容易产生纠纷。需要指出的是，对于机电等配套产品，不仅要写明主机(主物)的名称、品种、型号、规格、等级、花色等内容；如果买受人一次性购买出卖人不同种类或规格的商品，双方当事人应当分别写明每一种类或者规格商品的基本情况和件数。

(3)标的物的数量和计量方法　买卖的标的物数量是衡量当事人权利、义务多少或者大小的一个尺度，如果没有规定数量，一旦发生纠纷就很难分清双方的责任，因此，双方当事人必须对买卖的标的物的具体数量，及计量单位在合同中做出明确的规定。

(4)标的物的质量要求　不同物品，其质量要求也不一样。同一物品，其档次或者等级不同，质量标准也不相同。因此，双方当事人应在买卖合同中规定出卖物执行的技术标准和其他质量要求，同时还应当按照国家有关规定约定质量保证期，如食品、药品的保证期。

(5)标的物的包装方式　在商品交易过程中，往往会涉及货物的运输问题。特别是远距离的交易，货物需要经过长途运输才能到达买受人的手中，此时为保证货物的运输和保管安全，则需要对产品进行一定方式的包装。通常情况下，出卖人需要根据货物的实际情况如易碎品、易变形品、不抗压等实际情况来对货物进行包装，但如果有特殊情况，包装方式则根据出卖人与买受人共同协商来决定包装的方式。

(6)价款的数额及支付期限、地点和方式　出卖货品的价格，除了按照国家规定必须执行的物价局的定价外，货品的实际出卖价格由买卖双方协议商定。货品价格的支付期限、地点及支付方式，并没有统一的标准限定，各行各业各商家，可根据自身的实际情况以及买受人共同协议而定。

(7)交货的期限、地点和方式　交货期限，是指出卖人向买受人按照合同的约定交付标的物期限，一般以年、季度、月、旬、周、日、时计算。交货地点，可以是出卖人所在地，还可以是买受人所在地，也可以是运输部门(需要经过运输经营者运输的)所在地等其他地点。交货方式主要包括买受人到出卖人所在地自己提货、出卖人送货到买受人所在地和通过运输经营者运输或者通过邮电单位邮寄交付等，双方当事人选择哪一种方式，由双方协商。至于出卖人交货的具体时间、地点和方式，由双方当事人协商确定。

(8)运输方式的要求及运杂费用的支付　运输方式包括铁路、公路、水路(含海上和内河运输在内)、航空运输，双方自由协商确定。运输的费用是由买受人还是由出卖人承担，需要双方在合同中明确的约定。

(9)验收或者检验的标准、方式、日期　此处的验收，是指买受人在接受出卖人交付货物时，对标的物数量和质量进行检验，接收的行为。买受人验收标的物的时间、地点一般与出卖人交货的时间、地点一致。对产品质量的验收、检疫方法，按照国家有关规定执行，没有规定的由双方当事人协商确定。需要指出的是，买卖双方当事人可根据需要商定检验机构。对货物质量的检验，尤其是在双方对质量有异议时，需要由专门的产品检验机构来检验。在国际(涉外)买卖中，货物进出口一般需要由进出口商品检验机构或者动植物免疫检验机构进行检验。

(10)结算方式　货品的结算方式主要包括现金结算和银行转账结算两种形式。若采用的是银行转账结算方式，双方当事人应在合同中注明资金转入的开户银行、账号名称及账号。在国内大多数情况下，结算币种以人民币为主，仅在少数情况下，涉及对外进出口贸易时，才会使用外币进行结算。在实际工作中，以何种币种进行结算，以双方当事人共同协议而定。

(11)合同使用的文字及其效力　在涉外买卖中，可以根据实际需要规定买卖合同所使用的文字及其效力。因为不同文字的合同条文，在对同一事项的认定、理解上可能会产生不同的解释，从而产生合同纠纷。因此，当事人可以对使用的文字效力进行规定。除涉外买卖合同外，在国内同民族地区的单位、个人买卖时也可使用该少数民族的文字。

(12)违约责任　指买卖双方在合同中规定任何一方违反合同规定或者不按照合同规定履约时应承担的相应的处罚，如支付违约金、赔偿金等违约责任。

(13)解决合同争议的方法　合同纠纷的解决办法包括协商、调解、仲裁和诉讼，当事人应在合同、特别是涉外买卖合同中加以明确规定。

(14)其他条款　如对买卖合同的担保、公证、货物运输保险、变更或者解除合同的条件、涉外买卖合同中法律的适用等内容，只要经过双方协商同意，都可以成为合同的条件等等。

## 三、在签订买卖合同时应注意的问题

### (一)在签订买卖合同时买方应注意的问题

(1)确定卖方提供的标的物有无权利瑕疵。为保证买方能够取得不受争议的财产,买方必须要求卖方在订立合同时说明,该出卖物是其拥有所有权和合法处分的财产,如果卖方未将标的物上存有第三人的权利的情形预先告知买方,则买方有权请求降低价格、解除合同和要求赔偿损失。

(2)确定标的物有无质量问题。如果标的物有表面缺陷(以通常方法检查即可发现的缺陷),买方应在合同条款中说明清楚;如果标的物有隐蔽缺陷(即需要经过技术鉴定或在物的使用过程中才能发现的缺陷),买方应于规定的期限内提出。卖方交付的标的物有缺陷,买方有权拒收。买方已接收的,卖方应根据情况承担降价、修理、更换、退货、支付违约金、赔偿损失等责任。但是,如果卖方在订立买卖合同时已经对标的物的缺陷作了声明,或买方知道标的物的缺陷而愿意购买,则卖方对标物资缺陷不负责任。

(3)敦促卖方按约定和法律规定的时间、地点和方式,完整地交付标的物和办理有关手续。

### (二)在签订买卖合同时卖方应注意的问题

(1)主动明确价格条款。价格是买卖合同的一项重要条款,应在合同中注明清楚。如果价格条款没有或不明确,买方付款就没有标准,没有依据,也容易因此发生纠纷。

(2)敦促买方按合同规定的时间和方式支付价款。买方应按合同的规定按时支付价款,否则,卖方有权利对买方提出承担违约责任。

(3)敦促买方接受标的物。一般来说,买方订立合同的目的就是取得标的物,买方如果不按照合同的约定即时地接受标的物的话,会给卖方造成不利。卖方若遇到买方无故拒不接受标的物,或由于买方的原因无法接受标的物的情况,为终结买卖关系,也可将标的物交公证机关或有关单位提存。

## 四、买卖合同中的漏洞、欺诈与防范

### (一)买卖合同中的漏洞及欺诈

1. 主体没有订立合同的资格,没有实际履行能力

在现实经济生活中,经常出现的合同欺诈行为表现为订立合同的主体没有订立合同的资格,根本没有履行能力。这种情况主要出现在以法人及其他组织为一方当事人之间订立的合同中间,主要表现形式为:

(1)订立合同的一方无法提供法人资格证明。

(2)合同一方虽提供了身份证、《企业法人营业执照》,但均为副本或复印件,其实为伪造的证明。

(3)合同一方提供了正式的《企业法人营业执照》,但其实际虚报注册资本,无实有资金,并没有实际履行的能力。

(4)合同一方在订立合同时虽提供了正式的《企业法人营业执照》,但因未参加工商局年检已被吊销了执照。

2.代理人超越代理权限,以被代理人名义签订买卖合同

在买卖合同的签订中,经常有代理人以被代理人名义签订合同的情况,在被代理人授权范围内,代理人所签订合同的权利义务应由代理人承受。但代理人超越代理权或代理权授权期限已届满后所订立的合同,未经被代理人追认,由行为人承担。根据《民法通则》有关规定有可能会给另一方当事人造成损失。该损失由代理人负责赔付。

3.标的物为法律禁止或限制流通物

在买卖活动中,当事人不了解买卖物品在法律上有无限制、禁止买卖的规定,盲目签订合同却因标的物为法律禁止流通物或限制流通物,而导致合同的无效。如文物、受保护的动物。

4.买卖合同的内容中出现漏洞导致权利得不到保护

买卖合同中经常出现因为对业务不熟悉或者谈判经验不足的漏洞,常见漏洞有:质量约定不明确;履行地点不明确;付款期限不明确;违约责任不明确;付款方式不明确;履行方式不明确;检验标准不明确等。

以上漏洞多出现在合同主要内容缺少或者约定不明,使用字眼模糊,双方有争议等情况。

5.在买卖合同中的恶意履行

签订了一份内容齐备、详尽完善的合同并不代表没有任何的风险,在实际履行中有可能出现的恶意履行的情况,一般有:

(1)借口产品质量差而拒绝付款。

(2)产品有质量问题而故意不告知。

(3)在发生产品更换时不予通知。

(4)在对方履行不符合约定时,不及时地采取措施避免或减少损失的发生。

6.虚开支票,套取货物

虚开支票是近年来增长最快的一种欺诈行为。主要形式是开具不实面额的支票即空头支票。当收票人将支票交给自己的开户行转账时,会被出票人的开户行拒付而不能兑现。另一种形式是故意制造障碍使开出的支票不能兑现,这种形式更具有隐蔽性。例如,支票上的印鉴与出票人在银行预留的印鉴不同;支票的大小写不同;日期有误;连笔致使支票不能清晰辨认;有涂改等都会导致支票被拒付。虚开支票方利用收支票人需要一段时间才能弄清楚支票真伪,而套取的货物,使卖方处于十分不利的地位。

对于电汇,一定要恪守款到生效的原则,不能凭传真件为已到账的依据,实践中已发现有搞假电汇骗取货物的案例。

### (二)买卖合同漏洞及欺诈的防范

对于买卖合同易出现的漏洞及欺诈行为,当事人在订立合同时可以从以下方面来防范:

(1)订立合同前尽可能地了解对方当事人的有关信息。

(2)对代理人签订合同应对其代理权进行了解、审核。

(3)注意提高具体人员及领导人的素质。

(4)合同订立应采取书面形式并使用比较标准的合同范本。

(5)对恶意履行的防范。

(6)对用支票进行支付应按规定程序检查以避免被套走标的物。

另外,应写清合同的签约地点,交货地点(十分重要);出了纠纷由哪里的仲裁委员会仲裁,或由哪里的法院受理,这些可由双方协商填写。

## ◆任务总结

交易达成，制作合同文本，防合同欺诈，签订合同。

## ◆拓展案例

### 二手房的买卖

卖方黄小姐和买方钟先生通过房屋中介公司签订二手房《房地产买卖居间协议》，协议对总价款、面积以及付款方式做出了约定，并支付5万元定金；但是协议对附属设备设施（含家具、电器等）条款既未划去，也未作填写。后在签订买卖合同时，双方对是否赠送家具家电产生争议，王先生以双方曾口头约定赠送家具家电为由，要求陈小姐赠送家具家电，否则便要求其承担双倍返还定金的责任。

[分析思考]

1. 房屋中介公司提供的《房地产买卖居间协议》是否正规？
2. 黄小姐是否应当承担王先生提出的双倍返还定金的责任？

## ◆拓展训练

要求：掌握买卖合同的签订。

实施：

1. 两个小组之间就自己推销的产品与对方进行洽谈，签订买卖合同。
2. 教师对学生签订的买卖合同进行评价，找出其中的不足。

# 任务四　成交后的跟踪

## ◆学习目标

1. 掌握回收账款的基础知识。
2. 了解预防呆账的主要途径。
3. 掌握处理顾客投诉的基本方法。
4. 了解并掌握客户回访的基本方法。

## ◆案例导入

南山利民科技有限公司的推销员李明，在推销准备、收集客户信息、约见客户、接近客户、推销洽谈和促成交易的各个阶段，经过了不懈的努力，终于与南山美连锁超市有限公司签订了购销合同，双方拟定合作期限为一年。南山美连锁超市有限公司在南山地区的所有分店都将销售南山利民科技有限公司的空气净化器系列产品。与此同时，李明还与南山的几家电器城也成交了一些零星的业务。那么，在交易达成后，李明的销售任务是否结束？如何与这些顾客保持联系呢？

## ◆任务分析

1.回收货款。

2.处理顾客投诉的程序和策略。

3.客户回访。

## ◆任务实施

# 一、回收货款

在整个推销过程中，促成了成交，签订了买卖合同，并不表示推销活动的结束。推销活动的结束以完整的收回货款为终点。要想顺利地收回货款，推销人员需要下一定的功夫。

### (一)销售人员收款前的准备

(1)准备好发票、签收单等收款凭证。完整的货款、货物签收单等相关的凭证，都是顾客给付货款的依据。

(2)确保账目清楚，定期向顾客发出货款征询函，要求顾客盖上印章；由于各方面的原因，顾客无法在成交现场给付贷款，由“一手交钱一手交货”行为无形中转变为赊账，加大了货款回收的难度。

(3)确认顾客的关键人员，向关键人物催款。所谓“擒贼先擒王”，“抓牛要抓牛鼻子”，说明了关键人物的重要性。在回收货款的过程中，一定要确认好关键人物，从关键人物开刀。

(4)预约不到顾客时，则以突然袭击的方式来拜访顾客，使其无法逃避。某些时候，货款给付人由于各方面的原因总是拖欠货款，不主动地交付货款或以各种理由来拒绝给付货款，甚至玩起了失踪，此时，在事前做好调查了解的情况下，货款回收人可以采取突袭的方式进行催债。

(5)联合其他厂家，一起出击顾客，使其无力招架。常言道：众人拾柴火焰高、团结就是力量。如果顾客总是以各种理由拖欠贷款，不管催款人员采用何种方法均无法催回账款，此时，可以采用联合作战的方式进行催讨，以众人的力量再给顾客施压。

### (二)预防呆账的方法

呆账是指已过偿付期限，经催讨尚不能收回，长期处于呆滞状态，有可能成为坏账的应收款项。呆账是未能及时地进行清账的结果。由于各个公司的实际情况不一样，因此，债务三年内不偿还的即记为呆账。预防呆账的主要方法有：

1.分析顾客欠款的原因

凡事出有因。顾客欠款，首先要了解、分析、摸清其欠款的原因，是因为确实暂时资金周转不过来而欠款，还是有钱故意不还拖欠货款，一定要先弄清原因，进而对症下药，才能做到药到病除。

2.随时地掌握顾客的信息

顾客信息的掌握度对有效催讨货款有密切的关系，一旦掌握到顾客的经济状况足以偿还货款，立即出击进行催讨的成功率比盲目地进行催讨的成功率要高。

3.注意顾客倒闭前的征兆预警

销售员必须密切地注意客户的经营状况，洞悉客户倒闭前的各种征兆预警，从而做好呆账预防。具体来说，这些倒闭征兆如下：

(1)客户公司的人员流动突然加快，甚至连财务人员也开始辞职。

(2)客户公司的销售大起大落，突然提高进货数额，妄图借厂家的产品最后拼死一搏。

(3)客户的态度平时很一般，现在突然变好。这说明客户一定别有用心，另有所求。

4. 建立信用机制

厂家预防呆账的最根本措施是：建立有效的信用机制。信用机制包括两个基本组成部分：信用额度和信用期限。

(1)信用额度　即将客户按照信用度分成 A、B、C、D 等各种等级，然后规定不同等级客户欠款的最高数额。一旦货款超过这个数额，厂家就不再给其发货。

(2)信用期限　即规定不同信用等级客户的回款期限。一旦回款超过规定的期限，厂家就不再给其发货。

### (三)顾客常用的欠款方法及应对

(1)提示顾客，引发其自尊心。

(2)让顾客产生同情心。激发顾客的同情心来促使其还款。向顾客诉苦，告诉如果个人不能及时催回账款，将会受到公司相应的处罚，自身的收入也会受到影响，一家人的生计也会因此而受到牵连等等。

(3)引发顾客的公正心。引导顾客进行“换位思考”，假设顾客是推销员，推销员是顾客，也同样的拖欠账款，顾客会如何处理。由此引发顾客的公正心，从而尽快地还款。

(4)向顾客反复地说明按期付款的益处。所谓无利不往。推销员通过不断地向顾客强调按期付款的益处，引起对利益的关注。例如“如果每次都能按期付款，下次的账额期限可以比上次增加 10 天或更多天数”等等。

(5)适当地给顾客以压力。人只有在感到有压力的时候再才有所行动。通过取消合作或提高滞纳金的方式给顾客施加一定的压力，促使其按期还款。

## 二、处理客户投诉

所谓顾客投诉，是指顾客对企业产品质量或服务上的不满意，而提出的书面或口头上的异议、抗议、索赔和要求解决问题等行为。对顾客的投诉如果不能及时、有效地进行处理，一旦事态变得严重，将会对企业带来负面的影响，直接影响企业的利益。

所谓“有的放矢，方能百战百胜”，要想完美地解决顾客的投诉问题，必须要找到其投诉的原因何在，进而对症下药，才能药到病除。

### (一)分析客户投诉的原因

客户投诉的原因一般主要为以下几个方面的因素：

1. 企业自身的原因

(1)产品质量无法达到顾客的期望值。过硬的产品质量是塑造顾客满意度的直接因素。每一个顾客在购买产品的同时都希望产品的质量与自己的期望值是平级的，一旦两者做到无缝对接，顾客对产品的满意度就会比较高，而一旦两者出现裂痕错位，顾客的满意度就会急剧下跌，投诉也就随之而来。

(2)服务无法满足顾客的要求。服务是一种无形的产品。在服务系统中的顾客满意与不满意,往往取决于某一个接触的瞬间。如服务人员对顾客的询问不理会或回答语气不耐烦、敷衍、出言不逊;结算错误;让顾客等待的时间过长;公共环境卫生状态不佳;安全管理不当,店内音响声音过大;对服务制度如营业时间、商品退调、售后服务以及各种惩罚规则等等,都是造成顾客不满、产生抱怨的原因。

(3)对顾客期望值管理失误。服务企业对顾客期望值管理失误导致顾客对于产品或服务的期望值过高。在一般情况下,当顾客的期望值越大时,购买产品的欲望相对就越大。但是当顾客的期望值过高时,就会使得顾客的满意度越小;顾客的期望值越低时,顾客的满意度相对就越大。因此,企业应该适度地管理顾客的期望。当期望管理失误时,就容易导致顾客产生抱怨。

2.顾客的原因

(1)弥补损失。顾客往往出于两种动机提出投诉,一是为了获得经济上的赔偿,退款或者免费再次获得该产品及服务作为补偿;另一种是挽回自尊,当顾客遭遇不满意产品、服务,不仅承受的是金钱损失,还经常伴随遭遇不公平对待,对自尊心、自信心造成伤害。

(2)性格的差异。不同类型的顾客对待“不满意”的态度不尽相同,理智型的顾客遇到不满意的事,不吵不闹,但会据理相争,寸步不让;急躁型的顾客遇到不满意的事必投诉且大吵大闹,不怕把事情闹大,最难对付;忧郁型的顾客遇到不顺心的事,可能无声离去,决不投诉,但永远不会再来。

### (二)采取措施处理客户的投诉

(1)快速、积极地处理投诉。处理顾客的投诉首先在时间上一定要快速,不能拖沓,总想着“这不是什么大事,先放放,先放放”,结果一放就是好几天甚至好几周,导致顾客不满情绪的加重。

(2)主动承担责任。要勇于主动地承担责任,不管事件本身谁对谁错,在处理顾客投诉的过程中,推销人员应先主动地承担责任,安抚顾客的不满情绪,等顾客情绪平稳后再进行协商解决。

(3)消除顾客的抱怨。顾客采取投诉动作,说明他对企业的产品质量或者服务有不满意的地方,在心理上对推销人员存在一定程度的抱怨,此时,推销人员可以通过情感感化法、产品质量对比法等等方式来消除顾客的抱怨。

## 三、客户回访

客户回访是企业用来进行产品或服务满意度调查、客户消费行为调查、进行客户维系的常用方法,由于客户回访往往会与客户进行比较多的互动沟通,更是企业完善客户数据库,为进一步的交叉销售,向上销售铺垫的准备,认真的策划就显得尤为重要。

### (一)物流客户回访步骤

1.设计物流客户回访方案

推销员根据客户资料设计《物流客户回访方案》,包括物流客户回访的大概时间、回访内容、回访目的等。并且根据公司业务情况,结合客户特点,选择适合的回访方式。

2.组织人员对物流客户进行回访

设计好适合客户的回访方案后,紧接着就是组织人员对物流客户进行回访,回访过程中一般要求注意以下几点：

(1)回访专员回访前必须准备齐全相关回访资料，包括客户基本信息（姓名、职务、联系方式等）、客户服务的相关记录和客户特殊需求等，并要准时到达回访地点。

(2)回访员要热情、全面了解客户的需求和对服务的意见，认真填写《客户回访记录表》。

(3)回访结束后，回访员要及时地将回访的相关资料归还给公司，如果由于客观原因确实无法归还，应报客户服务主管批准。

3. 回访信息收集统计与分析

回访专员在结束回访的第二天应根据回访过程和结果，根据《客户回访记录表》，进行回访信息的收集统计与分析，填写《客户回访报告表》，主要是对客户的回访过程和回访结果进行汇总和评价。

4. 撰写回访报告

回访专员将回访信息收集统计与分析后，应根据回访统计分析结果，撰写回访报告，或填写《客户回访报告表》，并报主管领导审阅，主管领导对回访专员的《客户回访记录》、《客户回访报告》表 6-1 进行审查，并提出指导性的意见。

**表 6-1　客户回访报告**

部门：　　　　　　回访人员：　　　　　　　　　　　　日期：　　年　　月　　日

<table>
<tr><td>回访时间</td><td></td><td>回访人员</td><td></td><td>回访对象</td><td>行业：<br>类别：□行业用户　□管理部门<br>□直接用户　□经销商</td></tr>
<tr><td>回访目的</td><td></td><td>回访形式</td><td>□大客户回访<br>□常规回访<br>□投诉处理</td><td>回访结果</td><td>共回访____个客户，其中采用电话回访____个客户，现场回访____个客户，有效回复的____个客户。</td></tr>
<tr><td colspan="2">回访主要客户群及内容</td><td colspan="4"></td></tr>
<tr><td colspan="2" rowspan="4">客户主要意见</td><td colspan="2">客户对产品评价</td><td colspan="2"></td></tr>
<tr><td colspan="2">客户对产品期望</td><td colspan="2"></td></tr>
<tr><td colspan="2">客户对服务评价</td><td colspan="2"></td></tr>
<tr><td colspan="2">客户对服务期望</td><td colspan="2"></td></tr>
<tr><td colspan="2">改善客户服务对策</td><td colspan="4"></td></tr>
<tr><td colspan="2">回访中遇到的问题</td><td colspan="4"></td></tr>
<tr><td colspan="2">备注/说明</td><td colspan="4"></td></tr>
<tr><td colspan="2">主管领导审核意见</td><td colspan="4"></td></tr>
</table>

5. 跟踪反馈客户回访结果

跟踪回访结束后，销售员往往认为已经完成工作任务了，恰恰忘记了一个最关键的动作就是跟踪反馈客户回访的结果，策划下次回访的时间和内容，并记录在相关的报表中，以备下次跟踪前的话术组织，更好地延续与客户的关系。

## (二)设计物流客户回访方案关键点

1.确立回访目的

大部分企业都有定期回访制度,这不仅可以直接地了解产品的应用情况,而且可以了解和积累产品在应用过程中的问题。回访的目的是了解客户对我们的产品使用如何,对企业产品及服务有什么想法,继续合作的可能性有多大,通过客户回访能够准确地掌握每一个客户的基本情况和动态;在对客户有翔实了解的基础上,有针对性地对不同客户进行不同方法的维系与跟踪回访;了解客户需求,便于为客户提供更多、更优质的增值服务;发现自身存在的不足,及时地改进与提高;提高客户的满意度。

通常,回访的目的要明确,一般地,物流客户回访的目的归纳起来有以下三大目的:

(1)客户对产品的使用情况的了解。通过回访、教育、引导或培训客户使用产品,在回访中要指导客户产品使用的注意事项,产品保养、保修及注意事项。

(2)回访的第二个目的是为了建立客户档案,延伸服务项目,增强公司在客户思维中的记忆与提高公司在客户思维中的认知度、美誉度。

(3)回访的第三个目的是与客户建立文化情感关系。特别是在社会中,有一定影响力的客户是重点的回访对象。

2.确立回访内容

访问内容一般包括:客户满意度、忠诚度、流失率、投诉率,货品残损率、货品到货率、差错售后回访、新业务推介,引客回头等内容。

3.确定回访时间

一般客户在使用产品遇到问题时、客户购买的产品有故障或需要维修时、客户想再次购买时是客户回访的最佳时机。如果能掌握这些,及时地联系到需要帮助的客户,提供相应的支持,将大大地提升客户的满意度。

一般情况下,确定回访的时间必须注意:

(1)客户服务专员及时同客户联系,与客户预约回访的时间和地点。

(2)时间和地点的预约要充分地考虑客户的时间安排,不打扰客户。

按销售周期看,回访的方式主要有:

(1)专项回访　针对特定项目,安排在特定的时间,如节日回访,就是在平时的一些节日回访客户,同时送上一些祝福的话语,以此加深与客户的联系。这样不仅可以起到亲和的作用,还可以让客户感觉到一些优越感。

(2)定期回访　周、月回访,针对大客户。这样可以让客户感觉到本单位的诚信与责任。定期回访的时间要有合理性。如以产品销售出一周、一个月、三个月、六个月……为时间段进行定期的电话回访。

(3)日常回访　非固定时间,针对一般客户和潜在客户。提供了售后服务之后的回访,这样可以让客户感觉本单位的专业化。特别是在回访时发现了问题,一定要及时地给予解决。最好在当天或第二天到现场进行问题处理,将用户的抱怨消灭在最少的范围内。

4.明确回访方式

可以采用面谈、小组座谈、电话回访、传真回访、信函回访、电子网络回访等各种通信方式回访。对于重要客户可以上门回访。特别是对产品提出中肯意见或良好建议的客户,一定要上门回访。

5. 确定回访范围

在客户回访之前,要对客户进行细分确定回访范围。单位可以根据自己的具体情况进行回访范围划分。客户细分完成以后,对不同类别的客户制定不同的回访策略。例如,有的公司把要回访的客户按客户性质划分确定为:大客户、一般客户、潜在客户等;有的公司从客户购买产品的周期角度判断客户的价值类别,如高价值(月),一般价值(季度/半年),低价值(一年以上)。对客户进行细分也可以按照客户的来源分类,例如定义客户的来源包括:电话联系、自主开发、广告宣传、老客户推荐等;也可将客户按其属性划分类型,如合作伙伴、供应商、直接客户等;还可以按客户的地域进行分类,如国内、国际等,再按省份例如山东、北京、上海等,再往下可以按地区或者城市分。

客户回访前,一定要对客户做出详细的分类,并针对分类确定回访的范围,拿出不同的服务方法,增强客户服务的效率。总之,回访就是为了更好地为客户服务。

6. 明确分析方法

在回访的过程中,作为与客户直接接触的销售员,会掌握着大量客户的反馈信息。如何对这些大量、纷繁的回访信息进行统计分析,并指导和提升企业的运营质量呢?通常,分析回访信息的方法大体上有两种,一是定性分析,二是定量分析。定性分析是主要凭分析者的直觉、经验,凭分析对象过去和现在的延续状况及最新的信息资料,对分析对象的性质、特点、发展变化规律做出判断的一种方法。定量分析则是依据统计数据,建立数学模型,并用数学模型计算出分析对象的各项指标及其数值的一种方法。二者相辅相成,定性是定量的依据,定量是定性的具体化,二者结合起来灵活运用才能取得最佳效果。

7. 设计回访调查表

此环节即是根据回访目的、内容、范围设计回访调查表。它是以问题的形式系统地记载调查内容的一种印件。调查表可以是表格式、卡片式或簿记式。设计回访调查表,是询问调查的关键。完美的调查表必须具备两个功能,即能将问题传达给被问的人和使被问者乐于回答。要完成这两个功能,问卷设计时应当遵循一定的原则和程序,运用一定的技巧。注意调查表的设定要有条理性,问题与问题之间要考虑过渡的连贯性,要避免机械的问答。

### (三)根据方案实施回访

最后就是根据已制定的方案实施回访工作了,在具体的回访实施过程中,回访人员的语言行为、形体行为都必须要体现公司企业文化,在回访中,要热情、全面地了解客户的需求和对服务的意见,认真地处理顾客的投诉、不满、疑惑等,应诚实可信,并且对公司负责、对客户负责。

## ◈任务总结

推销成交后,要及时地收回货款,处理好客户投诉和其他客服工作,并回访客户,改进销售工作。

## ◈拓展案例

### 唯利是图

某牛奶公司有一天来了一位顾客,这个顾客气冲冲地走到公司的接待前台,情绪激动地对着前台接待人员吼道:"你们公司怎么能这样,眼里只有钱,还有没有一点良心!你的产品有质量问题，为什么还卖给顾客，怎么可以这样唯利是图……”

［分析思考］

如果你是当时的接待人员，你将如何处理这件事情？

## ◈拓展训练

要求：掌握讨债的方法。

实施：

1. 以项目小组为单位，两个人为一对，一人扮演推销员，另一人扮演债务人进行模拟讨债，之后互换角色并写出模拟情景的对话内容。

2. 小组将不同的模拟情景的对话进行整合，推荐两位同学在全班演示。

## ◈思考与练习

1. 成交的含义是什么？

2. 推销活动中要注意哪些成交策略？

3. 成交的主要方法有哪些？

4. 买卖合同的内容包括哪些？

5. 指出下面的例子中使用的是什么成交方法？

“请您看看订单，我马上要把数字填到合同里去”。（　　　　成交方法）

“既然一切都谈妥了，那就请在合同上签字吧。”（　　　　成交方法）

“张经理，这批产品质量不错，你们应多订些，超过 2 000 箱，我给您打九折。”（　　　　成交方法）

“金总，我打电话给厂里，安排马上给您送货。”（　　　　成交方法）

“您喜欢哪种环境，是面对大海还是能远眺群山？”（　　　　成交方法）

“这是今年最流行的机型，我们一天就卖 50 多台，请问先生什么时候要货？”（　　　　成交方法）

“张经理，这种面包机的质量您尽管放心，开箱后一旦发现任何问题，我公司保证无条件退换。”（　　　　成交方法）

“由于原材料需要进口，这批货卖完后，可能要很长的时间才有货。”（　　　　成交方法）

# 项目七　推销管理

随着市场经济的不断完善与向前发展，企业在经营的过程中也在不断地改进自身的管理方法，开展市场营销的意识以及幅度和投入也都在不断地更新，企业面临的市场压力越来越大。企业的经营管理者越来越意识到做好推销管理工作的重要性及急迫感。管理好推销人员以及推销组织，已成为企业经营过程中不容忽视的一部分。

## 任务一　推销人员的组织与管理

### ◈学习目标

1. 了解推销员的选聘的方式和程序。
2. 掌握推销员培训的方式。
3. 掌握推销员绩效考核的方法、内容。
4. 了解推销员的激励方法。

### ◈案例导入

李明通过一段时间的工作，已成长为一名有经验的推销员，但感到公司并没有给他应有的待遇，感到很苦恼，面对这种情况，公司应该怎么办？

### ◈任务分析

1. 推销人员的选聘。
2. 推销人员的培训。
3. 推销人员的考核。
4. 推销人员的激励。

### ◈任务实施

推销员作为推销活动的主推手，他们的工作业绩直接影响着企业的经济效益。在当下人才流动极为自由的时代背景下，推销人员的流失以及新的推销人员的及时补充已成为企业需要直视的现实。

### 一、推销人员选聘

推销员的选聘工作与企业运营成本、经济利益有着密不可分的关联。因此，企业在进行推销员的选聘时，其规模需要谨慎而行，结合企业自身的实际情况，选择适合的选聘规模和选聘方式。

## (一)推销人员的选聘规模

若推销员选聘过少,不能人职匹配,就会出现人手不够,影响工作的正常开展,进而影响到企业市场开拓和经济效益的创造,但如果过多,在可以创造更多的经济价值的同时增加企业的劳务成本。因此,企业应该根据具体情况合理地制定推销员的选聘规模。常用的办法主要有以下三种:

1. 根据推销规模、机构和岗位设置而定

推销人员的选聘,在很大程度上取决于企业的运营规模,产品的推销规模大小,如果某项产品的推销规模较大,企业本身所拥有的推销人员数量不足,则需要增加相应的人手。

2. 根据人员的流动率情况而定

当前,人才流动已不再受国家政策的制约,人才的自由流动完全取决于市场的调控,因此,企业人员的流动,已成为所有企业不可回避的话题。推销人员的选聘,依据本企业人员流动率作为前提,可以在很大程度上做到推销人员总体数量的可控性。

3. 组织发展的需要

即随着企业发展规模的不断壮大,推销人员的需求量也在增多,依据公司的需要确定推销人员的选聘规模。

[案例]

### 强盛公司人才招聘

强盛公司是一家跨国公司在中国的子公司,以研制、生产、销售药品为主,随着生产业务的扩大,为了对生产部门的人力资源进行更有效的管理,公司决定在生产部设立一个新职位,主要负责生产部与人力资源部之间的协调工作。生产部许经理提出在外部招聘合适的人员。人力资源部决定马上发布招聘信息,在发布招聘广告的渠道上有两种选择:一是在本行业的专业杂志上,费用为3 000元;二是在本地区发行量最大的报纸上,费用是9 000元。人力资源部把两个方案向公司主管领导做了汇报,反馈的意见是选择第二种方案,因为,公司在中国处于发展初期,知名度不高,应抓住发布招聘广告的机会扩大公司的影响。

[分析思考]

公司在发展到一定阶段时,随着生产能力的不断扩大,生产经营的规模也会随着扩大。因此,当人员的需求不再能满足公司发展的需求时,那么,选聘新的推销人员已成为解决问题的必经之路。

## (二)推销人员的选聘渠道

通常来说,推销人员的招聘途径主要分为两大类,一是外部招聘,二是内部调整。

1. 外部招聘

外部招聘是指企业通过吸收外部力量来解决推销人员短缺情况的招聘方式。常见的形式有校园招聘、人才交流会、网络招聘和广告招聘等。

(1)校园招聘会　校园招聘会是指企业直接与各类院校进行合作,从学校招聘各类各层次应届毕业生的招聘方式。这一招聘形式已成为当前大部分企业乐于使用的方式。它的优点表现为针对性强,招聘的数量和专业往往是企业结合自身的人才发展战略要求而定的。如农资行业的企业入校招聘的专业以市场营销和植保专业的学生居多。校园招聘会的成本相对较低廉，并能有效地提高企业在高校圈内的知名度，为企业建立良好的校企合作关系奠定基础。其缺点是招聘的人员职业化水平较低，流失率高，需要企业投入较多的精力对新员工进行系统且完整的培训。

(2)人才交流会　人才交流会是由政府人才交流机构，或具有人才中介服务资质的企业，组织用人单位和求职者面对面地洽谈的招聘形式，是人才交流机构或人才服务中介为用人单位和求职者搭建的一座沟通桥梁。

(3)网络招聘　网络招聘是伴随互联网日益普及而新生的一种新的招聘形式。用人单位通过在网络上发布招聘信息，接收求职者投递的简历。这一方式可以使企业在极短的时间内收集到海量的求职者的信息，极大地节省了时间、提高了效率。但是，它的弊端在于不能主动地控制应聘者的质量和数量，夹杂着各种垃圾邮件、病毒邮件，海量的信息无形中增加了招聘工作的难度。

(4)广告招聘　广告招聘是指通过在当地主流报纸上刊登招聘信息、主流媒体如电视、广播或者大型广告牌上的发布或刊登招聘信息的方式。这种招聘方式的优点在于覆盖面广，接受率高，不仅可以提升企业在当地的知名度，还可以招聘到所需的人才。但不可忽视，这种招聘形式会吸引很多不合格的应聘者，增加了企业招聘的工作量和难度，延长了招聘周期。

[案例]

**招聘广告**

M公司主要从事计算机网络工程、数据库和应用系统开发，是一家高新技术公司。因发展需要，经人才交流服务中心批准，特诚聘优秀人士加盟。

1.软件工程师15名，男女不限，40岁以下，硕士以上学历，有5年以上工作经验，通信、电子信息及相关专业，特别优秀的本科生亦可。

2.网络工程师3名，男女不限，40岁以下，硕士以上学历，1年以上网络工作经验，熟悉TCP/IP协议集，有独立承担大中型网络集成经验。经过专业培训及取得认证者优先。

3.销售代表2名，男女不限，27岁以下，本科以上学历，计算机、通信等相关专业，口齿伶俐、仪表大方、举止得体、勤奋好学。

4.产品销售2名，男女各1名，27岁以下，本科以上学历，计算机、通信及相关专业，应届毕业生亦可。

5.市场策划2名，男女各1名，27岁以下，本科以上学历，有过成功策划案例者优先。

6.平面设计2名，男女不限，27岁以下，专科以上学历，设计专业毕业。熟练掌握PHOTOSHOP、COREURAW或3DS MAx等工具，有成熟设计，色彩敏锐者优先。

以上人员，待遇从优。有意者请将个人简介、薪金要求、学历证明复印件及其他能证明工作能力的资料，于××年5月2日前送至(或邮寄)××公司人力资源部。

公司地址：深圳市深南路×号　　邮编：××××××

电话：××××××××　　传真：××××××××

联系人：李小姐　　E-mail：656789@qq.com

[分析思考]

招聘广告主要内容有哪些?

外部招聘借助外来新鲜血液的冲力,可以平息企业内部的不良竞争,但同时也会打击内部人员的积极性与自信心。

2. 内部招聘

内部招聘通常被称为内部调整,即当企业内部出现职位空缺时,通过提拔内部业务能力强、素质高的员工来担任推销工作的招聘方式。这种招聘方式较容易鼓舞士气、吸引并留住人才,但同时也容易引起企业内部员工的不满,近亲繁殖的概率高。

总体而言,内部招聘的优点主要在于成本小、效率高、员工激励性强、工作磨合期短等方面,而内部招聘的弊端往往在于岗位有限,易造成内部员工竞争,直接影响彼此关系甚至导致人才流失。另外,内部招聘如果控制不好,易滋生内部的"近亲繁殖"、"团体思维"、"长官意志"等现象,不利于企业的开放创业和茁壮成长。

### (三)推销人员选聘标准程序

推销人员作为联系企业与顾客的重要纽带,除了具备相应的基本技能外,个人所拥有的品质也是极为重要的。因此,在推销人员的选拔上,对推销人员的个人品质和工作能力有一定的标准及要求。

1. 为人正直

古语有云:才是德之资,德是才之帅。司马光在《资治通鉴》中如此描述才德之列:才德全尽谓之圣人,才德兼亡谓之愚人,德胜才谓之君子,才胜德谓之小人。由此可见,一个人的品德是先于才能的。作为推销员,也需要具备良好的个人品德。

2. 良好的决策能力

在推销的过程中,推销员需要通过顾客的言行举止来判断各种购买信息,并果断地做出相应的促成交易的决策,因此,推销人员应具备良好的决策能力。

3. 良好的沟通能力

众所周知,推销过程本身就是双方相互沟通的过程,推销人员通过与顾客的良好沟通,从陌生到熟悉,从相互不信任到最终彼此信服,这一过程,均需要通过良好的沟通来完成。因此,良好的沟通能力,可以帮助推销人员在最短的时间内与顾客达成某种共识,促使推销员更好地完成推销工作。

4. 坚韧执着

推销工作在很大程度上可以视为是承受拒绝折磨的工作。因为,在开展推销工作的过程中,十次可能有九次是被拒绝成交的,因此,推销人员在刚加入到推销人员行列的初期,往往经受不住拒绝的压力而无法坚持从事推销工作。由此,具有坚韧执着的品质是成为成功推销人员必备的品质。

5. 推销业务

推销人员的主业就是业务推销,因此,具备一定的推销业务能力,可以帮助推销人员很快地完成职业角色的转换,更好地开展工作。

每个企业都有自己一套成形的招聘程序,根据企业的实际情况来设定相应的流程和步骤,但并不是说就没有一定的规律和共性,归纳起来,基本的程序和流程如下:

对外公布招聘信息→对收集到的信息进行海选→对通过海选的应聘人员进行考核，包括笔试、面试→选定合适的推销人员。

招聘程序及步骤，各有差别，主要是以企业的实际情况为基础来进行流程的设计。

## 二、推销人员培训

在企业经营管理诸多因素中，“人”是关键的因素，企业必须不断地提高员工素质才能保持竞争力，这样就要对推销人员进行培训。当前，企业培训方式主要有以下 5 种方法：

(1)举办培训班法　即由企业组织，邀请销售专家或拥有丰富经验的推销人员采用课堂授课的方式，将自身的知识及经验、体会传授给受训人。这一形式在企业界普遍使用。这种形式的优势在于平均成本较低，但受众面比较广。缺点主要体现为受训人之间的横向沟通交流比较少。

(2)区域轮换法　顾名思义，即不同区域的推销人员之间进行工作地点的交错轮换。此方法的优点在于推销人员可以接触到不同区域的顾客，了解、掌握更多顾客资源的同时增强自身的推销能力。缺点在于需要花费一定的时间适应新的环境。

(3)设助理法　即给企业里较为资深的推销人员配备专人助理，在协助老推销人员开展各种工作的同时，资深推销人员通过日常的工作传授推销技能和知识，起到传帮带的作用。

(4)增设临时职务法　即为了提高推销人员各方面的能力，在企业内部临时增设相关的职务，让推销员有机会接触到先来工作的不同层次的事和人，从而达到提高推销技能的目的。

(5)开研讨会法　即企业组织推销人员共聚一堂，就某一议题展开讨论，会议主持人由企业委派推销方面的行家里手担任，参会人员可以包括推销行家、能手以及一般的推销人员。研讨会是一种双向沟通的交流方式，受训人有较为充裕的时间和机会来表达个人的意见、看法，同时也能在研讨的过程中吸取他人的成功经验，最为难得的是个人的疑惑可以当堂得到专家的指点与教导。

## 三、推销人员考核

推销人员考核是指企业对推销员一段时期内的推销工作进行检查、衡量和评价。对推销员进行考核，一方面是为了调动推销员的工作积极性，另一方面是帮助他们总结工作经验和教训，从而改进工作方法，取得更好的推销业绩。

### (一)推销绩效评估的内容

(1)销售量　是指推销员在一定的时期内推销出去的产品总数。

(2)销售额　是销售量的货币表现形式，即用价值去反映一段时间内推销员开展工作所取得的成果。

(3)推销费用　是指推销员在产品推销过程中所发生的各种开支，如工资、差旅费、电话费、接待费和交通费等等。

(4)销售利润　指销售额与推销费用的差额，它是推销成果各种指标中最集中的体现。

(5)推销效率　是推销人员工作能力和工作效率，如访顾客的次数、成交的次数等的综合体现。

### (二)推销绩效评估方法

推销人员的绩效评估方法多种多样，因企业、因组织而定，但大体上主要有以下两种：

(1)绝对分析法 所谓绝对分析法就是单纯的凭借推销人员销售成交的订单数量或订单金额作为衡量的标准,不考虑在推销活动开展过程中所产生的一系列辅助的费用。

(2)相对分析法 是相对于绝对分析法而言的。即评判的依据不完全以销售额的多少来衡量,而是去除了开展推销活动过程中所产生的费用之外,能够作为纯收益来计算的总的销售额的多少,来进行评定的办法。

## 四、推销人员激励

(1)目标激励法 目标是组织对个体的一种心理引力。设置适当的目标,激发人的动机,达到调动人的积极性的目的,称为目标激励。目标在心理学上通常被称为"诱因",即能够满足人的需要的外在物。目标设置要合理、可行,与个体的切身利益密切相关。要设置总目标与阶段目标,总目标可使人感到工作有方向,阶段性目标可使人感到工作的阶段性、可行性和合理性。

(2)强化激励法 是指每当推销员的业绩有所突破时,组织通过某种途径或方法,给予推销人员一定的奖励来促使他们不断地努力,进而取得更好的成绩的一种奖励法。在此过程中,不论成绩大小,只要有成绩,即可得到一定的激励,通过不断地强化这种奖励的机制,达到激励推销人员的目的。

(3)反馈激励法 通过建立一定的反馈机制,利用反馈机制所提供或体现出来的信息,或者是推销员的工作业绩,给予激励的方式。

(4)推销竞赛 即通过组织竞赛活动的方式,让推销员通过自身的能力完成竞赛,并在竞赛取得相应的成绩后给予相应激励的办法。

### ◈任务总结

加强推销人员的培训、使用和激励,培养精干的队伍。

### ◈拓展案例

#### 招聘简介

顺丰速运有限公司(以下简称顺丰)于1993年成立,总部设在深圳,是一家主要经营国内、国际快递及相关业务的服务性企业。

自成立以来,顺丰始终专注于服务质量的提升,不断地满足市场的需求,在国内(包括港、澳、台地区)建立了庞大的信息采集、市场开发、物流配送、快件收派等业务机构,建立服务客户的全国性网络,同时,也积极拓展国际件服务,目前已开通韩国、新加坡、马来西亚、日本及美国业务。

顺丰以诚信作为基本准则,坚持尊重、团结、认真、奉献的核心价值观,本着德才兼备,品德优先的用人理念广泛招募社会各类人才,不断地改革创新、锐意进取,致力于成为最值得信赖和尊敬的速运公司。

顺丰2014届"梦想速达未来"校园招聘,将为有志成为行业领先人才的优秀应届毕业生提供广阔的发展空间,为即将开始的职业生涯开启无限辉煌的事业蓝图。

1. 招聘对象

2015 届全日制本科、大专毕业、实习生。

2. 岗位要求

大学专科及以上学历；优秀的学习能力；良好的团队协作意识与沟通能力。

3. 招聘职位信息

| 职位类别 | 职位方向 | 学历 | 专业 | 薪酬 | 工作地点 |
| --- | --- | --- | --- | --- | --- |
| 仓管员 | 营运管理、职能发展、物业资源 | 大专 | 不限 | 3 000 元以上 | 内蒙古 |
| 营运储备干部 | 工业工程、运营管理、数据挖掘 | 本科/大专 | 物流管理、工业工程、交通运输、人力资源、民航运输、物流工程、统计学、数学、电子商务、供应链管理等 | 储备期工资 2 000 元，转正后以岗定薪 | 呼和浩特 |
| 客户储备干部 | 市场销售、客户关系、品牌管理、供应链解决方案、数据挖掘、产品定价 | 本科/大专 | 文秘、教育、统计学、金融学、人力资源、法学、经济学、市场营销、客户管理等 | | 全国 |
| 行政储备干部 | 行政支持、工程管理、物业资源、物资供应链、采购管理员 | 本科/大专 | 行政管理、信息化管理、档案管理、文秘、物业管理、采购、工商管理、土木工程等 | | 全国 |
| 人力资源储备干部 | 招聘、培训、绩效、薪酬、员工关系、组织发展 | 本科/大专 | 人力资源管理、行政管理、心理学、工商管理、教育、数学、法学等 | | 全国 |
| 公共事务储备干部 | 公共事务管理、品牌管理、安保管理 | 本科/大专 | 公共事业管理、工商管理、心理学、法律、中文、社会学、新闻学等 | | 全国 |

4. 更多详情请通过以下方式了解

顺丰招聘官方微博：http://weibo.com/sfhr

邮箱：qidelefu@sf-express.com

（资料来源：http://www.yjbys.com/mingqi/jobshow20608.html）

[分析思考]

1. 简析顺丰速运校园招聘的特点。

2. 通过案例，简析校园招聘有哪些优、劣点。

### ◈拓展训练

要求：制订推销员激励方案。

具体实施：根据推销员队伍的情况，制订切实可行的激励方案。

# 任务二　推销组织的管理

### ◈学习目标

1. 了解推销组织的基本类型。

2. 了解推销管理中的基本方法。

3. 掌握团队激励的方法。

### ◈案例导入

李明升任为销售主管，面对销售团队，他该如何管理好这个团队？

### ◈任务分析

1. 推销组织的基本类型。

2. 加强推销工作管理。

3. 团队激励。

### ◈任务实施

## 一、推销组织的基本类型

企业在实践经营过程中，推销部门是企业产品销售的重要组成部分，建立精简高效的推销部门是销售管理的一项重要内容。推销部门在企业整体营销管理中处于核心位置。企业为了实现其经营目标，必须根据企业的具体情况选择合适的推销组织形式。大体上，推销组织的类型主要有以下几种：

1. 直线型结构

组织中只有一套纵向的行政指挥系统"一个人一个头"。优点有：结构简单，权责明确、领导从属关系简单，命令与指挥统一，上呈下达准确，解决问题迅速，业务人员比重大、管理成本低。缺点是：没有专业管理分工，对领导的技能要求高，领导容易陷入实务主义，不能集中精力解决企业的重大问题。

2. 职能制

是一种以职能分工为基础的分级管理结构，即将管理按专业进行划分，由职能管理机构分别领导业务机构。优点：促进管理专业化分工，解决了管理人员的品质技能与管理任务不相适应的矛盾，使决策者从日常繁琐的业务中解脱出来，集中精力思考重大问题，提高管理成效。缺点：破坏了命令统一的原则。

3. 直线职能制（U 形组织结构）

在经理的领导下，建立两套管理系统：一套是实现直线式领导的管理系统；另一套是协助经理指导和监督的职能管理系统。优点：综合了直线制和职能制的优点。缺点：过于强调集权、统一，不利于提高灵活性。

4. 事业部制（M 形组织结构）

事业部是在公司统一领导下，按照产品、地区或顾客划分的进行生产经营活动的半独立经营单位。优点：有利于公司最高管理者摆脱日常行政事务，专心致力于公司的战略决策，充分地调动各事业部的积极性，提高组织经营的灵活性和适应能力，培养人才，发现人才，使用人才，便于考核。缺点：整体性不强，内部沟通与交流不畅。

不同类型的组织形式均各有优缺点，因此，在进行管理的过程中，应该注意选择适合自身企业情况的组织类型。

## 二、加强推销工作管理

### （一）推销计划的制定和修正

推销计划是企业生产经营计划的一个重要组成部分，是推销管理部门根据企业的生产经营实际情况，确定推销目标、销售利润和销售费用以及实现目标的方式和步骤。

企业在进行推销计划的制定上，可以遵循以下 3 种方法：

(1)滚动计划法　滚动计划法是按照“近细远粗”的原则制定一定时期内的计划，然后按照计划的执行情况和环境变化，调整和修订未来的计划，并逐期地向前移动，把短期计划和中期计划结合起来的一种计划方法。

(2)零基计划法　零基计划法是指在制定计划的时候，抛弃计划制定前的所有已有的成果或已经在开展的工作，从零开始，重新制定相关的计划指标，并且在接下来的工作中，所有的工作围绕该指标的完成开展，以完成本计划为最终目标。

(3)目标计划法　目标计划法是指制定一个可行的、可操作的、可衡量、可控的目标，一旦确定，则所有工作围绕目标开展。

### （二）推销控制的含义及实施推销控制

推销控制就是企业将推销机构各部门、各环节的活动约束在企业经营方针及推销目标、推销计划的轨道上，对各推销要素的运动态势及其相互间的协调状况进行监督与考察、审计与评估、操纵与把握等一系列规范化约束行为的总称。

推销控制的方法主要有以下 3 种形式：

(1)战略控制　战略控制主要是指在企业经营战略的实施过程中，检查企业为达到目标所进行的各项活动的进展情况，评价实施企业战略后的企业绩效，把它与既定的战略目标与绩效标准相比较，发现战略差距，分析产生偏差的原因，纠正偏差，使企业战略的实施更好地与企业当前所处的内外环境、企业目标协调一致，使企业战略得以实现。

(2)过程控制　过程控制是指在推销过程中以进度、销售量、销售额、客户访问量以及回访量为参数作为被控变量的控制。

(3)预算控制　预算就是用数字编制未来某一个时期的计划，即用财务数字(例如在财务预算和投资预算中)或非财务数字(例如在生产预算中)来表明预期的结果。

## 三、团队激励

在现代企业经营管理过程中，“单枪匹马”的勇士已不再是时代的最强音，而配合默契、合作愉快、工作高效的团队组织已愈来愈得到人们的认可和青睐。个人在组织中、团队中只有始终保持与队友存续良好的人际关系，才能在组织中感受到愉悦与轻松。

### (一)建立良好的人际关系

1.人际关系建立的条件

距离的远近、相互干涉的频率、态度的类似性、需求的辅性在一个团队里，人际关系的建立受到各种因素的影响，但归结起来，主要有以下几种：

(1)空间距离的远近　空间距离是影响交往频率的一个重要因素。人与人之间在空间距离上越接近，越容易形成彼此之间密切关系，因为空间距离的接近，使双方得以相互交往、相互接触的机会增多，彼此之间容易熟悉。诚然，地理位置不是人际关系好坏的唯一决定因素，但是，“远亲不如近邻”的古训，已经道出了空间位置接近的优势。

(2)交往的频率　交往是建立人际关系的前提条件，人们只有在交往中才能彼此了解，相互熟悉，进而相互帮助，建立友谊。交往的频率越高，越容易形成密切的关系，通过频繁的交往，可以形成共同的语言、共同的态度、共同的兴趣和共同的经验等。

(3)态度的相似性　人与人之间若对具体事物有相同或相似的态度，有共同的语言、共同的理想、信念和价值观，就容易产生共鸣、同情、理解、支持、信任、合作，从而形成密切的关系。

(4)需求的辅助性　相互满足是形成人际关系的前提条件。如果没有需要和满足的期望，空间距离再小，其情况有可能是“鸡犬之声相闻，老死不相往来”，但如果有了满足需要的期望，就算空间距离虽大，也可以成就“天涯若比邻”的美事。

2.人际关系的维持(包容、控制、感性)

从人际关系的需求和倾向理论角度出发，每一个人都需要和别人建立一定的人际关系，而能够让人与人之间的关系得以维系的因素，要包括以下三种：

(1)包容关系　包容关系的基本行为特征是求助，一方有所求，另一方有所予，如果彼此双方无所予求，就无法建立包容关系。出于这种动机产生的待人行为特征是沟通、融合、协调、参与、随同等。与此动机相反的人际反应特征是排斥、对立、疏远和退缩等。

(2)控制关系　控制关系的基本行为特征是支配与依赖。每一个人都有支配他人的欲望，同样，每一个人都有一种依赖于他人的心理，只不过由于环境和能力的差异造成支配和依赖心理的强弱不同而已。在交往过程中，只有一方力图支配对方，而对方恰好企图依赖另一方时，才能建立起较为稳定的控制关系。否则，就会发生冲突或者疏远。

(3)感性关系　感性关系是建立在情感需要上。情感需要指个体爱别人或被别人爱的需要，是个体在人际交往中建立并维持与他人亲密的情感联系的需要。每个人的经历不同，其对情感需要也不同，当个体在早期经验中没有获得爱的满足时，与人交往中，总是避免亲密的人际关系；若个体在早期经历中，被过于溺爱，他们就过分希望自己与别人有亲密的关系；在早期生活中经历了适当的关心和爱的个体，则能形成理想的个人行为，能够依据具体情况与别人保持一定的距离，也可以与他人建立亲密的关系。

### （二）关注团队中的个人

团队中的个人，有如大海中的水滴，单独把它放在太阳底下，不多久就会被晒干，但如果把它汇入大海，就算再大的大阳，也晒不干一个海洋的水。个人融入团队中，可以有以下几个作用：

（1）社会助长作用　团体中多数人消除单调。人们在日常的生活与工作中，更多时候愿意彼此间结成某种同盟，将自身置于这种同盟氛围中，用大家的气氛，消除单个人的孤寂感，从而找到归属感。

（2）社会标准化倾向　共同的评价标准。当个人融入团队中，社会对其所使用的评价体系会由个人的主观意识向团队共同的评价标准转变。

（3）社会顾虑倾向　团体外影响。当个人成为某个团队中的一员，其身份除了天生的独特个体外，还是团队中的成员，在日常的处事中，除了考虑自身的身份外，还要考虑到第二种身份，因此，会对他的行为举止有所约束。

（4）社会从众行为　与他人保持一致。当个人加入到团队当中，基于一种从众的心理意识，在潜意识中，其行为会在自觉不自觉中与团队成员保持一致。

### ◈任务总结

管理团队，首先要确定组织结构类型，做好计划管理和控制，采取措施激励团队。

### ◈拓展案例

#### 公司构架

甲公司是广州一家专业生产和销售机械产品的公司。总部设在广州，生产开发基地在番禺。主要产品有制模机、上光机、着色机、包装机等20多种有一定技术含量的产品，以及相应的配套材料。产品都有特定的销售对象和用途，不仅生产过程较为复杂，在销售环节也必须具备一系列的技术条件。目前产品主要销往华东及华南地区，客户对象为厂商、中间商、小作坊等相对固定的客户群。公司销售队伍比较专业化。专业销售人员占公司销售队伍的80%。销售总部下设若干个销售点经理，同时也设置若干个产品经理。每个销售区域经理管理该销售点所有产品的销售工作。同样，每个产品经理也管理该产品在各个销售点的销售工作。销售部门实行高额提成制度，以激励销售人员稳定老客户，开拓新客户。从公司销售员工现状看，出现了三种情况：其一，努力工作；其二，安于现状；其三，跳槽。

［分析思考］

1. 甲公司选择了什么样的推销组织结构？
2. 该公司为什么要选择这种模式？
3. 公司按照现有模式开展销售工作应注意什么问题？
4. 一个合适的推销组织对公司最主要的作用是什么？

### ◈拓展训练

设计×××大型知名企业，其行业选题定位：医药、体育用品、方便食品、大小家电、家具家居、汽车、手机、数码产品、烟酒行业、综合类（如服装、鞋），欲进入湖北市场，并确立其市场地位。该企业目前已经在湖北设立了分公司，选派一名经验丰富的销售经理，独立运作和管理整个湖北市场。假设你是该公司的销售经理，请为你的区域设计、配备相应的组织和管理模式。

# 任务三 客户关系管理

## ◆学习目标

1. 了解客户关系与客户关系管理的定义。
2. 掌握客户关系管理的流程。
3. 掌握与顾客保持联系的方法。

## ◆案例导入

南山利民科技有限公司的推销主管李明，经过了不懈的努力，拥有了一批客户。那么，李明的销售任务是否结束？如何与这些顾客保持联系呢？

## ◆任务分析

定期地接触顾客，与顾客保持良好的关系。

## ◆任务实施

客户是企业利润的源泉，客户及其需要是企业建立和发展的基础。"使顾客满意"已成为现代企业的经营哲学，以客户为中心的新经营方式正在得到广泛的认同。在现代激烈竞争的市场经济环境下，适应客户的需求，给客户自己选择产品的权利，让客户得到自己真正想要的东西，是竞争取胜的关键。

## 一、客户关系管理流程

客户关系是指企业为达到其经营目标，主动地与客户建立起来的某种联系。这种联系可能是单纯的交易关系，也可能是通讯联系，也可能是为客户提供一种特殊的接触机会，还可能是为双方利益而形成的某种买卖合同或联盟关系。

客户关系具有多样性、差异性、持续性、竞争性、双赢性的特征。

客户关系管理(customer relationship management, CRM)是对整个客户关系生命周期的管理，起始于与客户的初次接触即客户开发，是企业选择和管理有价值客户及其关系的一种商业策略，CRM要求以客户为中心的商业哲学和企业文化来支持有效的市场营销、销售与服务流程。CRM是一个获取、保持和增加可获利客户的方法和过程。

### (一)建立顾客档案，对不同顾客采取不同的管理方法

顾客档案是推销人员了解市场的重要工具之一。推销人员可以连续地了解客户实情，从档案资料中分析顾客的销售动态，据此，推销人员就可以对市场动态做出判断，并采取相应的行动。通过建立顾客的档案，了解顾客信息，才能因人而异地使用合适的管理方法，使管理达

到预期的效果。

推销人员在建立顾客档案的过程中，一定要注意分类收集相关信息，通常我们把客户分为两大类：一是个人客户（表 7-1），二是企业客户（表 7-2）。

**表 7-1　个人客户档案**

| | | | |
|---|---|---|---|
| 姓名 | | 出生年月 | |
| 性别 | | 学历及母校 | |
| 职务、职称 | | 主要经历 | |
| 收入(月) | | 性格爱好 | |
| 住址 | | 现工作单位 | |
| 电话 | | 何时购物、购何物 | |
| E-Mail | | 家庭状况 | |

**表 7-2　企业客户档案**

<table>
<tr><td>企业名称</td><td colspan="4"></td></tr>
<tr><td>地址</td><td colspan="2"></td><td>电话</td><td></td></tr>
<tr><td>开业时间</td><td colspan="2"></td><td>开始交往时间</td><td></td></tr>
<tr><td>信用状况</td><td></td><td rowspan="5">企业负责人</td><td>姓名</td><td></td></tr>
<tr><td>经营项目</td><td></td><td>电话</td><td></td></tr>
<tr><td>何时购物</td><td></td><td>职务、职称</td><td></td></tr>
<tr><td>企业规模及经营状况</td><td></td><td>爱好</td><td></td></tr>
<tr><td>其他</td><td></td><td>性格</td><td></td></tr>
</table>

### （二）与顾客保持密切联系

俗语说得好：再铁的朋友，如果总是不联系，最后也只会是一堆烂铁。由此足以看出人与人之间的联络有多么的重要。沟通交流是维系人与人之间感情、关系的纽带，因此，推销人员有必要通过各种方式、方法、途径渠道与顾客保持密切的联系。

（1）通过一定联系方式定期地与顾客联络。

（2）邀请一些重要的顾客参加公司举办的展销会以及各种庆典活动，来增加与顾客之间的交流。

（3）当顾客购买的产品在售后出现问题的时候，帮助顾客解决问题，借此机会加强与顾客的沟通，同时也增加了顾客对他的信任。

（4）经常向顾客介绍一些技术方面的最新发展状况，分发资料；介绍一些促进销售的新做法；邀请顾客参加一些体育比赛等等。这些都有助于推销员与顾客建立长期的合作关系。

## 二、与顾客保持联系常用的方法及时间点

常言道：在对的时间、对的地点遇上对的人，才会办成对的事。因此，推销人员在平时与顾客保持联系的过程中，要特别注意选择合适的时间、节点或地点开展工作。

（1）通过信函、电话、走访、面谈、电子邮件等形式。

(2)通过售后服务、上门维修的方式。

(3)在本企业的一些重大喜庆日子或企业举行各种优惠活动时。

(4)在国家规定的节日或者传统的节日到来之前。

(5)在属于顾客个人的节日,如生日、结婚纪念日等有特殊意义的时刻。

## ◈任务总结

推销成交后,还要与客户保持联系,建立良好的客户关系。

## ◈拓展案例

### 小新的客户

推销员小新打电话约见从前的老顾客张主任:

小新:“张主任,您好!好长时间没见您了,今晚有空吗?我请您吃饭。”

张主任:“不用了,谢谢。”

小新:“我们公司从国外刚进口一种新的专用数控机床,我想向您介绍一下。”

张主任:“有业务就想起我了?”

小新:“当然,我们是老朋友了嘛。”

张主任:“我恐怕要让你失望了。”

小新:“为什么?”

张主任:“一年前我就不管业务了,退二线当调研员了。我现在不是主任了,业务由新的主任负责。”

小新:“那麻烦您帮我给新的主任引荐一下吧,我们是老熟人了。”

张主任:“对不起,我在位时你就是有业务才想起我,我不想让你利用这最后一回。”

[分析思考]

1.为什么张主任拒绝小新的邀请和请求?

2.这个案例给了我们哪些启示?

## ◈拓展训练

要求:掌握客户关系管理的内容和方法。

实施:

1.每个项目小组为自己的模拟公司设计一个客户关系管理的方案。

2.教师进行点评。

## ◈思考与练习

1.推销员的培训方式包含哪些?

2.简述推销员绩效考核的方法、内容。

3.简述推销组织的基本类型。

4.推销管理中常用哪些基本方法?

5.与顾客保持联系的方法包括哪些?

# 参考文献

[1]李红梅.现代推销实务.3版.北京:电子工业出版社,2010
[2]王红.推销技巧.武汉:武汉大学出版社,2004
[3]一鸣.金牌推销员成功话术.北京:企业管理出版社,2008
[4]李海琼.现代推销技术,浙江:浙江大学出版社,2004
[5]张晓,许洪岩.现代推销技术.北京:北京交通大学出版社,2012
[6]牛海鹏,屈小伟.专业销售.北京:企业管理出版社,1998
[7]姚书元,沈玉良.现代实用推销学.上海:复旦大学出版社,2004
[8]陈企华.最成功的推销经验.北京:中国纺织出版社,2003
[9]李文国,夏冬.现代推销技术.北京:清华大学出版社,2010
[10]钟立群.现代推销技术.北京:电子工业出版社,2009
[11]郭奉元,黄金火.现代推销技术.北京:高等教育出版社,2002